원리를 알면 실전에 강하다!

김동완의 사주명리학 강의 Vol.1

사주명리학 초보 탈출

김동완
사주명리학 연구가

동학사

사주명리학을 공부하는 이유

많은 사람들이 사주명리학이란 타고난 운명을 알아보는 학문이라고 생각한다. 하지만 운명은 한 치의 빈틈없이 고정된 것이 아니라 개인의 노력에 따라 얼마든지 달라질 수 있다. 사주명리학은 미래의 길흉을 미리 알고 그에 대비할 수 있도록 추길피흉(推吉避凶)의 방도를 찾고, 분수에 맞지 않는 어리석은 행동을 저지르지 않도록 가르치는 학문이다.

자신의 운명을 잘 알면 타고난 장점은 더욱 발전시키고, 불리한 점은 노력하여 개선할 수 있다. 이것이 사주명리학을 공부하는 이유이며, 필자가 이 책을 쓴 목적이다. 운명이 이미 결정되어 있어서 아무리 노력해도 안 된다고 체념하고 살아가는 사람들에게 희망을 주고 싶다.

바쁜 일상생활 속에서 역술인을 찾아가 상담을 받기란 쉽지 않다. 또한 사이비 역술인들이 많기 때문에 제대로 된 상담을 받기가 점점 어려워진다. 그래서 집에서 간단하게 활용할 수 있는 사주명리학 이론서가 절대적으로 필요하다. 이 책을 통해 사주명리학이 어렵고 낯선 학문이 아니라 스스로 생활 속에서 활용할 수 있는 쉽고도 실용적인 학문으로 거듭나기를 바란다.

현대의 사주명리학은 심리학과 상담학으로 발전시켜야 한다. 언제 죽을지를 보는 것이 아니라, 어떤 적성을 가지고 태어났으며 어떤 성격을 가지고 있는가, 어떤 직업을 택할 것인가 등을 분석하여 사주를 보는 사람이 자신의 사주팔자를 제대로 펼칠 수 있게 해야 한다. 누구나 사주에 장점과 단점을 가지고 있다. 그중에서 단점은 보완하고 장점은 잘 살려서 삶의 희망을 주는 것이 사주명리학의 역할이다.

이 책을 쓰는 동안 오랜 세월 연구하고 임상으로 확인한 사주명리학 지식들을 온전히 담아냈는지 걱정을 많이 했지만, 나름대로 최선을 다했기 때문에 마음은 홀가분하다. 이제까지 도움을 준 많은 동료와 제자, 그리고 필자와의 인연으로 추천의 글을 써준 분들께 진심어린 감사의 인사를 전한다. 사주명리학에 빠져 있는 필자를 지켜봐준 가족에게는 진심으로 미안할 뿐이다. 마지막으로 한국역학학회와 화택규의 회원분들께 감사드리며, 이 책을 그분들께 바친다.

①

이 책은 이제까지 필자가 임상한 다양한 사주와 그 사주 주인공들의 실제 삶의 상관관계를 살펴서 현실적으로 적용할 수 없는 사주 이론은 과감하게 버리고, 타당성이 있는 학설만을 실었다. 따라서 기존의 학설과 다른 설명도 있지만, 이것은 어디까지나 실제로 적용할 수 있는 이론을 중시한 결과이다.

②

이제까지 사주명리학의 이론서는 내용과 용어가 너무 어렵고 딱딱하여 처음 사주명리학을 공부하는 사람들에게 어려운 점이 많았다. 이 책은 누구나 사주명리학에 쉽게 접근할 수 있도록 어려운 용어를 피하고 쉽게 설명하였다.

③

이 책은 자신의 사주팔자를 직접 풀어볼 수 있도록 기초부터 차근차근 접근하고 있다. 예를 들어, 음양오행을 공부한 다음에는 직접 사주팔자의 음양오행을 분석하여 운명을 판단할 수 있고, 천간과 지지를 공부한 다음에는 사주팔자의 천간과 지지를 분석해 운명을 판단할 수 있다.

④

이 책은 포인트를 제시하여 중요한 요점을 알려주고, 실전문제를 풀어봄으로써 자신의 실력을 점검할 수 있다. 또한, 평소 필자가 사주명리학을 강의하면서 전하고 싶었던 내용을 각 부마다 〈대덕 한마디〉에 실어놓았다.

⑤

『논어(論語)』에 '애지욕기생(愛之欲其生)' 즉, '사랑이란 그 사람의 삶을 다 살게 해주는 것' 이란 구절이 있다. 사주를 공부하는 사람은 바로 이러한 자세를 가져야 한다. 이 책을 통해 자신의 삶과 운명을 직접 보려는 사람은 먼저 자신을 사랑해야 하고 자신의 삶을 다 펼치기 위해 노력해야 한다. 또한 다른 사람의 사주를 상담하는 사람은 그 사람의 사주팔자를 제대로 펼칠 수 있도록 최선을 다해야 한다.

⑥

사주명리학은 상담(相談)이다. 사주를 풀이하면서 족집게처럼 알아맞히기보다는, 어떻게 해야 사주 주인공이 행복하고 희망적으로 살아갈 수 있을지를 알려주는 학문이다. 진정으로 마음 따뜻한 상담가가 되겠다는 마음가짐으로 이 책을 공부하기 바란다.

원리를 알면 실전에 강하다

사주명리학 초보 탈출 CONTENTS

사주명리학이 현재와 같은 형태로 발전하게 된 시기는 중국 당나라 이후로 보인다.

당나라 말기에 이허중은 당사주를 만들었다. 당사주는 연주(年柱) 위주로, 태어난 연월일시와

사람의 일생에 영향을 준다는 12가지 별을 관련지어 운명을 판단한다.

지금도 일부 역술인들이 당사주를 사용하지만, 추상적인 판단에 그치는 단점이 있어서

크게 주목받지 못하고 있다. 이허중의 저서로는 『이허중전서』와 『당사주』가 있다.

같은 시대 이필 역시 나름대로 학문적인 성과를 이루었다.

연주 중심의 사주명리학을 일간(日干) 중심으로 판단하여 사주명리학계의 획기적인 발전을

이룬 인물은 송나라의 서자평이다. 그는 생일을 위주로 하고 생월을 용신(用神, 사주에서 필요한

오행)으로 삼아 생년, 생월, 생일, 생시로 사주를 판단하였다.

이러한 일간 중심의 사주명리학은 현대 사주명리학의 중심으로 튼튼하게 자리매김하고 있다.

#01

사주학의 성립과 발전

1 사주명리학의 성립과 발전

사주명리학 이론은 다양하게 소개되어 있지만, 그 역사와 발전과정에 대해서는 잘 알려져 있지 않다. 사주명리학의 바탕을 이루는 음양과 오행의 기원, 그리고 역학에서 사주명리학이 성립되어 지금의 형태로 발전해오기까지 그 과정을 소개한다.

1. 음양오행의 기원

POINT

사주명리학
· · · · · · · · · ·
출생 연월일시의 4가지 천간과 지지를 근거로 하여 사람의 운명을 판단하는 학문이다. 사주학 또는 명리학이라고도 한다.

사주명리학은 역학의 한 분야로 음양오행에 바탕을 두고 있다. 음양은 음(陰, 어두움)과 양(陽, 밝음)을 뜻하며, 서로 상반된 성질을 가진 이 음양에서 만물이 비롯되었다. 오행은 만물을 생성하고 변화시키는 5가지 원소로 목(木), 화(火), 토(土), 금(金), 수(水)를 말한다. 음양과 오행의 자세한 내용은 2부 「음양과 오행」에서 다루고, 여기에서는 그 기원에 대해서 설명하려고 한다.

음양과 오행은 정확한 역사와 기원이 알려져 있지 않지만, 동양의 역사와 함께 시작되었다고 짐작할 수 있다. 아직 만물이 생기기 전 혼돈의 세상에서 음양이 나누어졌고, 여기서 만물이 비롯되고 동양의 역사가 시작되었기 때문이다. 한편 음양의 두 기운이 나누어지기 전의 근본을 태극이라고 한다. 음양오행은 복희시대 이후 더욱 발전하여 지금까지 이어지고 있다.

음양과 오행 중에서 어느 것이 먼저인지에 대해서도 의견이 다양하다. 음양에서 오행이 나왔다, 반대로 오행에서 음양이 나왔다는 두 가지 추측이 모두 가능하다. 그 중에서도 음양이 먼저 만들어진 후 곧 오행이 만들어졌다는 설이 설득력 있게 들리지만, 사실 음양과 오행의 기원에 대해 학자들마다 의견이 제각각 다르고 그에 대한 뚜렷한 근거가 없기 때문에 정확한 기원을 알기 어렵다. 중요한 점은 음과 양의 상대적인 두 힘은 이 세상 어디에나 함께 공존하고 있다는 사실이다.

　한편 서양에서는 음양의 기원을 어떻게 설명하는가? 구약성서 창세기 1장을 보면 "하나님이 말씀하시기를 빛이 생겨라 하시니 빛이 생겼다. 그 빛이 하나님이 보시기에 좋았다. 하나님이 빛과 어둠을 나누셔서 빛은 낮이라 하시고 어둠을 밤이라 하셨다. 저녁이 되고 아침이 되니 하루가 지났다"고 씌어 있다. 빛은 양이고, 어둠은 음이다. 이를 통해 서양의 세계관에서도 음과 양이 나누어지면서 만물이 생성되고 인류가 시작되었음을 알 수 있다.

2. 역학의 기원과 발전

1 역학의 정의

역학은 『역경(易經)』, 즉 『주역(周易)』을 연구하는 학문이다. 『주역』은 음양의 원리로 천지만물이 변화하는 현상을 설명하고 해석하는데, 여기서 역(易)은 '바뀔 역' '쉬울 이'의 뜻을 모두 가지고 있다. 따라서 역이란 쉽게 바뀌는 것, 즉 변화를 뜻한다.

　역이란 글자가 어떻게 만들어졌는지에 대해서는 다음 두 가지 설이 있다.

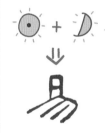

　첫째, 태양[日]과 달[月]을 의미하는 글자가 합쳐져 역이 되었다. 이는 낮[日]과 밤[月]을 뜻하는 두 글자가 만나서 새롭게 태양과 달의 운행을 상징하는 글자가 되었고, 이것이 자연스럽게 변화하는 자연현상을 상징하게 되었다는 설명이다.

　둘째, 역은 도마뱀의 생김새를 본뜬 상형문자라는 설명이다. 수시로 피부색을 바꾸는 도마뱀을 보고 옛 사람들은 만물의 변화를 떠올렸다는 것이다.

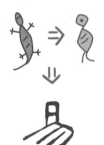

　역을 도마뱀을 형상화한 글자로 보거나 태양과 달이 한데 합쳐진 글자로 보거나, 멈추어 있지 않고 항상 변화한다는 의미는 같다. 이러한 역을 연구하는 역학은 모든 것은 바뀐다는 사상을 바탕으로 하여 변화의 이치를 찾는 학문이다.

역학은 음양오행을 바탕으로 전개되는 동양학 전반에 많은 영향을 미칠 만큼 그 범위가 매우 방대하다. 역학 중에서 우주와 세상의 이치를 사람의 삶에 한정시킨 것이 운명학이다. 역학이 『주역』을 바탕으로 하여 우주 만물의 이치와 생성원리 및 물리 작용 등의 만사(萬事)를 살핀다면, 운명학은 그중에서도 사람이 살면서 일어나는 모든 일들을 분석하고 해석한다. 사주명리학은 바로 운명학의 한 분야이다.

돌발퀴즈

Q 역술과 역학의 차이점은 무엇인가?

A 역술은 음양오행을 바탕으로 사람의 운명을 연구하는 방법과 기술 등을 통칭하는 말이다. 역학은 음양오행을 바탕으로 하는 모든 동양철학을 포함한다. 역술이 활용적이라면 역학은 학문적이다.

좀더 자세히

옛날의 점술들

아주 오랜 옛날에는 점술로 미래를 점쳤다. 점술은 말 그대로 점을 치는 기술이다. 아주 오래된 점술 중에는 동물뼈나 거북의 배딱지, 조개 껍질을 이용해 점을 치거나, 손바닥에 침을 뱉고 손가락으로 쳐서 점을 치고, 막대기를 세워서 쓰러지는 방향을 보고 점을 치는 등 다양한 방법이 있었다. 줄다리기나 차전놀이, 쥐불놀이 등을 통해서 한해의 농사를 점치기도 했는데, 가족끼리 즐길 때 빠지지 않고 등장하는 윷놀이 역시 이러한 고대 점술에 기원을 두고 있다. 이런 것들을 학문적으로 연구하면서 점차 점학(占學)으로 발전하였다.

② 역학의 발전

역학의 발상지는 중국의 황하 유역이다. 역학은 『주역』에 바탕을 두고 있으므로, 주역의 전개 논리인 음양오행과 그 시작을 같이한다고 볼 수 있다.

『주역』의 저자가 정확하게 밝혀진 것은 아니지만, 일반적으로 복희가 황하강에서 용마(龍馬)의 등에 그려진 그림을 보고 처음으로 8괘를 만들었고, 이것이 발전하여 64괘가 만들어졌다고 알려져 있다.

한편 복희가 한민족인 동이족이기 때문에, 역학을 처음 시작한 것은 중국이 아니라 우리 한민족이라는 주장이 있다. 이것은 뒤에서 좀더 살펴보기로 하고, 여기에서는 중국에서 역학이 어떻게 발전해왔는지를 설명하고자 한다.

POINT

『주역』

『역경』 또는 단순히 『역』이라고 한다. 8괘와 64괘 그리고 괘사, 효사, 십익으로 이루어져 있다. 유교의 경전으로 손꼽히며, 인간의 운명을 점치는 점복술의 원전으로 널리 알려져 있다.

1) 상고시대

❶ 삼황시대

일반적으로 삼황(三皇)은 고대 중국의 전설상의 제왕들로 천황(天皇)·지황(地皇)·인황(人皇)을 가리키지만, 문헌에 따라서 태호복희(복희)·황제헌원(황제)·염제신농(신농)이라고도 한다. 복희는 이 삼황의 한 사람으로서, 황하에서 용마의 등에 새겨진 하도(河圖)를 보고 『주역』의 기본인 복희 8괘를 만들었으며 선천수(先天數)를 창안했다고 한다.

> **신화 속의 삼황**
> 삼황을 수인(燧人)·복희(伏羲)·신농(神農)으로 보는 학설도 있다. 그에 의하면 삼황은 역사 속의 인물이 아니라 신화적인 존재로서 사람들이 생활하는 데 필요한 것들을 가르쳤다. 즉 수인은 천신(天神)으로서 하늘에서 준 나무를 마찰시켜서 불을 일으키는 방법을 알아내고, 백성들로 하여금 음식을 익혀 먹을 수 있게 하였다. 복희는 지신(地神)으로서 땅의 이로움을 발견하고 가축을 기르며 유목생활을 하였고, 신농은 인신(人神)으로서 농사를 시작하였다고 한다.

좀더 자세히

❷ 오제시대

사마천의 『사기(史記)』에 의하면 오제(五帝)는 황제·전욱·제곡·요·순 등 다섯 황제를 말한다. 이중에서 황제시대는 BC 2700~2600년으로, 역학의 획기적인 발전을 이룩하여 산술(算術)·역법(易法)·60갑자 등이 만들어졌다. 또한 오장육부의 기혈을 설명한 한의학에서는 없어서는 안 될 『황제내경』이 씌어졌다.

2) 은나라

은(殷)나라(BC 1751～BC 1111) 때에는 1년을 12개월로 나누어 큰달은 30일, 작은달은 29일로 정하고, 윤년에는 1달을 더하였다. 이미 이 시기에 현재 사용하고 있는 간지를 사용하였는데, 60갑자의 시작인 갑자(甲子)에서 마지막인 계해(癸亥)까지 60일을 1주기로 하여 날짜를 기록하였다. 또한 1년에 한번씩 제사를 지낸다고 해서 사(祀)라고 불렀다. 은나라 때부터 일진(日辰)을 사용하기 시작하였다.

3) 주나라

주(周)나라는 은나라가 멸망하기 전에 세워진 나라로, 문왕(文王)은 왕위에 있는 동안 주나라 발전의 기틀을 다지고, 역학 발전에도 크게 기여하였다. 즉 황하의 지류인 낙수(洛水)에 나타난 신령한 거북이의 등에 박힌 점을 보고 후천수(後天數)를 발견하였고, 문왕 8괘를 만들었다. 또한 사마천에 의하면 『주역』의 64괘와 괘사, 효사를 만들었다고 한다.

한편 문왕의 아들인 주공(周公)은 384개의 효(爻)에 사(辭)를 붙여서 『주역』을 완성하였다.

돌발퀴즈

Q 우리 나라에서 『주역』 교육은 언제부터 시작되었는가?

A 우리 나라에서는 고구려 소수림왕 2년(372년)에 태학을 세우면서 처음 『주역』을 가르치기 시작하였다. 조선시대에는 태조 7년(1398년)부터 성균관에서 『주역』을 7개월 동안 가르쳤다. 참고로 『대학』은 1개월, 『중용』은 2개월, 『논어』와 『맹자』는 각각 4개월 동안 가르쳤다.

4) 춘추전국시대

춘추전국시대는 BC 8세기에서 BC 3세기에 이르는 중국 고대의 변혁기다. 당시는 학문적인 부흥기로서 유가, 도가, 법가 등 다양한 사상을 가진 학자들이 등장하였다. 이들을 제자백가라고 하는데, 각 나라마다 능력 있는 학자를 널리 중용하면서 이들 제자백가는 동양 사상사에서 중요한 위치를 차지하게 되었다.

이중에서 유가는 공자(孔子, BC 551 ~ BC 479)에 의해 창시되었고, 이후 공자의 손자인 자사(子思), 자사의 제자인 맹자(孟子), 그 외에 순자(荀子) 등의 사상가들이 유교사상을 체계적으로 정립하였다. 특히 공자는 책을 맨 가죽끈이 세 번이나 끊어질 정도로 『주역』에 심취하였고 『십익(十翼)』이란 해설서를 붙였다.

『주역』은 유가의 학문과 사상, 그리고 중국의 전통사상이 체계적으로 정리된 경전이다. 은나라 때의 음양학을 주나라에 와서 8괘와 64괘 중심으로 풀이하고, 다시 공자에 이르러 체계적으로 정리한 『주역』의 음양사상에서 동양철학의 기틀이 마련되었다.

한편 제(齊)나라 학자 추연(鄒衍)은 오행설(五行說)을 주창하며 제왕의 운명과 인간의 길흉화복을 설명하였다. 이처럼 사주명리학의 근간을 이루는 음양설과 오행설은 서로 시작이 다른데, 낙녹자와 귀곡자가 사주명리학을 창시했다는 견해도 있다.

5) 한나라

한(漢)나라에 이르러 음양설과 오행설은 음양오행설이란 하나의 사상으로 발전하였고, 마침내 중국은 물론 동아시아 전역에 널리 퍼지게 되었다.

생활 속 역학

산통을 깨다

산통(算筒)은 원래 산통점을 칠 때 사용하는 도구이다. 산통점은 주역점의 하나로, 길이 10cm 내외의 산가지 8개에 1~8까지 숫자대로 눈금을 새겨서 대나무통 즉 산통 속에 넣고 흔들어 4번을 뽑아 길흉화복을 판단하였다. 이때 산통이 깨지면 점을 칠 수 없게 되어 미래의 일들을 예측하여 미리 대비할 수 없게 된다. 이러한 이유로 '산통을 깨다'라는 말은 어떤 일을 이루지 못하게 그르친다는 뜻으로 쓰이게 되었다.

③ 우리 나라에서 역학의 기원

역학은 『주역』과 같은 시기에 발원하였다. 따라서 『주역』이 성립되기까지의 과정을 살펴보면 역학의 성립과정을 알 수 있다. 일반적으로 중국 고대의 전설상의 제왕인 복희가 『주역』의 8괘를 처음 만들었다고 알려져 있다. 그런데 복희가 중국 사람이 아니라 한민족인 동이족이라는 주장이 있다. 16세기 초 조선시대 학자인 이맥이 저술한 『태백일사』에 의하면, 삼황의 우두머리인 태호복희가 신시를 연 한웅의 5대손인 태우의 막내아들이라는 것이다. 심지어 중국의 손문은 삼황이 조선의 조상이므로 중국의 역사에서 제외시켜야 한다고 주장하였다. 8괘를 창안해 『주역』의 기틀을 마련한 복희가 한민족이라고 할 때, 우리 나라에서 역학의 역사는 실로 오랜 세월을 거슬러 올라간다.

한편 현재는 전하지 않지만 단군신화나 고조선의 개국 사실을 기록한 가장 오래 된 자료로 『단군고기』가 있다. 단군 원년을 무진년으로 정했다는 이 책의 기록이 맞을 경우에 우리 나라는 은나라보다 훨씬 이전에 60갑자를 사용한 것이 된다.

또한 『한단고기』에는 신라의 안함 스님이 저술한 『삼성기』가 수록되어 있는데, 그 내용을 보면 한인 하느님이 시베리아에서 홀로 계시다가 한국(桓國)을 열었고, 그 후 아들인 한웅을 지상에 내려 보내 신시(神市)를 열었다고 한다. 한인 한웅의 아들이 바로 고조선을 연 단군이다. 한인 하느님이 지금의 바이칼호 부근에 한국을 연 때가 BC 7797년이라고 하므로, 우리 나라 역사의 시작은 단군이 고조선을 연 BC 2333년보다 훨씬 거슬러 올라간다.

이제까지 인용한 내용으로 미루어 한민족이 선사시대의 역학 발전에 두드러진 역할을 했다고 추측할 수 있다. 그러나 이제까지 우리 나라의 역학은 스승과 제자 사이에서 조심스럽게 학습되어왔기 때문에 체계적인 연구성과가 남아 있지 않아서 아쉬움이 크다.

치우

치우는 중국의 여러 고서와 우리 나라의 『한단고기』 등에 등장하는 전설적인 인물이다. 치우천왕, 자오지
천왕, 자오지천황, 자오지환웅 등 여러 이름으로 불린다. 치우 역시 한민족으로 추정하고 있는 인물이다.

전쟁의 신으로 통하며, 사마천의 『사기』 「봉선서」에는 한나라를 세운 유방이 전쟁에 나아가기 앞서
언제나 치우에게 제사를 지냈으며, 한나라를 세운 뒤 치우의 사당까지 세웠다고 한다. 중국의 지리서인
『산해경』에서는 치우가 탁록의 싸움에서 황제(黃帝)와 싸우다 죽었다고 했지만, 우리 나라의 기록은 이
와 달리 치우가 12개의 제후국을 합병하면서 70여 회의 전쟁에서 단 한번도 패하지 않았고, 헌원을 황제
로 임명하였다고 되어 있다. 2002년 한일 월드컵 대회 때 한국 응원단인 붉은악마의 깃발에 그려진 그림
이 바로 치우(도깨비)의 이미지를 본뜬 것이다.

3. 사주명리학의 성립과 발전

사주명리학은 사람이 태어난 연월일시를 각각 천간(天干)과 지지(地支)로 나타내고,
이것의 음양오행 배합과 상호관계를 파악하여 그 사람의 운명을 판단한다. 사주명리
학의 바탕은 음양오행설로서 그 시작은 『주역』까지 거슬러 올라간다.

1 사주명리학의 기원

사람의 운명을 미리 알고자 하는 최초의 시도는 점(占)이다. 8괘, 육효, 오행 등의 방
법이 모두 점에 포함된다. 복희는 용마의 등에 그려진 그림을 보고 천문지리를 연구
하였고, 만물의 변화를 살펴서 복희 8괘(또는 선천 8괘)를 만들었다. 이어서 주나라
문왕이 64개의 괘사를 만들었고, 주공이 384개의 효를 만들었다. 선천 8괘는 약
7,500년 전에, 후천 8괘는 약 3,000년 전에 만들어졌다고 한다. 이러한 노력은 주나라
에 이르러 『주역』으로 완성되었다. 『주역』에는 3개의 효(爻)로 이루어진 소성괘(小
成卦)와 2개의 소성괘가 위 아래로 짝을 지어 이루어진 대성괘(大成卦)가 있는데, 이
를 통해 자연의 이치를 설명하고 사람의 앞날을 점쳤다.

춘추전국시대에는 메소포타미아 문명의 영향으로 오행설이 등장하였다. 오행설은

태양계의 영향을 받는 오행성으로 운명을 예측하는 학설인데, 이후 『주역』의 음양설과 합쳐져서 사주명리학의 바탕을 이루는 음양오행설이 등장하였다.

한편 전국시대의 대학자로 알려진 낙녹자와 귀곡자가 사주명리학을 처음 시작했다는 견해도 있다. 귀곡자는 전국시대 초나라의 사상가로 영천과 양성의 귀곡 지방에 은둔했기 때문에 귀곡자라 불려졌는데, 행적이 뚜렷하게 남아 있지는 않다.

한나라 때에는 동중서, 사마이, 동방삭, 엄군평 등이 사주명리학의 체계를 세우는 데 기여하였다. 중국에서 연월일시의 간지(干支)로 시간을 기록하기 시작한 것은 서기 126년 이후의 일이다.

사주명리학이 현재와 같은 형태로 발전하게 된 시기는 중국 당나라 이후로 보인다. 당나라 말기에 이허중은 당사주를 만들었다. 당사주는 연주(年柱) 위주로, 태어난 연월일시와 사람의 일생에 영향을 준다는 12가지 별을 관련지어 운명을 판단한다. 지금도 일부 역술인들이 당사주를 사용하지만, 추상적인 판단에 그치는 단점이 있어서 크게 주목받지 못하고 있다. 이허중의 저서로는 『이허중전서』와 『당사주』가 있다. 같은 시대 이필 역시 나름대로 학문적인 성과를 이루었다.

연주 중심의 사주명리학을 일간(日干) 중심으로 판단하여 사주명리학계의 획기적인 발전을 이룬 인물은 송나라의 서자평이다. 그는 생일을 위주로 하고 생월을 용신(用神, 사주에서 필요한 오행)으로 삼아 생년, 생월, 생일, 생시로 사주를 판단하였다. 이러한 일간 중심의 사주명리학은 현대 사주명리학의 중심으로 튼튼하게 자리매김하고 있다.

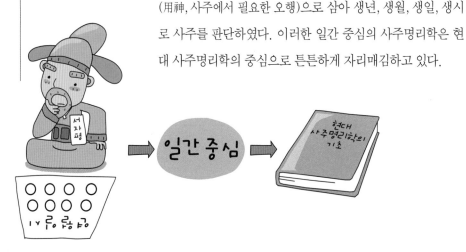

좀더
자세히

사주명리학의 여러 가지 명칭

사주팔자를 통해 사람의 운명을 판단하는 사주명리학은 명리학, 사주학, 추명학, 사주추명학, 팔자학, 사주팔자학이라고도 한다. 우리 나라와 중국에서는 명리학 또는 사주학, 일본에서는 추명학이라고 한다.

2 시대별 대표적인 사주명리학자

사주명리학에는 여러 학파가 있고 다양한 학설이 있다. 각 시대를 대표하는 사주명리학자를 통해 사주명리학의 발전과정을 살펴보자.

1) 송나라

❶ 서자평

현대 사주명리학의 토대를 이루는 일간 중심의 사주명리학을 정립하였다. 이후 연구를 계속하여 『연해(淵海)』와 비결집 『연원(淵原)』을 합본한 『연해자평(淵海子平)』을 저술하였다. 이 책의 영향으로 일간을 기준으로 운명을 예측하는 방법을 자평명리학이라고 부른다. 한편 이 책은 서자평이 쓴 것이 아니라 서자평 이후의 인물인 당금지라는 학자가 저술했다는 주장이 있다.

　『연해자평』은 격국론(格局論), 신살론(神殺論), 시결론(詩決論) 등을 방대하게 수록하고 있어서 초보자가 보기에는 어려운 책이다. 그러나 사주명리학의 고전으로서 사주명리학에 입문한 사람은 꼭 읽어야 할 책이다.

2) 명나라

❶ 유백온

명나라 때에는 많은 학자들이 등장하여 사주명리학의 이론적인 기틀을 확고하게 다졌다. 그중에서 명나라 개국공신인 유백온은 사주명리학의 3대 보서로 꼽히는 『적천수(適天髓)』와 『삼명통회(三命通會)』를 남겼다. 『적천수』는 당시 널리 유포되어 있던 신살론, 형충파해, 원진 등을 완전히 배제하고 생극제화(生剋制化)의 원리를 바탕

POINT

서자평

서공승 또는 서대승이라고도 한다. 태어난 해(연주) 중심의 사주명리학을 태어난 날(일간) 중심의 사주명리학으로 바꾸어 놓은 인물이다. 일부 학자는 서자평과 서대승은 다른 사람이라고 주장한다.

으로 씌어졌다. 간결하지만 심오한 의미들을 담고 있고 해석이 어려워서 이후에 많은 적천수 해설서들이 등장하였다. 한편『삼명통회』는 저자가 유백온이 아니라 그의 장남이라는 학설이 있다.

3) 청나라

❶ 진소암

청나라 때에는 자평명리학이 그전까지의 고전 명리학을 바탕으로 하여 큰 발전을 이루었다. 청나라 초기에 정승을 지낸 진소암은『적천수』를 풀이한『명리약언(命理約言)』을 남겼다.

❷ 심효첨

청나라 중기 학자로 사주명리학의 3대 보서 중 하나인『자평진전(子平眞詮)』을 저술하였다. 이 책은 사주명리학의 기초를 간결하고 정확하게 서술한 점이 특징이다.

❸ 임철초

역시 청나라 중기 인물로서, 오랫동안의 임상 경험을 토대로 73세가 된 1846년에 유백온의『적천수』에 명쾌하고도 상세한 주석을 달아『적천수징의(適天髓徵義)』를 저술하였다. 이 책은『적천수』해설서 중에서 가장 뛰어난 평가를 받고 있고, 사주명리학 책 중에서도 백미로 꼽힌다.

❹ 여춘태

청나라의 학자로 자세한 생몰연대는 남아 있지 않다. 저서로『난강망(欄江網)』을 남겼는데, 자평명리학에서 비중 있게 다루는 책이다. 조후(調候, 기후를 고르게 한다는 뜻)의 원리로 용신을 정하는 논리를 펼친 점이 특징이다. 이후 서낙오가 이 책에 주석을 달아서『궁통보감(窮通寶鑑)』을 펴냈는데『조화원약(造化元鑰)』으로도 불린다. 지금은『난강망』으로 불리지 않고『궁통보감』으로 불린다.

4) 근대 이후

❶ 서낙오

근대 사주명리학자 중에서 가장 활발하게 저술 활동을 하였다. 『적천수』를 임철초가 해설하고 서낙오가 편집 및 주석을 덧붙여 『적천수징의』를 펴냈다. 이 책은 많은 적천수 해설서 중에서도 가장 높은 평가를 받고 있으며, 특히 오행의 변화를 상세하고 정확하게 설명하였다. 이후에 『적천수보주(適天髓補註)』를 편찬하고 『자평수언(子平粹言)』 등을 저술하였다.

❷ 원수산

임철초의 적천수 해설서를 편집하여 『적천수천미(適天髓闡微)』를 펴냈다. 자평명리학의 종합적인 내용을 다룬 『명리탐원(命理探原)』과 고전에서 발췌한 위인들의 사주를 다룬 『명보(命普)』를 저술하였다.

❸ 위천리

홍콩의 사주명리학자로 『명학강의(命學講義)』와 『팔자제요(八字提要)』를 저술하여 근대 사주명리학 발전에 크게 기여하였다. 대만의 장개석 총통에게 신임을 받아서 대만 정부의 국사로 대접받았다.

❹ 하건충

대만의 사주명리학자로 자세한 생몰연대가 알려져 있지 않다. 『팔자심리추명학(八字心理推命學)』과 『천고팔자비결총해(千古八字秘訣總解)』를 저술하였다. 기존의 궁(宮)과 성(星)에 대한 이론을 궁성이론(宮星理論)이라고 이름지었다. 궁성이론의 원리는 『천고팔자비결총해』에 잘 정리되어 있다.

이외에 역시 대만의 사주명리학자로 『명학신의(命學新義)』를 저술한 수요화제관주, 『명리신론(命理新論)』을 저술한 오준민이 있다.

5) 근대 일본

❶ 아부태산

기존의 사주명리학 이론서를 모두 아우르는 『아부태산 전집』(총 26권)을 집필함으로써 사주명리학 역사에 큰 획을 그었다. 일본에서뿐만 아니라 대만에서도 육임신과(六壬神課)와 관련된 저서 10여 권을 출판하여 근대 사주명리학계의 거목으로 확실하게 자리매김하였다.

　사주명리학을 중국에서는 운명을 계산해 본다는 의미로 산명학(算命學)이라고 하고, 일본에서는 운명을 추리한다는 의미에서 추명학(推命學)이라고 하는데, 이 추명학이란 용어를 만든 사람이 바로 아부태산이다.

❷ 고목승

아부태산과 함께 근대 사주명리학계의 눈부신 발전을 이루었다. 1920년대부터 생명리학회(生命理學會)를 이끌면서 기존 학설에 근대 과학을 접목하여 독창적인 이론을 전개하였다.

❸ 좌등육룡

명나라 말기에 복권성에서 창건된 문파인 명징파(明澄派)의 13대 장문 장요문(張燿文)으로부터 비전을 물려받아 일본 사주명리학계의 새로운 부흥기를 열었다. 저서로 『십간사주추명비법』이 있다.

6) 근대 이후 우리 나라

❶ 박재완(1903~1992)

우리 나라 현대 사주명리학계의 대가이며 필자의 스승이기도 하다. 호는 도계(陶溪)이다. 위천리의 『명학강의』를 번역한 이론서 『명리요강(命理要綱)』, 역시 위천리의 『팔자제요』를 번역하고 일주론(日柱論)을 덧붙인 『명리사전(命理辭典)』을 저술하여 한국 사주명리학계에 큰 발전을 이룩하였다. 유작으로 생전에 상담 실례를 모은 『도계실관(陶溪實觀)』이 출판되었다.

❷ 이석영(1920~1983)

역시 우리 나라 현대 사주명리학계의 대가로서, 필자의 스승이기도 하다. 호는 자강 (自彊)이다. 20년 동안의 연구를 통해 실전 상담에 매우 유용한 학설들을 제시하였 다. 저서로는 기존의 사주명리학 이론들을 체계적으로 정리한 이론서『사주첩경(四 柱捷徑)』(전 6 권)이 있다.

한편 최영철은 백영관이라는 필명으로 아부태산의 이론을 번역한 요약본『사주정설 (四柱精設)』을 펴냈다. 이 책은 국내에서 사주명리학 입문서로 큰 인기를 얻고 있다.

돌발퀴즈

❔ 한국 사주명리학계의 양대 산맥은 누구인가?
Ⓐ 근대 이후 한국 사주명리학계에 큰 공헌을 세운 이석영과 박재완을 꼽을 수 있다.

4. 운명학의 이해

1 운명학과 역학

1) 운명학의 정의

일반적으로 역학을 운명학이라고 생각한다. 앞으로의 일, 그중에서도 특히 사람의 운명을 예측하기 때문이다. 그렇다면 운명학은 어떤 학문인가? 많은 사람들이 학문 으로 받아들이기 전에 무속인이나 점쟁이, 족집게 도사를 떠올릴 것이다. 심지어 사 이비라고 매도하는 경우도 있다. 이처럼 운명학은 학문으로서 제대로 인정받지 못 하는 것이 현실이다.

POINT

운명학

운명학은 타고난 운수를 알아보는 학문이 아니라 인간 삶의 변화를 예측하는 학문이다.

운명학에 대한 일반인의 가장 큰 오해는 '운명'을 바라보는 시각에서 비롯한다. 사전을 보면 운명을 '인간을 지배하는 필연적이고 초월적인 힘, 또는 그 힘으로 말미암아 생기는 길흉화복. 타고난 운수나 수명'이라고 씌어 있다. 이런 이유로 운명을 고정불변인 것, 한 치의 빈틈없이 태어나면서 정해진 것으로 알고 있다.

하지만 운명(運命)이란 단어는 움직일 운(運), 목숨 명(命)으로 이루어져 있다. 즉 운명은 삶을 변화시킨다, 목숨을 변화시킨다, 삶을 움직인다는 뜻이다. 따라서 운명은 결코 타고난 삶 그대로 살다 간다는 뜻이 아니다. 이와 같은 운명의 뜻에 맞춰서 운명학의 정의를 다시 내려야 한다. 운명학은 타고난 운명을 알아보는 학문이 아니라 인간 삶의 변화를 예측하는 학문이다.

2) 역학의 이해

역학은 넓은 의미로 주역, 사주명리학, 풍수학, 성명학, 육효학, 인상학 등을 모두 포괄한다. 운명학보다 넓은 의미를 갖고 있지만, 사실 비슷한 의미로 쓰인다. 역(易)은 쉬울 이, 바뀔 역으로 읽는데, 쉽게 바뀌고 변화한다는 의미를 가지고 있다. 그래서 역학은 고정불변의 학문이나 족집게처럼 알아맞히는 학문이 아니라 변화와 움직임이 존재하는 학문이다.

사주명리학은 정확하게 말하면 역학의 한 종류이지만, 일반적으로 역학 또는 생활역학이라고 한다. 사주명리학 역시 운명학처럼 사람의 운명을 족집게처럼 알아맞힌다는 오해를 자주 받는다. 그래서 사주를 보려면 신기(神氣)가 있는 무속인이나 도사, 도인을 찾아가야 한다고 생각한다. 매스컴에서 역학을 다룰 때조차 역술가들이 앞일을 제대로 알아맞히는지에 더 큰 관심을 기울인다.

과연 역학을 공부하면 사람의 운명을 한 치의 오차 없이 정확하게 알아맞힐 수 있는가? 만약 그렇다면 사람의 운명은 태어나서 죽을 때까지 100% 결정되어 있어야 한다. 한 사람의 운명이 태어난 순간부터 죽을 때까지 자신의 의지와 노력에 상관없이 결정되어 있다면, 장차 대통령이 될 사람은 평생 노력하지 않고 놀고먹어도 대통령이 되고, 거지가 될 사람은 제아무리 노력해도 거지꼴을 못 면하게 된다. 그러나 과연 사람의 삶이 10대에는 어떻게 살고 20대에는 어떻게 살고 30대, 40대, 50대, 60대에는 어떻게 산다고 미리 정해져 있는 것일까? 사람의 사주팔자란 100 % 결정되어 있어서 누구도 자신의 운명을 바꿀 수 없다는 말인가?

태어나는 순간 삶이 결정된다고 말하는 사람들 중에는 나쁜 운을 피하려면 부적을 쓰거나 굿을 해야 한다는 사람들이 많다. 다시 말해 부적이나 굿으로 타고난 운명을 바꿀 수 있다는 말인데, 그들의 말처럼 사람의 삶이 100 % 결정되어 있다면 부적이나 굿으로도 운명을 바꿀 수 없어야 한다. 부적이나 굿으로 운명을 바꿀 수 있다고 엉뚱한 논리를 펴는 사람들이 운명결정론을 강조하는 것은 한마디로 앞뒤가 맞지 않는 모순이다.

역학을 부정적으로 보는 사람들뿐만 아니라 긍정적으로 받아들이는 사람들 역시 운명은 타고난 것이므로 바꿀 수 없다고 생각하는 경우가 많다. 타고난 팔자대로 살다 죽어야지 운명을 거스를 수는 없다는 것이다. 그러나 모든 것이 결정되어 있다면, 그래서 어떠한 노력으로도 삶을 변화시킬 수 없다면 역학자나 역술인이 왜 필요하겠는가?

몇 초 사이로 태어난 쌍둥이는 똑같은 사주팔자를 타고난다. 그러나 성장해 성인이 되어 똑같은 인생을 살지는 않는다. 성격이 달라지고 직업도 다르며, 사는 모습이 다른 경우가 많다. 운명결정론을 따른다면 쌍둥이의 운명은 같아야 하지만 실제로는 그렇지 않다. 이렇듯 사주팔자가 비슷한 사람, 심지어 똑같은 사람도 실제 사는 모습은 많이 다르다.

같은 시기에 태어나더라도 중동 지역처럼 전쟁이 잦은 지역에서 태어난 사람들은 인생의 굴곡이 심하고 일찍 사망하는 경우가 많다. 이들은 진정 총 맞아 죽는 사주를 타고났을까? 가까운 예로 북한을 들어보자. 몇 해 전에 용천역 폭발사고로 수많은 북한 어린이들이 죽었다. 그들은 정말 죽을 사주팔자였는가? 남한에는 이들과 같은 날 같은 시간에 태어나 사주가 똑같은 어린이가 많을 것이다. 하지만 남한·어린이들의 운명은 북한 어린이들과 많이 다르다. 이와 같은 예에서는 개인의 운명보다 국가의 운명이 우선한다. 국가의 운명이 개인의 운명에 앞서는 것이다.

3) 사주팔자 임상 사례

필자는 실제 임상을 통해 역학이 변화의 학문, 개혁의 학문, 희망의 학문임을 여러 번 실감할 수 있었다. 일반적으로 오해가 많은 사주 3가지와 김구 선생의 사주를 통해 사주 해석이 다양하게 달라질 수 있음을 설명하려고 한다.

❶ 사주에 여자가 많은 남자

남자 사주에 여자가 많다면 대부분의 사람들이 소위 제비족이나 바람둥이를 떠올릴 것이다. 그렇다고 그 사람이 반드시 제비족이나 바람둥이가 될까? 태어나자마자 사주가 결정되고, 그로 인해 평생 제비족이나 바람둥이로 살아야 한다면 정말 억울할 것이다.

　그러나 사주에 여자가 많다고 모두 바람둥이인 것은 아니다. 산부인과 의사 역시 환자가 모두 여자이다. 오히려 사주에 여자가 많을수록 그 의사는 큰 성공을 거둘 것이다. 똑같은 사주이지만 한 사람은 제비족이나 바람둥이가 되어 패가망신하고, 한 사람은 산부인과 의사가 되어 명예와 부귀를 누린다. 여학교 교사, 미용사,

탤런트, 가수, 영화배우 등의 직업 역시 여성에게 인기를 얻어야 성공한다.

❷ 역마살이 들어 있는 사주

역마살이란 말을 많이 들어보았을 것이다. 역마살이 있으면 집을 나가서 밖으로 떠돌아다닌다고 하는데, 사실 역마살은 활동적이고 움직임이 많다는 것을 의미한다. 따라서 역마살이 있다고 반드시 집을 떠나 떠돌이 생활을 하는 것은 아니다.

세일즈맨, 외교관, 비행사, 비행기 승무원, 항해사, 관광 가이드, 군인, 경찰에 이르기까지 역마살과 관련된 직업은 매우 많다. 같은 역마살이지만 활동 범위가 국내에서 국외에 이르기까지 다양하다. 모두 활동적이고 움직임이 큰 직업으로서, 자신의 선택에 따라 얼마든지 운명이 달라질 수 있다.

❸ 도화살이 들어 있는 사주

도화살 역시 사람들에게 잘 알려져 있는 살로 인기살(人氣殺) 또는 바람살이라고 한다. 사주에 도화살이 있으면 이성에게 인기가 많아 자칫 이성문제로 망신을 당한다고 한다. 그러나 도화살이라고 해서 모두 같은 운명을 사는 것은 아니다.

필자가 대학생일 때 계룡산에서 만난 무불도사로부터 다음과 같은 말씀을 들었다. "역학 상담 즉 사주 상담은 실천이다. 가난한 사람, 힘든 사람들이 사주 상담을 하러 올 텐데 네가 그들의 삶을 겪어보지 않고 어떻게 사주를 상담할 수 있겠느냐. 그 사람들과 함께 생활하면서 사주를 풀어보고 연구할 수 있으니 다양한 사람들과 직접 생활해보아라!" 그래서 술집 웨이터를 하게 되었는데, 그때 주위의 수많은 술집 아가씨들의 사주를 보면 남자가 많거나 도화살이 많았다.

이와 달리 도화살이 긍정적으로 작용하는 경우도 많다. 필자는 이제까지 많은 연예인들을 만나 사주 상담을 하였다. 그런데 이들의 사주는 도화살이 강하게 존재한다는 점이 특징이다. 전에 보았던 술집 아가씨들의 사주와 매우 비슷했던 것이다. 똑같은 도화살이지만 그것을 잘 발휘한 사람은 연예인, 예술가, 방송인 등 문화예술인으로 크게 성공하고, 부모가 잘못 판단해서 진로를 제대로 선택하지 못했거나 자신의 장점을 잘못 판단하여 도화살을 제대로 발휘하지 못한 사람은 술집 등 유흥업에 몸담게 되는 것이다.

❹ 거지의 사주와 백범 김구 선생의 사주

모 방송사의 프로그램에서 유명 역술가와 무속인들을 상대로 실험을 한 적이 있다. 서울역의 거지에게 깨끗한 양복을 입히고 유명 역술가와 무속인들에게 데려가 "이 사람이 지금 사업을 크게 하고 있는데 장차 성공할 수 있겠습니까?"라고 거짓으로 질문하고 사주팔자를 보게 하는 실험이었다.

실험에 참여한 어느 역술가가 이 거지의 사주팔자를 역학의 한 종류인 하락이수로 풀이했더니 "자신의 배부르고 등 따뜻한 것을 구하지 않으면서 청빈한 상태로 하루하루를 보낸다"고 나왔다. 그리고 이러한 사주로는 사업가가 될 수 없다고 하였다. 아무리 겉모습을 그럴 듯하게 꾸몄어도 타고난 운명까지 속일 수는 없었던 것이다. 또한 사주명리학으로 풀이해도 이 사람의 사주로는 사업가로 성공할 수 없다고 나왔다. 과연 이러한 사주를 타고난 사람은 평생을 거지로 살아갈 수밖에 없는가?

『백범일지』를 보면 김구 선생이 과거 시험을 보러 갔다가, 중인의 신분으로는 장원급제를 해도 글 못 쓰는 양반들 대신 글 써주는 사서 노릇밖에 더하겠는가 하여 과거 시험을 포기하고 집으로 돌아오는 장면이 나온다. 그 모습을 본 선생의 부친은 선생에게 풍수, 역학, 관상에 관한 책들을 구해주고 그 책들을 공부하도록 권한다.

그리하여 관상학을 공부하던 선생은 어느 날 자신의 얼굴을 거울에 비추어보면서 자신의 관상을 살펴보았다. 그런데 눈도 거지요, 귀도 거지요, 코도 거지요, 입도 거지라는 풀이가 나왔다. 이에 실망한 선생은 과거 시험에 장원급제해도 제대로 대접을 받지 못할 것이고, 관상마저 거지 관상이니 살 이유가 없다며 자살을 결심하기 이른다. 그런데 관상 책 마지막 구절을 보고 눈이 번쩍 뜨였다. '관상불여심상(觀相不如心相).' 관상이 제아무리 뛰어나도 심상(心相)을 따라갈 수 없다는 뜻이다. 마음먹기에 따라 얼마든지 관상을 극복할 수 있음을 깨닫고 선생은 세상을 보는 눈을 더 크게 키우게 된다.

김구 선생 사주나 서울역 거지의 사주나 모두 자신의 배부르고 등 따뜻한 것을 구하려 하지 않는다고 나왔다. 더구나 김구 선생은 관상마저 거지 관상이었다. 그러나 선생은 자신을 낮추고 거지처럼 청빈하게 살며 평생 독립정부의 문지기로 남았다. 똑같이 거지로 살 사주였는데 한 사람은 타고난 대로 서울역에서 구걸하는 거지가 되었고, 한 사람은 운명을 극복하고 나라와 민족의 독립을 위해 몸바쳤다.

바로 이것이 역학의 묘미이자 운명학의 묘미이다. 사람마다 장점과 단점을 잘 파악하여 그에 맞는 인생 설계를 정확하게 해주는 것, 타고난 사주팔자의 장점을 잘 살려 삶을 운동시키고 변화시켜 인생의 희망을 안겨주는 것이 바로 역학이요 운명학인 것이다.

2 역학의 종류

역학에는 크게 인생 전반의 운명을 보는 운명학과 순간적인 운명을 보는 점학이 있다.

1) 운명학

운명학은 예를 들어 성격은 어떠한지, 직업 적성은 어떠하며 어떤 직업을 선택할지, 누구와 언제 결혼할 것인지, 건강은 좋은지 나쁘다면 어디가 나쁜지, 사업을 하면 성공할 수 있는지 등 살면서 일어나는 전반적인 일들을 다룬다.

운명학에는 평생 운명, 10년 운명, 5년 운명, 1년 신수, 월 운수, 일 운수 등을 보는 다양한 학문이 있다. 일반적으로 잘 알려진 사주명리학 이외에 기문둔갑, 철판신수, 하락이수, 자미두수, 토정비결, 풍수학, 인상학, 성명학, 당사주, 구성학, 꿈해몽(태몽), 월령도, 그리고 서양의 점성학까지 그 종류가 매우 다양하다.

운명학

기문둔갑
음양오행 이론을 바탕으로 하는 학문 중에서도 오랜 역사를 가지고 있다. 구궁(九宮)이라는 장소에 국(局)이라는 시간 개념을 도입하여 운명을 판단하고 분석한다. 국은 크게 홍국과 연국 2가지로 나뉜다. 이중에서 홍국은 조선시대 서경덕이 창안한 새로운 기문법으로 우리 나라만의 수리학을 접목하였고, 병술·점술·지리뿐만 아니라 인사(人事)와 국운을 보는 등 널리 이용된다.

월령도
토정 이지함이 만들었다고 하며, 주역의 괘를 활용하여 점을 친다. 괘에 따라 일정한 숫자가 나오면 배우자의 성씨, 주의할 성씨, 지인의 성씨 등을 족집게처럼 알아맞힌다고 한다. 정확도가 높다고 하지만 실제로 그러한지는 아직 검증되지 않았다.

인상학
사람의 생김새를 보고 그 사람의 운명을 예언하는 학문이다. 인상학에는 사람의 모든 상(相)이 다 포함되어 있다. 관상학, 수상학, 족상학, 체상학, 골상학, 동공학 등을 모두 합쳐서 인상학이라고 한다.

관상학
인상학의 한 분야로 그 기원은 동주시대 내사를 지낸 숙복이다. 숙복의 뒤를 이은 진나라의 고포자경은 공자의 상을 보고 장차 대성인(大聖人)이 될 것을 예언하였다. 남북조시대에 달마거사가 발전시킨 달마상법과 송나라 때 마의선사가 발전시킨 마의상법이 유명하다.

자미두수
음양오행 이론과 별을 연관지어 운명을 감정하는 학문으로, 명반(命盤)을 작성하여 해석한다. 송나라 진희이가 창안했다고 알려져 있지만, 이미 노자나 공자 시기에 학문적인 연구가 이루어진 것을 진희이가 체계적으로 정리하였다.

철판신수	아직까지 우리 나라에 소개된 적이 없지만, 홍콩이나 대만 등지에서는 인기가 높다. 구궁도(九宮圖)에 등장하는 괘로 운명을 풀이한다고 추정된다.
토정비결	조선 선조 때의 학자 토정 이지함이 쓴 책으로, 1년 12달의 운수를 판단한다. 태세(太歲)·월건(月建)·일진(日辰)을 숫자적으로 따져서 상·중·하의 세 괘를 만들고 이것을 주역의 음양설에 비추어 판단한다. 4언시구로 이루어져 있으며 다른 점서와 마찬가지로 비유와 상징적인 표현이 많다. 작괘법(作卦法)을 보면, 백단위(상괘)·십단위(중괘)·일단위(하괘)가 모여서 하나의 완성된 괘가 이루어진다.
하락이수	사주의 천간과 지지를 숫자로 바꾸고, 짝수는 짝수끼리 홀수는 홀수끼리 더하여 그것을 일정한 공식으로 계산하여 주역의 괘로 변환시켜 주역으로 해석한다. 풀이가 다양하지는 않지만 정확도만큼은 어떤 학문에도 뒤지지 않는다.
서양의 점성술	천체현상을 관찰하여 인간의 운명이나 미래를 점치는 방법이다. 춘분점을 기준으로 황도의 둘레를 12등분한 황도12궁을 놓고 운명을 판단한다. 황도12궁을 순서대로 나열하면 양자리, 황소자리, 쌍둥이자리, 게자리, 사자자리, 처녀자리, 천칭자리, 전갈자리, 궁수자리, 염소자리, 물병자리, 물고기자리다. 각각의 자리 이름은 신화 속의 인물이나 동물의 이름에서 따왔다. 생년월일(양력)에 따라서 별자리가 정해지고, 그 별자리가 성격과 기질, 그리고 운명을 암시한다.

동양의 점성술

동양에도 서양처럼 별을 보고 운명을 판단하는 점성술이 있다. 중국의 점성술로, 서양 점성술과 가장 큰 차이는 황도를 나누는 방법이다. 서양 점성술이 황도를 12등분하였다면 동양 점성술은 하늘을 4등분하여 입춘의 자정 때 하늘의 방향을 기준으로 동쪽은 청룡 7수, 북쪽은 현무 7수, 서쪽은 백호 7수, 남쪽은 주작 7수로 나누고, 이것을 하늘의 28수라고 하였다.

동양의 별자리 28수

동방 7수 : 각(角)·항(亢)·저(氐)·방(房)·심(心)·미(尾)·기(箕)
북방 7수 : 두(斗)·우(牛)·여(女)·허(虛)·위(危)·실(室)·벽(壁)
서방 7수 : 규(奎)·누(婁)·위(胃)·묘(昴)·필(畢)·자(觜)·삼(參)
남방 7수 : 정(井)·귀(鬼)·류(柳)·성(星)·장(張)·익(翼)·진(軫)

2) 점학

점학은 순간적인 운명을 보는 학문이다. 예를 들어 상거래에서 매매가 이루어질 것인지, 운전면허 시험에 합격할 수 있는지, 미팅에서 마음에 드는 사람과 짝이 될 수 있는지 등 순간적으로 결정되는 일들을 예측한다.

육임, 육효, 주역점, 초씨역림, 매화역수, 측자파자점, 태을신수, 꿈해몽(복권 당첨 등 순간적인 결과를 볼 때), 황극책수조수(황극책수), 서양의 타로 카드, 러시아의 집시 카드, 수정점, 보석점 등이 있다.

점학		
	매화역수	자연현상을 근거로 하는 점학의 한 가지로 순간적인 길흉화복을 점친다. 송나라 때 소강절이 매화꽃을 감상하다가 새가 싸우다 떨어지는 것을 보고, 그 수를 계산하여 이웃집 여자가 다음날 꽃을 꺾다가 떨어져서 다리를 다칠 것이라고 예언한 데서 매화역수(梅花易數)라는 이름이 유래하였다.
	육임	기문둔갑, 태을수와 더불어 삼수(三數) 중 하나이며, 매우 오래된 점학이다. 일부 학자에 따르면, 육임(六壬)의 임(壬)은 천간에서 아홉 번째 글자로서 이 임에서 모든 것이 완성된다고 한다. 삼전사과(三專四課)라고도 하는데 삼전은 어떤 일의 시작인 초전(初專), 진행인 중전(中專), 결말인 말전(末專) 등을 뜻하고, 사과는 구체적인 내용을 해석하는 데 사용한다.
	육효	주역을 바탕으로 순간적인 점을 친다. 이때 주역의 괘만 빌려오고 전혀 다른 방법으로 해석한다. 즉 주역의 괘를 뽑되 원래의 괘와는 다르게 풀이한다. 점치는 날짜와 계절에 따라 풀이가 달라진다.
	초씨역림	중국 전한말에 초연수가 찬술한 주역 관련 책인 『초씨역림(焦氏易林)』에서 유래하였다. 주역의 원래 64괘에 64괘를 곱하여 얻은 4,096괘로 구성되어 있으며, 상고시대부터 전한말까지의 역사적 사건을 경사(經史)에서 엄밀하게 뽑아 간략하게 운을 붙였다. 아름다운 시어체로 씌어 있으며, 매우 정확하여 적중률이 높다. 주역은 64괘의 원괘를 해석하고 육효의 변화에 의한 384개 효에 대한 해설만 있는데, 이 초씨역림은 내괘·외괘·변괘·호괘를 종합적으로 판단하지 않고도 괘를 풀이한 문장만으로 길흉판단이 가능하다.
	황극책수	인간 운명의 틀인 사주팔자를 천반(天盤)과 지반(地盤)으로 나누어 선천수로 합산한 다음, 그 수치에 따른 풀이로 인간의 운명을 해석한다.

주역점	시초라는 풀을 사용하여 점치는 시초점과 8개의 산가지에 1~8까지 숫자를 적어 점치는 산통법 등이 있다. 나온 점괘를 하괘와 상괘, 그리고 효사를 통해 해석한다. 이순신 장군이 주역점에 능통했다고 한다.

생활 속 역학

윷으로 치는 윷점

윷놀이는 우리 나라의 대표적인 민속놀이로, 명절이 되면 가족끼리 모여 윷놀이를 즐긴다. 이 윷으로 보는 점이 윷점이다.

섣달 그믐날 밤이나 설날에 윷으로 그해의 길흉을 알아보는데, 방법이 간단하여 예로부터 부녀자와 아이들이 많이 하였다. 많은 사람이 편을 짜서 집단으로 놀아 그 결과로 마을의 운수를 점치거나, 개인이 윷을 던져 나타난 숫자로 자신의 운수를 점친다.

한편 줄다리기나 차전놀이를 할 때도 마을끼리 승부를 겨루어 한해 농사의 길흉을 점쳤다. 즉 놀이에서 승리하는 마을은 한해 농사가 잘 된다고 믿었는데, 이 역시 윷점과 마찬가지로 순간적인 운명을 점치는 점학에 속한다.

대덕 한마디

이지함과 토정비결

해마다 정초가 되면 많은 사람들이 새해를 여는 통과의례처럼 토정비결로 그 해의 운수를 뽑아본다. 필자 역시 어려서부터 토정비결이란 말을 자주 듣고 자랐다. 집안에서 대대로 한의원을 해왔기 때문에 이웃에서 '김의원집' 하면 모르는 사람이 없을 정도였는데, 옛날에 한의원을 하던 사람들은 글깨나 읽고 주역이나 음양오행, 토정비결, 그리고 풍수에 관한 해박한 지식을 가지고 있었다.

정월 초하루가 되면 동네 부녀자들과 먼 곳에서 친척들이 찾아와 할아버지께서 계시는 사랑방으로 모여들었다. 할아버지께서 보자기로 몇 겹을 싸서 소중하게 보관해둔 『토정비결』을 꺼낼 때면 모두들 잔뜩 긴장해서 바라보곤 하였다. 드디어 오래 되어 낡고 때가 두텁게 낀 책을 펴고 한 사람씩 새해 운수를 들려줄 때면, 다른 사람들은 초조하게 자신의 차례를 기다렸다. 이러한 풍경을 어릴 적부터 보고 자라서인지 토정비결에 대한 기억이 할아버지에 대한 추억과 함께 지금까지도 선명하게 떠오른다.

토정 이지함이 토정비결을 창안한 지 4백여 년이 지났지만, 사람들은 여전히 토정비결로 새해의 운수를 점친다. 그만큼 토정비결의 저력이 크다고 할 수 있다. 그런데 최근 몇몇 학자와 역술가들이 『토정비결』의 원저자에 대해 의문을 제기하고 있다. 즉 『토정비결』은 이지함이 쓴 게 아니라 토정 사후의 인물이 썼고, 토정의 명망을 빌려 그의 이름을 차용했다는 설이다.

그러나 필자는 이러한 주장에 과감하게 반론을 제기한다. 토정이 저술하지 않았다는 주장 중에는 "토정같이 천지조화와 만물의 이치를 터득한 사람이 이치에 맞지 않는 어린애 장난감 같은 『토정비결』을 지었다는 것은 말이 되지 않는다"라는 극단적인 내용까지 있다. 그렇다면 몇 백 년 동안 토정비결을 보아온 수많은 사람들이 모두 어린애 장난감 같은 이야기에 속아왔다는 말인가?

　처음 토정이 쓴 본래의 『토정비결』은 적중률이 매우 높아 백발백중이었는데, 너무 잘 알아맞히다 보니 오히려 문제가 생겼다고 한다. 즉 잘 산다는 점괘가 나오면 아무 일도 하지 않으려 하고, 운이 나쁘다고 나오면 모든 것을 포기하고 방탕해지는 사람들이 많이 생겨났던 것이다. 뒤늦게 이러한 문제점을 깨달은 토정은 주역의 괘 중에서 하괘만을 사용하여 예언의 정확도를 떨어뜨리고, 수제자를 통해 『토정비결』 원본을 깊은 산속에 감추어놓기에 이른다. 토정의 삶을 돌아보고 그의 인간적인 면모를 알면 오히려 『토정비결』이 그의 저술임에 절대적으로 동의할 수밖에 없을 것이다.

토정 이지함은 조선 선조 때의 학자로 고려말의 대학자인 목은 이색의 7대손이다. 어려서 부친 이치(李穉)를 여의고 형인 지번(之蕃)에게 글을 배웠으며, 나중에는 서경덕 문하에서 수학하였다. 토정이 수학, 의학, 복서, 천문, 지리, 음양, 술서 등에 능하게 된 것은 스승인 서경덕의 영향이 매우 컸다.

　토정이 살던 당시, 임금의 외척인 윤원형이 세도를 부리면서 혼란과 부패가 극심해서 농촌은 갈수록 궁핍해져갔다. 토정은 출세와 명예를 얻을 수 있는 양반 신분이었지만 가난한 하층민들을 먼저 생각하였다. 아산 현감으로 부임했을 때, 토정은 가장 먼저 걸인청을 만들어 가난한 사람들을 모아 일을 시키고 그에 따라 식량을 나누어주었다. 지금으로 말하면 일종의 사회복지정책을 폈던 것이다.

　『토정비결』을 쓴 것도 자신의 역학 지식을 이용해 가난에 찌들어 삶의 희망을 잃은 민중들에게 희망을 주고 싶었기 때문이었다. 『토정비결』의 풀이 대부분이 희망적인 문구로 이루어져 있는데, 이것을 보아도 토정이 앞일을 정확하게 알려주기보다는 미래에 대한 희망을 주어 그들 스스로 활기찬 미래를 개척해 나가기를 바랐음을 잘 알 수 있다. 세상을 마칠 때까지 가난한 생활을 몸소 실천하며 하층민들의 고달프고 서러운 삶을 희망으로 바꾸어주고자 노력한 사람, 토정이야말로 참된 역학자의 표상이 아닐까?

토정비결의 희망적인 내용은 사람들에게 희망을 주려는 토정 선생의 깊은 뜻!

새해

1월

사주명리학의 기본을 이루는 것은 음양오행 이론이다.

음양이란 무엇이고 오행이란 무엇인지, 또 음양과 오행은

어떤 관계를 맺고 있는지 등을 잘 알아야 사주팔자를 제대로 풀 수 있다.

태초에 태극(太極) 또는 무극(無極)에서 음과 양이 생겨났다.

이렇듯 무(無)에서 시작된 음양은 삼라만상을 통제하고 모든 변화를 일으키는 주체이다.

오행은 음양의 변화가 한 단계 더 세분화된 것으로, 만물을 생성하는 5가지 요소인

목(木)·화(火)·토(土)·금(金)·수(水)를 말한다. 음과 양은 서로 별개이면서

함께 공존한다. 음양은 오행보다 근원적인 개념이고, 오행은 음양의 기를 포함하고 있다.

#02

음양과 오행

② 음양과 오행

음양과 오행은 사주명리학의 근본이고 핵심이다. 음양과 오행의 분석을 통해 사주 주인공의 성격, 적성, 개성, 특징 등을 알 수 있고 건강상태와 질병의 유무를 알 수 있다.

사주명리학의 기본을 이루는 것은 음양오행 이론이다. 음양이란 무엇이고 오행이란 무엇인지, 또 음양과 오행은 어떤 관계를 맺고 있는지 등을 잘 알아야 사주팔자를 제대로 풀 수 있다.

태초에 태극(太極) 또는 무극(無極)에서 음과 양이 생겨났다. 음양은 사상(四象)을 생(生)하고, 사상은 8괘를 생한다. 8괘가 위아래로 짝을 지어 64괘가 탄생한다. 64괘를 해석한 것이 괘사(卦辭)이고, 한 괘를 이루는 각 효(爻)의 뜻을 설명한 것이 효사(爻辭)이다. 64괘와 384효 속에 우주와 세상 만물의 의미가 내포되어 있다. 이렇듯 무(無)에서 시작된 음양은 삼라만상을 통제하고 모든 변화를 일으키는 주체이다. 오행은 음양의 변화가 한 단계 더 세분화된 것으로, 만물을 생성하는 5가지 요소인 목(木) · 화(火) · 토(土) · 금(金) · 수(水)를 말한다.

음과 양은 서로 별개이면서 함께 공존한다. 음양과 오행의 관계 역시 마찬가지다. 음양은 오행보다 근원적인 개념이고, 오행은 음양의 기를 포함하고 있다. 학자에 따라 음양과 오행을 분리하여 설명하거나, 음양이 먼저 생긴 후 오행이 생겼다고 주장하기도 한다. 그러나 음양과 오행은 서로 다르면서도 한몸처럼 늘 같이하며 동양학문의 기본을 이루고 있다. 유교의 경전인 『주역』과 한의학 또한 음양오행 이론에 바탕을 두고 있다.

1. 음양

1 음양의 시작

우주의 근본인 태극이 발전하고 분화하는 과정에서 음양이 탄생하였다. 음과 양은 각각 땅과 하늘, 달과 해, 여자와 남자, 밤과 낮, 겨울과 여름, 어둠과 밝음, 가을과 봄, 작은 것과 큰 것 등 모든 대립적인 만물과 형상을 상징한다. 이처럼 음양은 상반된 개념을 갖고 있지만, 음과 양이 떨어져서 따로 존재하면 음양의 의미가 없어지고 만다. 음과 양은 반드시 함께 존재해야 그 가치가 있다.

예를 들어 세상에 양만 존재하고 음이 존재하지 않는다면 낮만 있고 밤은 없어진다. 일하고 공부하고 자아성취를 위한 낮 시간도 필요하지만, 휴식을 취하고 잠을 자는 밤도 반드시 필요하다. 또한 양에 해당하는 외향적인 사람만 있고 내성적인 사람이 없다면 이 세상은 자기주장만으로 시끄러워질 것이고 싸움이 빈번해질 것이다.

음양은 우주 속에서, 세상 속에서, 그리고 철학 속에서 다양하게 존재한다. 음과 양은 좋은 것, 나쁜 것으로 나눌 수 없다. 음과 양 그 자체로 있음이고 존재함이다. 자칫 음은 나쁘고 양은 좋다고 생각하기 쉽지만, 동양 문화권에서는 음도 긍정적이고 양도 긍정적이다.

2 음양의 의미

사주명리학은 음양의 조화와 변화를 중요하게 여긴다. 음이 강하면 양이, 양이 강하면 음이 조화를 맞추어주어야 한다. 그러므로 음과 양 어느 것 하나 없어서는 안 된다.

음양은 사주 안에서 사람의 성격과 심리적인 특징, 그리고 육친 관계의 변화를 상징한다. 즉 음은 내성적·안정적·보수적인 성향·1:1 만남을 상징하고, 생각 지향적이다. 반대로 양은 외향적·활동적·진보적인 성향·다자간의 만남을 상징하고, 행동 지향적이다. 이외에도 음양이 상징하는 것이 많지만, 여기서는 사주를 보는 데 필요한 부분만 설명하고자 한다.

음양의 상징

사주 안에서 음양은 각각 대립적인 성격과 심리적인 특성, 육친 관계의 변화를 상징한다.

▼ 음양의 기본 특성

양	태양(太陽)	불	나무	여름	낮	덥다	밝다	밖	하늘	남자	아버지	해	오전	서양	적색	위	넓다
음	태음(太陰)	물	쇠	겨울	밤	춥다	어둡다	안	땅	여자	어머니	달	오후	동양	흑색	아래	좁다

▼ 음양의 성격 특성

양	외향적	적극적	모험적	충동적	능동적	힘차다	감각형	체계적
음	내성적	소극적	안정적	사고형	수동적	부드럽다	직관형	자율적

생활 속 역학

사상체질과 음양

흔히 한의원에 가면 진맥을 하고 체질과 그에 따른 건강관리법을 알려 준다. 여기서 체질은 태양 · 태음 · 소양 · 소음 등 4가지가 있는데, 이를 사상체질이라고 한다.

사상체질은 음과 양을 나누어 거기에 오장 육부를 배속시켜 인체의 생리와 병리현상을 설명한다. 즉 사람을 음적인 타입과 양적인 타입으로 나누고, 각각의 타입 안에 다시 음적인 경향과 양적인 경향을 구분하여 다음과 같이 4가지 타입을 정한다.

① 태음 : 안에도 음, 겉에도 음인 경우
② 소양 : 안에는 음, 겉에는 양인 경우
③ 태양 : 안에도 양, 겉에도 양인 경우
④ 소음 : 안에는 양, 겉에는 음인 경우

좀더 자세히

칼 융과 음양사상

음양은 동양철학의 기본 사상으로서, 서양의 학자들에게도 관심의 대상이다. 세계적인 심리학자이자 정신과의사인 칼 구스타프 융 역시 동양의 음양사상에 많은 관심을 보였다. 융은 인도와 중국에서 연구할 때 중국을 방문하여 음양오행사상과 주역을 접하고 음양을 연구하였다. 그리고 음양이 사람의 정신병 즉 스트레스나 우울증, 그리고 화병(이 의학용어는 의학사전에 실린 지 얼마 되지 않아 칼 융 시기에는 없었다) 등과 연관이 있다는 사실을 발견하였다.

아니마   아니무스

기본적으로 남자는 양이고, 여자는 음이다. 그런데 남자이면서도 성격이 음적인(소심한) 사람에게 업무적으로 부담이 큰 일이나 집안의 모든 일을 맡긴다면 그 사람은 어떻게 될까. 융의 설명에 따르면 그 사람은 우울증이나 스트레스가 심해진다고 한다. 반대로 여자인데 성격이 양적인(적극적인) 사람이 가부장적인 집안에 시집을 간다면 화병이나 우울증에 시달리게 된다고 한다. 융은 남자인데 여성적인 성향을 가지고 있는 경우를 '아니마'로, 여자인데 남성적인 성향을 가지고 있는 경우를 '아니무스'라고 불렀다.

2. 오행

오행은 우주 만물을 형성하는 원기(元氣)이며 변화를 상징하는 것으로 목(木), 화(火), 토(土), 금(金), 수(水)이다. 오행은 단순한 나무, 불, 흙, 쇠, 물이 아니라 무형, 유형의 다양한 형태를 띠는 모든 형상을 말한다.

오행은 음양과 마찬가지로 사주팔자의 기초를 이루는 중요한 요소이다. 여기서는 실제 사주 간명에 필요한 내용, 즉 오행의 기본 성질인 성격과 속성, 그리고 오행의 상생과 상극에 대해 설명하고자 한다. 오행의 심리 특성과 건강의 관계는 활용편에서 자세하게 다룰 예정이다.

오행의 형태는 매우 다양하고 방대하여 여기서 모두 다루기 어렵고, 또한 그것을 다 알 필요도 없다. 그렇다고 오행의 원리가 쉽다는 뜻은 아니다. 쉽게 생각하고 적당히 공부하다가는 사주명리학 공부가 어려워지고 복잡하게 느껴져 금세 포기하게 될 가능성이 크다. 그러나 오행 부분을 꼼꼼하게 읽고 이해한다면 사주명리학 공부가 쉽고 재미있게 느껴질 것이다.

POINT

오행
∙∙∙∙∙∙∙∙∙∙∙∙∙∙∙∙∙∙
우주 만물을 구성하는 5가지 요소인 목(木)·화(火)·토(土)·금(金)·수(水), 즉 나무·불·흙·쇠(바위)·물을 가리킨다.

목(木)	굵고 곧은 것, 뻗어 나가려는 의지, 의욕, 성장, 명예 등을 상징한다.
화(火)	타오르고 솟아오르는 열정, 정열, 자신감 등을 상징한다.
토(土)	만물을 중재하고 포용하며 중용, 안식, 고집, 끈기 등을 상징한다.
금(金)	안으로 강하게 다지는 의지, 절제, 단단함 등을 상징한다.
수(水)	땅 속에 스며들어 계속 흘러가는 것처럼 생각, 지혜, 욕망, 본능 등을 상징한다

사주명리학에서 각각의 오행은 계절, 시간, 방향, 색상, 적성, 성격, 건강, 맛, 숫자 등을 상징한다.

▼ 오행의 상징 배정

	木	火	土	金	水
계절	봄	여름	환절기	가을	겨울
시간	아침	낮	사이	저녁	밤
방향	동	남	중앙	서	북
색상	청색	적색	황색	백색	흑색
맛	신맛	쓴맛	단맛	매운맛	짠맛
숫자	3, 8	2, 7	5, 10	4, 9	1, 6
오음	ㄱ, ㅋ	ㄴ, ㄷ, ㅌ, ㄹ	ㅇ, ㅎ	ㅅ, ㅈ, ㅊ	ㅁ, ㅂ, ㅍ
온도	따뜻함	뜨거움	변화함	서늘함	차가움

▼ 오행의 성격 및 적성 배정

	木	火	土	金	水
기본 성격	착하고 어질다 인(仁)	예의 바르고 적극적이다 예(禮)	믿음직스럽고 끈기 있다 신(信)	의리가 있고 절제력이 있다 의(義)	총명하고 지혜롭다 지(智)
많을 때 장점	명예지향적이다	의사표현이 명확하다	끈기가 있다	비판정신이 강하다	타인에 대한 배려가 깊다
많을 때 단점	자기 의견을 굽히려 하지 않는다	다혈질이다	고집이 세다	잔소리가 심하다	쓸데없는 생각이 많다

	木	火	土	金	水
적성	1순위 문과 2순위 미술·교육	1순위 예술·연예·방송 2순위 문과	1순위 사람을 상대 하는 일 2순위 땅, 건축, 부동산	1순위 군인·경찰·의사 간호사·운동선수 2순위 이과	1순위 이과·경제 회계, 통계 2순위 음악·연예

▼ 오행의 건강 배정

	木	火	土	金	水
오장	간	심장	비장	폐	신장
육부	담(쓸개)	소장	위	대장	방광
오행의 불균형으로 인한 건강문제	뼈의 질환 수술	혈관질환 안과질환 정신과질환	산부인과질환 비뇨기과질환	우울증 자폐증	산부인과질환 비뇨기과질환 우울증 불면증 무력증 두통

좀더
자세히

오행·오행학·오행론의 구분

오행은 사주명리학뿐만 아니라 다양한 동양학 분야에서 학문적인 기초를 이룬다. 오행(五行)은 말 그대로 '5가지 성분이 돌아다닌다' 는 의미로, 5가지 성분이란 목화토금수(木火土金水)를 말한다. 이 5가지 성분은 서로 만나고, 도와주고, 충돌하고, 다투고, 타협하는 과정을 통해서 상호관계를 맺는다. 이러한 오행의 변화과정을 연구하는 것이 오행학(五行學)이다.

- **오행 :** 다섯 오(五) 다닐 행(行)으로 5가지 성분, 즉 목화토금수(木火土金水)가 고정되어 있지 않고 주변 환경에 따라 변화한다.
- **오행학 :** 오행이 변화하면서 벌어지는 상호작용을 연구하는 학문.
- **오행론 :** 오행이 변화하면서 벌어지는 상호작용의 전개 논리.

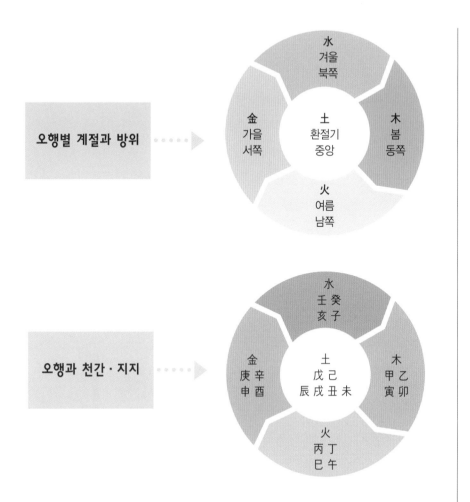

오행별 계절과 방위 ┄┄▶

水
겨울
북쪽

木
봄
동쪽

土
환절기
중앙

火
여름
남쪽

金
가을
서쪽

오행과 천간·지지 ┄┄▶

水
壬 癸
亥 子

木
甲 乙
寅 卯

土
戊 己
辰 戌 丑 未

火
丙 丁
巳 午

金
庚 辛
申 酉

② 오행의 상생과 상극

사주명리학은 음양오행의 생극제화(生剋制化)의 원리에 바탕을 둔다. 생(生)은 말 그대로 낳는다, 도와준다는 의미이고, 극(剋)은 자극하고 억누른다는 의미다. 제(制)는 극과 비슷하지만 적절하게 극이 되어 통제하는 것이고, 화(化)는 일반적인 이론이 변화하는 것이다.

오행은 끊임없이 서로 생하거나 생을 받고, 극하거나 극을 받으며 상호작용을 한다. 고급 이론이나 어려운 이론에 의지하기보다는 생극작용과 같은 음양오행의 기본적인 이론을 튼튼하게 다지는 것이 사주 해석에 더욱 유리하다.

1) 오행의 상생

오행은 서로 생하면서 순환한다. 나무는 불을 생하고, 불은 흙을 생하고, 흙은 쇠나 바위를 생하고, 쇠나 바위는 물을 생한다.

상생(相生)은 이처럼 오행의 5가지 기운이 서로 생한다는 의미다. 목생화(木生火) → 화생토(火生土) → 토생금(土生金) → 금생수(金生水) → 수생목(水生木)으로 이어 지면서 목(木)에서 시작한 생이 다시 목(木)으로 돌아오는데, 이처럼 서로가 생으로 연결되어 있으므로 상생이라고 한다.

POINT

오행의 상생

상생은 서로 도와준다는 뜻 이지만, 실제로는 어느 한 오행이 다른 오행을 일방적 으로 생하는 것이다. 오행의 상생에는 목생화(木生火), 화생토(火生土), 토생금(土生 金), 금생수(金生水), 수생목 (水生木)이 있다.

오행의 상생

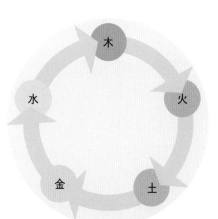

목생화(木生火) : 나무는 자신을 태워 불을 살린다.

화생토(火生土) : 불이 다 타면 재가 되어 흙으로 돌아간다.

토생금(土生金) : 흙 속에서 바위와 금속이 생산된다.

금생수(金生水) : 바위 속에서 물이 나온다.

수생목(水生木) : 물은 나무에게 수분을 주어 자라게 한다.

2) 오행의 상극

오행은 서로 생하기도 하지만 서로 극하기도 한다. 나무는 흙을 붙잡아주고, 흙은 물을 가두고, 물은 불을 꺼뜨리고, 불은 금속을 녹이고, 금속은 나무를 자른다.

　상극(相剋)은 오행의 5가지 기운이 서로 극한다는 의미다. 목극토(木剋土) → 토극수(土剋水) → 수극화(水剋火) → 화극금(火剋金) → 금극목(金剋木)으로 이어지면서 목(木)에서 시작한 극이 다시 목(木)으로 돌아오는데, 이처럼 서로가 극으로 연결되어 있으므로 상극이라고 한다.

POINT

오행의 상극

상극은 서로 공격한다는 뜻이지만, 실제로는 어느 한 오행이 다른 오행을 일방적으로 극하는 것이다. 오행의 상극에는 목극토(木剋土), 토극수(土剋水), 수극화(水剋火), 화극금(火剋金), 금극목(金剋木)이 있다.

오행의 상극

목극토(木剋土) : 나무는 뿌리로 흙을 붙잡아준다.

토극수(土剋水) : 흙은 둑이 되어 물을 가두어둔다.

수극화(水剋火) : 물은 불을 꺼뜨린다.

화극금(火剋金) : 불은 바위(쇠)를 녹인다.

금극목(金剋木) : 바위(쇠)는 나무를 자른다.

상생과 상극에 관한 오해

오행의 상생 · 상극작용에서 한 가지 주의해야 할 점이 있다. 상생은 서로 도와주기 때문에 좋은 것이고, 상극은 서로 억압하기 때문에 나쁜 것으로 생각하기 쉽다는 것이다.

그러나 지금까지 필자의 임상 결과로 볼 때 무조건 상생은 좋고 상극은 나쁜 것은 아니다. 상생은 정확하게 말하자면 사주 안에서 어느 한 오행이 다른 오행을 일방적으로 생하기 때문에, 오히려 생을 받는 쪽에 불리하게 작용할 수 있다. 상극 역시 마찬가지다. 상극은 서로 공격한다는 의미이지만, 실제로는 어느 한 오행이 또 다른 오행을 일방적으로 억누르는 것이다. 따라서 특정 오행의 기운이 지나치게 강할 경우에 이를 적절하게 조절해주는 긍정적인 역할을 할 때도 있다.

음과 양의 좋고 나쁨을 구별하지 않듯이, 생과 극 또한 좋고 나쁨을 구별할 수 없다. 둘은 전혀 다른 것 같지만 한몸이다. 둘 중에 하나만 존재하면 오행은 균형을 잃고 만다. 예를 들어 국가를 생각해보자. 국가는 국민이 편안하게 생활할 수 있도록 복지정책이나 안보 등의 생작용을 해야 한다. 동시에 극작용에 해당하는 법으로써 의무와 통제를 가해야 나라가 균형 있게 발전할 수 있다. 많으면 오히려 극해서 힘을 조절해주는 것이 좋고, 부족하면 생해서 도와주는 것이 좋다. 생이나 극이 중요한 것이 아니라 사주 자체가 중요하다.

3) 상생과 상극의 응용

목(木), 화(火), 토(土), 금(金), 수(水) 이 5가지 기운은 서로 상생과 상극 작용을 끊임없이 되풀이한다.

목(木)
목을 생하는 오행은 → 수(水)
목이 생하는 오행은 → 화(火)
목이 극하는 오행은 → 토(土)
목을 극하는 오행은 → 금(金)

화(火)
화를 생하는 오행은 → 목(木)
화가 생하는 오행은 → 토(土)
화가 극하는 오행은 → 금(金)
화를 극하는 오행은 → 수(水)

토(土)

토를 생하는 오행은 → 화(火)

토가 생하는 오행은 → 금(金)

토가 극하는 오행은 → 수(水)

토를 극하는 오행은 → 목(木)

금(金)

금을 생하는 오행은 → 토(土)

금이 생하는 오행은 → 수(水)

금이 극하는 오행은 → 목(木)

금을 극하는 오행은 → 화(火)

수(水)

수를 생하는 오행은 → 금(金)

수가 생하는 오행은 → 목(木)

수가 극하는 오행은 → 화(火)

수(水)를 극하는 오행은 → 토(土)

❸ 상생과 상극의 반작용

오행은 서로 생하거나 극하고, 합(合)하거나 충(沖)하는 등 다양하고 복잡한 관계를 맺으면서 공존한다. 앞에서 설명한 것처럼 생과 합은 항상 좋고 극과 충은 항상 나쁜 것은 아니다. 상황에 따라 좋을 수도 있고 나쁠 수도 있다. 합과 충에 대해서는 5부 「충·합·신살」에서 자세히 배우게 될 것이다. 여기서는 상생의 반작용과 상극의 반작용에 대해서 다루고자 한다.

1) 상생의 반작용

일반적으로 상생은 서로 도움을 주고받는 긍정적인 관계이다. 그러나 생이 지나치면 생을 받는 오행에게 오히려 나쁜 영향을 미칠 수 있다.

① 목다화멸(木多火滅) : 나무가 너무 많으면 불이 꺼진다.

POINT

상생과 상극의 반작용

일반적으로 생작용을 긍정적으로 생각하지만, 지나친 생작용은 오히려 사주의 조화를 깨뜨릴 수 있다. 극작용 역시 마찬가지다. 적절한 극작용은 사주에서 음양오행이 조화를 이루도록 도와준다.

② 화다토조(火多土燥) : 불이 너무 강하면 흙이 메마른다.

③ 토다금매(土多金埋) : 흙이 너무 많으면 금이 묻혀버린다.

④ 금다수탁(金多水濁) : 쇠가 너무 많으면 물이 흐려진다.

⑤ 수다목부(水多木浮) : 물이 너무 많으면 나무가 썩어 물 위에 뜬다.

2) 상극의 반작용

극을 받는 오행이 극을 하는 오행보다 강할 때 극이 부족하다고 표현한다. 이때 극을 하는 오행은 오히려 힘을 잃는다.

① 토다목절(土多木折) : 나무가 흙을 붙잡아주지만, 흙이 너무 많으면 나무가 흙에 꺾여버린다.

② 수다토류(水多土流) 또는 수다토붕(水多土崩) : 흙이 물을 가두어두지만, 물이 많으면 둑이 무너진다.

③ 화다수패(火多水敗) 또는 화다수압(火多水壓) : 물이 불을 꺼뜨리지만, 불이 너무 강하면 오히려 물이 증발한다.

④ 금다화멸(金多火滅) 또는 금다화진(金多火鎭) : 불이 쇠를 녹이지만, 약한 불은 큰 쇳덩이를 녹이지 못하고 꺼져버린다.

⑤ 목다금결(木多金缺) : 쇠가 나무를 자르지만, 작은 칼은 커다란 나무숲을 자르다가 부러진다.

④ 오행의 비화

같은 오행을 비화(比和)라고 한다. 여기서 비(比)란 비슷하다는 의미로서 목(木)이 목(木)을 만날 때, 화(火)가 화(火)를 만날 때, 토(土)가 토(土)를 만날 때, 금(金)이 금(金)을 만날 때, 수(水)가 수(水)를 만날 때를 말한다.

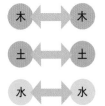

생활 속 역학

오행과 숫자

예로부터 동양 문화권에서는 음양과 오행으로 우주의 이치를 파악하였다. 특히 완전수(完全數)로 통하는 '5'는 천지조화를 상징하는 신비로운 숫자이다.

예를 들어 서양에서는 빨주노초파남보 7색을 즐겨 사용하지만, 동양에서는 청적황백흑(靑赤黃白黑)의 5색을 기본으로 사용한다. 또한 동양에서는 동서남북에 중앙을 더해서 오방(五方)이라 하고, 서양은 도레미파솔라시도의 칠음계를 쓰지만 동양에서는 궁상각치우(宮商角緻羽)의 오음계를 사용한다. 5가지 맛인 오미(五味), 5가지 복인 오복(五福), 신체 장기를 크게 다섯으로 나눈 오장(五臟), 정신적 상징인 오상(五常) 역시 5가 긍정적인 의미로 쓰이는 예이다.

이와 달리 숫자가 금기시되는 경우도 있다. 예를 들어 우리 나라에서는 넉 사(四) 자를 죽음을 상징하는 죽을 사(死) 자와 연관짓는다. 이것은 4와 사(死)의 발음이 같기 때문인데, 여기에서 죽음에 대한 두려움이 얼마나 큰지 알 수 있다. 그래서 건물 엘리베이터에 4층을 없애고 5층으로 바꾸거나 4층 대신 F로 쓴다. 병원에서 병실 숫자를 표기할 때 4를 쓰지 않는 것도 죽을 사(死)와의 연관성 때문이다.

그러나 숫자 4를 항상 죽을 사(死)와 연관시켜서 꺼렸던 것은 아니다. 사람의 운명을 판단하기 위해 태어난 연월일시를 천간과 지지 여덟 글자로 바꾸어놓은 사주팔자는 일상적으로 널리 쓰이는 말이다. 사방으로 툭 터져 아무 장애가 없다는 사통팔달, 온 세상 사람들이 모두 한형제라는 의미의 사해동포, 사람의 체질을 넷으로 나누어서 진단하는 이제마의 사상의학, 종이 · 붓 · 묵 · 벼루의 지필묵연(紙筆墨硯)을 상징하는 문방사우, 계절을 의미하는 춘하추동 사계절, 방향을 나타내는 동서남북 사방위, 건(乾) · 곤(坤) · 간(艮) · 손(巽) 즉 서북 · 서남 · 동북 · 동남의 네 방위 등에서 숫자 4는 나를 둘러싸고 있는 전체를 뜻한다. 이러한 예들에서 4는 오히려 긍정적인 의미가 강하다.

EXERCISE

KEY POINT 🔑

목(木)은 계절로는 봄을 상징하고 하루 중 아침을 상징한다. 방향으로는 동쪽을 상징하고, 따스함을 상징하고, 색상 중에서 청색을 상징한다. 흑색은 수(水)를 상징한다.

목(木)은 봄, 화(火)는 여름, 토(土)는 환절기, 금(金)은 가을, 수(水)는 겨울에 해당한다.

5가지 오행이 각각 1가지 성질만 갖고 있는 것은 아니다. 다른 오행의 성격도 조금씩 가지고 있되, 자신에게 해당하는 오행의 특징이 강하게 드러난다. 토(土)가 현명하지 않은 것이 아니라, 믿음직하고 끈기 있는 면이 더 강하게 나타나는 것이다.

목(木)은 청색, 화(火)는 적색, 토(土)는 황색, 수(水)는 흑색에 해당한다.

실전문제

1 다음 중 목(木)에 대한 설명이 아닌 것은?

① 봄
② 아침
③ 동쪽
④ 따스함
⑤ 흑색

2 다음 중 오행과 계절을 잘못 짝지어 놓은 것은?

① 목(木) → 봄
② 화(火) → 여름
③ 금(金) → 환절기
④ 수(水) → 겨울
⑤ 토(土) → 가을

3 다음 중 오행의 성격을 잘못 짝지어 놓은 것은?

① 목(木) → 착하고 어질다.
② 화(火) → 예의가 바르다.
③ 토(土) → 현명하고 총기가 있다.
④ 금(金) → 의리가 있다.
⑤ 수(水) → 총명하고 지혜가 있다.

4 다음 중 오행과 색상을 올바르게 짝지어 놓은 것은?

① 목(木) → 빨간색
② 화(火) → 파란색
③ 토(土) → 검정색
④ 금(金) → 흰색
⑤ 수(水) → 노란색

5 다음 중 오행과 그에 해당하는 직업을 올바르게 짝지어 놓은 것은?

① 목(木) → 문과, 미술, 교육
② 화(火) → 사람을 상대하는 직업, 땅, 건축
③ 토(土) → 군인, 경찰, 의사, 이과
④ 금(金) → 이과, 경제, 회계, 음악, 예술
⑤ 수(水) → 예술, 연예, 방송, 문과

6 다음 중 상생 관계가 잘못 짝지어진 것은?

① 목(木)은 화(火)를 생한다.
② 화(火)는 토(土)를 생한다.
③ 토(土)는 수(水)를 생한다.
④ 수(水)는 목(木)을 생한다.
⑤ 금(金)은 수(水)를 생한다.

7 다음 중 상극 관계인 것은?

① 목(木)과 수(水)
② 화(火)와 토(土)
③ 토(土)와 화(火)
④ 금(金)과 수(水)
⑤ 수(水)와 화(火)

8 다음 중 목(木)의 상생·상극 관계를 잘못 설명한 것은?

① 토(土)는 나무에게 양분을 제공하므로 목(木)을 생한다.
② 목(木)은 화(火)의 땔감이 되므로 화(火)를 생한다.
③ 금(金)은 목(木)을 자르므로 목(木)을 극한다.
④ 목(木)이 너무 많으면 금(金)이 목을 함부로 극하지 못한다.
⑤ 목(木)이 너무 많으면 화(火)가 꺼져버리므로 생을 못 한다.

대덕 한마디

처음 사주명리학을 공부하는
여러분에게

사주명리학을 공부하면서 느끼는 어려움 중 하나가 생소하고 어려운 용어이다. 그래서 제대로 시작하지도 않았는데 도중에 공부를 포기하고 싶은 생각이 들지도 모른다. 이 장에서 설명한 오행의 상생과 상극 역시 처음 들어보는 말이라서 이해가 쉽지는 않을 것이다. 그러나 오행의 상생과 상극은 사주 판단의 기초이기 때문에 반드시 잘 알고 있어야 한다. 기본조차 알지 못하는데 어떻게 사람의 인생사를 논하고 조언할 수 있겠는가? 눈으로만 읽지 말고 입으로 소리내어 외우기 바란다. 그러면 사주명리학의 중요한 이론들을 쉽게 익힐 수 있다.

또 한 가지, 음양오행이론에 바탕을 둔 사주명리학은 어떤 이론이든 일방적으로 옳거나 그르지 않다는 점을 잘 알고 있어야 한다. 예를 들어 음양과 오행 각각에는 반드시 장점과 단점이 존재한다. 사주에 따라, 사람에 따라, 상황에 따라 좋을 수도 있고 나쁠 수도 있다. 한 가지 이론을 맹신하는 것은 자칫 잘못된 사주 판단으로 이어질 수 있다.

마지막으로 급하게 생각하지 말고 마음을 편하게 갖기를 바란다. 처음 사주명리학에 입문하면 어서 빨리 주변 사람들에게 자신의 사주 실력을 보여주고 싶어서 마음이 급해진다. 어릴 적 처음 태권도나 합기도를 배울 때를 생각해보자. 배운 것을 자랑하고 싶고, 어린 마음에 겁이 없어져서 괜히 발을 높이 차거나 주먹을 뻗어본다. 그러다 나이 많은 아이에게 오히려 얻어맞기도 한다. 사주명리학 공부 역시 마찬가지다. 실력은 부족한데 벌써부터 남의 사주를 풀이하고 싶은 마음이 들기 쉽다. 그러나 해야 할 공부는 반드시 마쳐야 한다. 더구나 사주명리학은 인생상담을 하고 운명을 바꾸어 주는 매우 중요한 학문이므로 기본을 다지는 것이 매우 중요하다.

처음부터 사주를 잘 풀이할 수는 없다. 사주명리학 실력은 절대로 하루 아침에 이루어지지 않는다. 그러나 배운 만큼 주변 사람들의 사주를 풀어주는 것은 적극적으로 권장한다. 단, 배우지 않은 내용을 마치 잘 알고 있는 것처럼 과장하는 것이 문제이다. "내가 알고 있는 범위 내에서 봐줄게"라고 미리 이야기하고 초급 실력부터 사주를 풀어보자. 그러는 사이에 실력이 빠르게 늘어날 것이다.

천간은 갑(甲) · 을(乙) · 병(丙) · 정(丁) · 무(戊) · 기(己) ·

경(庚) · 신(辛) · 임(壬) · 계(癸)의 10가지로 이루어져 있고,

십간(十干)이라고도 한다. 또한 하늘을 상징한다고 해서 천원(天元)이라고도 한다.

갑 · 병 · 무 · 경 · 임은 양 천간이고, 을 · 정 · 기 · 신 · 계는 음 천간이다.

지지는 땅을 상징하기 때문에 지원(地元)이라고도 부른다. 지지는 땅이고,

음이고, 밤이고, 정지 상태이고, 여성적이고, 부드럽고, 느린 것을 상징한다.

그러나 사주명리학에서는 지지를 이렇게 단순하게 파악하지 않는다.

사람의 인생 자체가 단순하지 않기 때문이다.

#03

천간과 지지

③ 천간과 지지

천간과 지지는 사주팔자를 이루는 근본이다. 천간 10자와 지지 12자는 각각 음양과 오행으로 나누어지며, 이것의 분석을 통해서 사주 주인공의 전반적인 인생을 파악할 수 있다.

사주명리학에는 하늘과 기둥을 상징하는 천간(天干) 10자와, 땅과 가지를 상징하는 지지(地支) 12자가 있다. 사람이 태어난 연월일시를 천간 네 글자와 지지 네 글자로 나타낸 것이 사주팔자이다. 천간과 지지를 합쳐서 간지(干支)라고 한다.

대부분의 동양학에서와 마찬가지로, 사주명리학에서는 천간과 지지를 좋은 것 나쁜 것으로 나누어 생각하지 않는다. 두 가지 다 필요한 존재이다. 이것은 사주에 음과 양이 모두 필요하고, 생과 극 작용이 모두 필요한 것과 같은 이치다. 어느 것은 좋고 어느 것은 나쁘고, 또 어느 것은 중요한데 어느 것은 그렇지 않다고 생각하다가는 사주 분석에서 오류를 초래하기 쉽다.

천간과 지지의 정확한 기원은 자세하게 알려져 있지 않다. 이것에 관한 가장 오래된 문헌으로는 중국의 서자평이 지은 『연해자평(淵海子平)』이 있다.

"중국 황제시대에 치우가 나와 세상을 혼란스럽게 하니 황제가 백성의 고통을 알고 탁록(啄鹿)이란 들에서 치우와 싸워 치우를 죽였다. 이때 치우의 피가 백 리를 덮어 나라를 다스리기 어렵게 되자 하늘에 제사를 지냈다. 이에 하늘에서 천간 10자와 지지 12자를 내려 보냈다. 황제가 10자를 둥글게 펴서 하늘을 상징하고, 지지 12자를 모나게 펴서 땅을 상징하여 그 빛을 널리 퍼지게 하니 나라가 평화롭게 되었다. 그 후에 대요(大撓)가 나와 천간 10자와 지지 12자를 합하여 육십갑자를 만들었다."

이 내용이 역사적으로 근거가 있는지는 알기 어렵다. 이렇듯 역사적인 자료가 부족한 상태에서 간지의 유래를 찾기란 쉽지 않다. 그러나 간지를 분석하고 의미를 확인하는 것은 별개의 일이다. 간지의 창조 원리를 찾느라 시간을 허비하기보다는, 천간과 지지의 분석을 통해서 사람들이 보다 긍정적이고 희망적인 삶을 살아갈 수 있도록 하는 것이 더 중요하다고 본다.

1. 천간

① 천간의 의미

천간은 갑(甲)·을(乙)·병(丙)·정(丁)·무(戊)·기(己)·경(庚)·신(辛)·임(壬)·계(癸)의 10가지로 이루어져 있고, 십간(十干)이라고도 한다. 또한 하늘을 상징한다고 해서 천원(天元)이라고도 한다. 갑·병·무·경·임은 양 천간이고, 을·정·기·신·계는 음 천간이다.

② 천간의 상징

각각의 천간 10자는 사주에서 사람의 건강, 성격, 적성 등에 큰 영향을 미친다.

▼ 천간의 음양오행 배정

천간	甲	乙	丙	丁	戊	己	庚	辛	壬	癸
음양	양	음	양	음	양	음	양	음	양	음
오행	木		火		土		金		水	

▼ 천간의 음양오행 응용

천간	甲·乙	丙·丁	戊·己	庚·辛	壬·癸
색	청색	적색	황색	백색	흑색
방향	동	남	중앙	서	북
숫자	3, 8	2, 7	5, 10	4, 9	1, 6

POINT

천간
· · · · · · · · · · · · · · · ·
사주명리학에서 음양오행을 분류하기 위한 부호로, 간지(干支)의 간(干)에 해당한다. 갑을병정무기경신임계(甲乙丙丁戊己庚辛壬癸) 10가지가 있다.

▼ 천간의 건강 배정

천간	甲·乙	丙·丁	戊·己	庚·辛	壬·癸
오장	간	심장	비장	폐	신장
육부	담(쓸개)	소장	위장	대장	방광
건강	뼈 수술	혈관질환 안과질환 정신과질환 순환기질환	산부인과질환 비뇨기과질환	뼈 우울증	산부인과 여성비뇨기과 우울증·자폐증 두통·불면증
적을 때 건강 문제	교통사고 추락·소아마비 허리디스크 골다공증	심장판막증 뇌출혈·중풍 안과 (녹내장·백내장)	위장 자궁 난소	대장 폐	신장결석 방광 자궁
많을 때 건강 문제	간경화 간염 간암 교통사고	정신질환 심장질환 뇌출혈 뇌경색 중풍·화병	위장 자궁 난소	대장·폐 우울증·자폐증 교통사고 허리디스크 소아마비·관절	신장염·방광염 자궁·난소 질환 생리불순·냉 불면증·우울증 자폐증·두통

▼ 천간의 성격 및 적성 배정

천간	甲·乙	丙·丁	戊·己	庚·辛	壬·癸
기본 성격	어질다 인(仁)	예의 바르다 예(禮)	믿음이 있다 신(信)	의리가 있다 의(義)	총명하다 지(智)
많을 때 성격	명예지향적이다 굽히지 않는다	자기 표현이 확실하다 다혈질이다	끈기가 있다 쓸데없는 고집이 있다	비판정신이 강하다 잔소리가 심하다	타인을 배려한다 쓸데없는 걱정이 많다
적성	1순위 : 문과 2순위 : 미술 교육·방송	1순위 : 연예 예술·문화·방송 2순위 : 문과	1순위 : 사람과 사람을 이어줌 또는 사람을 상대 2순위 : 땅 건축·토목	1순위 : 군인 경찰·의사·간호사 운동선수·체육 2순위 : 이과	1순위 : 이과 경제·회계·통계 2순위 : 음악 연예·방송

▼ 천간의 상징물

천간	상징물	의미
甲	대림목(大林木)	곧고 바른 나무
乙	화초목(花草木)	작은 화초와 같은 나무
丙	태양화(太陽火)	태양과 같은 큰 불
丁	등촉화(燈燭火)	작은 등불
戊	성원토(城園土)	넓은 대지의 흙
己	전원토(田園土)	작은 정원의 흙
庚	강철금(鋼鐵金)	단단하고 큰 쇳덩어리
辛	주옥금(珠玉金)	금은보석 같은 작은 쇠
壬	강호수(江湖水)	바다, 강, 호수 등 큰 물
癸	우로수(雨露水)	이슬비, 시냇물과 같은 작은 물

③ 천간의 종류와 성격

- **갑(甲)** : 크고 곧은 나무를 상징한다. 뻗어 나가고 싶어하고, 명예지향적이며 인자하다.
- **을(乙)** : 작은 나무, 화초, 덩굴식물을 상징한다. 부드럽고 인자하며, 자신을 낮추고 굽힐 줄 안다.
- **병(丙)** : 태양, 용광로, 큰 불을 상징한다. 밝고 명랑하며, 적극적이고 활동적이다.
- **정(丁)** : 형광등이나 촛불처럼 작은 불을 상징한다. 은근한 끈기와 인내심이 있고, 밝고 명랑하다.
- **무(戊)** : 넓은 대지, 들판 등 넓은 땅을 상징한다. 은근히 고집이 있고 자기중심적인 면이 있다.
- **기(己)** : 정원, 화분 등 작은 땅을 상징한다. 소극적이고 안정적이며, 환경 적응력이 빠르고 자기를 잘 지킨다.
- **경(庚)** : 바위산, 기차, 비행기 등 큰 쇳덩이나 바위를 상징한다. 적극적이고 의지가 강하며, 자신을 잘 드러낸다.
- **신(辛)** : 보석, 칼과 같은 작은 금속이나 자갈 등을 상징한다. 예민하고 섬세하며 자기주장이

강하다.

- **임(壬)** : 강물, 바닷물과 같은 큰 물을 상징한다. 자기를 보여주고 싶어하며 총명하다.
- **계(癸)** : 이슬, 안개 등과 같은 작은 물을 상징한다. 온화하고 섬세하며, 다정하고 여린 심성
  이다.

4 천간의 분석

천간은 하늘 천(天) 기둥 간(干)으로서 '위에 있다' 고 해서 붙여진 이름이다. 지지와 비교하여 하늘인 천간이 더 좋거나 크다고 보면 안 되고, 말 그대로 위에 있는 것을 상징한다고 보면 된다. 각각의 천간을 음양과 오행으로 구분하면 다음과 같다.

갑목(甲木)

① 양목(陽木)이고, 지지의 인목(寅木)과 같다.

② 크고 곧게 뻗은 나무, 말라죽은 나무이다.

③ 갑목은 뾰족한 글자로서 오미신신(午未申辛)과 더불어 현침살(顯針殺)이라고 하는데, 뾰족한 것
   을 다루는 직업이 좋다.

④ 갑목 두 글자가 나란히 붙어 있는 것을 갑갑병존(甲甲竝存)이라고 한다. 이 경우에는 부모대나
   본인대에 한번은 큰 어려움이 있거나 고향을 일찍 떠나고 부모와 생사이별을 한다.

을목(乙木)

① 음목(陰木)이고, 지지의 묘목(卯木)과 같다.

② 습목(濕木)이고 생목(生木)이다. 작은 나무이고, 풀과 같은 초목이고, 새싹이다.

③ 을목 두 글자가 나란히 붙어 있는 것을 을을병존(乙乙竝存)이라고 한다. 이 경우에는 인덕이 부
   족하고 주변에 사람이 있어도 외로움을 느낀다.

④ 천간에 을목이 3개 있으면 복덕수기(福德秀氣)라고 한다. 이 경우에는 인덕이 있고 명예를 얻으
   며, 관직으로 진출하면 좋다.

병화(丙火)

① 양화(陽火)이고, 지지의 사화(巳火)와 같다.

② 태양, 용광로, 화산, 화재와 같은 큰 불이다.

③ 병화 두 글자가 나란히 붙어 있으면 병병병존(丙丙竝存)이라고 한다. 이 경우에는 활동범위가 도(道) 지역인 역마로서 활동적이고 움직임이 많은 직업이 좋다.

④ 병화 일간인 사람이나 사주 내에 병화가 많은 사람은 얼굴이 둥글고 미남미녀가 많다.

정화(丁火)

① 음화(陰火)이고, 지지의 오화(午火)와 같다.

② 촛불, 화롯불, 모닥불, 형광등과 같은 작은 불이다.

③ 정화 두 글자가 나란히 붙어 있으면 정정병존(丁丁竝存)이라고 부른다. 이 경우에는 인덕이 부족하고 주변에 사람이 있어도 외로움을 느낀다.

④ 정화 일간인 사람이나 사주에 정화가 많은 사람은 얼굴이 갸름하고 미남미녀가 많다.

무토(戊土)

① 양토(陽土)이고, 지지의 진(辰) · 술(戌)과 같다.

② 벌판, 들판, 밭, 논 등과 같은 넓은 땅이다.

③ 무토 두 글자가 나란히 붙어 있으면 무무병존(戊戊竝存)이라고 부른다. 이 경우에는 해외 역마로서 활동적이고 해외를 왕래하는 직업이 좋으며, 해외를 반드시 왕래한다.

④ 무토 일간인 사람은 대개 넓은 정원, 넓은 거실을 좋아하고 좁은 공간이나 복잡한 액세서리는 싫어한다.

기토(己土)

① 음토(陰土)이고, 지지의 축(丑) · 미(未)와 같다.

② 화분의 흙, 정원의 흙 등과 같은 좁은 땅이다.

③ 기토 두 글자가 나란히 붙어 있으면 기기병존(己己竝存)이라고 부른다. 이 경우에는 집 근처 역

마로서 시(市) 지역에서 활동하는 직업이나 정적인 직업이 어울린다.

④ 기토 일간인 사람은 대개 분재나 작은 정원, 작은 액세서리 등을 좋아한다.

경금(庚金)

① 양금(陽金)이고, 지지의 신금(申金)과 같다.

② 무쇳덩어리, 금광, 바위산, 유람선, 유조선, 기차, 비행기 같은 큰 바위나 큰 쇳덩이다.

③ 경금 두 글자가 나란히 붙어 있으면 경경병존(庚庚竝存)이라고 부른다. 이 경우에는 매우 넓은 역마로서 활동범위가 전국적이다.

④ 경경병존(庚庚竝存)인데 무토가 있으면 무무병존(戊戊竝存)과 같다.

신금(辛金)

① 음금(陰金)이고, 지지의 유금(酉金)과 같다.

② 바늘, 시계, 칼, 보석 등과 같은 작은 금속이나 작은 돌덩이다.

③ 신금 두 글자가 나란히 붙어 있으면 신신병존(辛辛竝存)이라고 부른다. 이 경우에는 어려운 일을 반드시 겪게 된다.

④ 신금은 갑오미신(甲午未申)과 함께 현침살이라고 부르고, 뾰족한 것을 가지고 하는 직업이 좋다.

임수(壬水)

① 양수(陽水)이고, 지지의 해수(亥水)와 같다.

② 강물, 바닷물, 호수 등과 같은 큰 물이나 많은 물이다.

③ 임수 두 글자가 나란히 붙어 있으면 임임병존(壬壬竝存)이라고 부른다. 이 경우에는 도화이고인 기를 얻는 연예, 예술, 문화, 방송 관련 직업이 좋다.

④ 경금과 임수가 붙어 있으면 금수쌍청(金水雙淸)이라고 하는데, 총명하고 동양학이나 종교학에 관심이 많다.

계수(癸水)

① 음수(陰水)이고, 지지의 자수(子水)와 같다.

② 안개, 눈물, 그릇에 담긴 물 등 작은 물이다.

③ 계수 두 글자가 나란히 붙어 있으면 계계병존(癸癸竝存)이라고 부른다. 이 경우에는 도화로서 인

　기를 얻는 연예, 예술, 문화, 방송 관련 직업이 좋다.

④ 신금과 계수가 함께 있으면 금수쌍청이라고 하며, 총명하고 동양학이나 종교학에 관심이 많다.

▼ 천간 병존

종류	의미
甲甲	부모대 또는 본인대에 파가(破家) 또는 조실부모한다.
乙乙	인덕이 없고 외로우며 고독하다.
丙丙	광역 역마. 일찍 고향을 떠난다.
丁丁	인덕이 없다. 외롭고 고독하다.
戊戊	해외 역마로 유학, 무역, 외교, 이민 등이 좋다.
己己	지역 역마. 작은 역마. 한곳에 정착한다.
庚庚	국내 역마로 활동적인 직업이 좋다.
辛辛	어려운 일이나 비참한 일을 겪는다.
壬壬	도화살 또는 인기살이 있어서 인기를 얻는 직업이 좋다.
癸癸	도화살 또는 인기살이 있어서 인기를 얻는 직업이 좋다.

2. 지지

1 지지의 의미

POINT

지지
. . . .
사주명리학에서 음양오행을
분류하기 위한 부호로, 간지
(干支)의 지(支)에 해당한다.
자축인묘진사오미신유술해
(子丑寅卯辰巳午未申酉戌亥)
12가지가 있다. 12지지라고
도 한다.

지지는 자(子) · 축(丑) · 인(寅) · 묘(卯) · 진(辰) · 사(巳) · 오(午) · 미(未) · 신(申) · 유(酉) · 술(戌) · 해(亥)의 12자로 이루어져 있으며, 12지지라고도 한다. 12지지는 우리 생활 속에서 널리 활용되고 있다. 1년은 12달이고, 하루 24시간을 2시간씩 묶어서 12지지로 나타내며, 해를 상징하는 띠 동물도 12가지다. 또한 사주명리학에서는 12절기를 중요하게 사용한다.

지지는 땅을 상징하기 때문에 지원(地元)이라고도 부른다. 지지는 땅이고, 음이고, 밤이고, 정지 상태이고, 여성적이고, 부드럽고, 느린 것을 상징한다. 그러나 사주명리학에서는 지지를 이렇게 단순하게 파악하지 않는다. 사람의 인생 자체가 단순하지 않기 때문이다.

지지를 외울 때는 그림과 같이 손바닥을 펴고 둘째손가락부터 다섯째손가락까지 네 손가락에 지지를 붙여 나가며 외운다. 이것을 지지의 수장법(手掌法)이라고 하는데 12신살, 12운성, 공망 등을 다룰 때 이 방법을 쓰면 쉽게 이해할 수 있다.

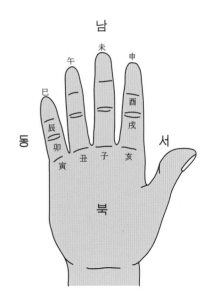

2 지지의 상징

지지 역시 천간처럼 음양과 오행으로 분류하여 이해해야 한다. 단, 지지는 천간에 비해 계절과 시간 등이 추가되어 더 복잡하고 다양하게 변화한다.

▼ 지지의 음양오행 배정

지지	子	丑	寅	卯	辰	巳	午	未	申	酉	戌	亥
음양	양	음	양	음	양	음	양	음	양	음	양	음
오행	水	土	木	木	土	火	火	土	金	金	土	水
색	흑색	황색	청색	청색	황색	적색	적색	황색	백색	백색	황색	흑색
방향	북	북동	동	동	동남	남	남	남서	서	서	북서	북
띠동물	쥐	소	호랑이	토끼	용	뱀	말	양	원숭이	닭	개	돼지
음력달	11월	12월	1월	2월	3월	4월	5월	6월	7월	8월	9월	10월
절기	대설	소한	입춘	경칩	청명	입하	망종	소서	입추	백로	한로	입동
시간	23:30 ~1:30	1:30 ~3:30	3:30 ~5:30	5:30 ~7:30	7:30 ~9:30	9:30 ~11:30	11:30 ~13:30	13:30 ~15:30	15:30 ~17:30	17:30 ~19:30	19:30 ~21:30	21:30 ~23:30

▼ 지지의 기본 성격

지지	기본 성격	장점	단점
子	도화	감각적이다	실천력이 약하다
丑	고집	꾸준하다	쓸데없는 고집이 있다
寅	역마	여유롭다	몰아치기한다
卯	도화	꾸준하다	욕심이 많다
辰	고집	적극적이다	신경이 예민하다
巳	역마	활동성이 크다	안정감이 떨어진다
午	도화	활동 영역이 넓다	성격이 급하다
未	고집	집중력이 있다	지배받기 싫어한다
申	역마	지혜롭다	잔재주가 많다
酉	도화	재주가 많다	잔소리가 심하다
戌	고집	추진력이 있다	고집이 매우 세다
亥	역마	활동성이 크다	생각이 너무 많다

▼ 지지의 건강 배정

지지	寅·卯	巳·午	辰·戌·丑·未	申·酉	亥·子
오장	간	심장	비장	폐	신장
육부	담(쓸개)	소장	위장	대장	방광
건강	뼈	혈관	자궁	뼈	자궁
적을 때 건강 문제	교통사고 뼈·수술	심장병·중풍 심장판막증 안과질환	위장·신장 자궁·난소	대장·폐	혈관질환 조루증
많을 때 건강 문제	교통사고·수술 간염·간경화 간암	혈관질환 심장병·중풍 정신과질환 화병	위장 비뇨기과질환 산부인과질환	대장·폐·관절 뼈·교통사고 우울증	산부인과질환 비뇨기과질환 우울증·자폐증 불면증·잔병치레

▼ 지지의 성격 및 적성 배정

지지	寅·卯	巳·午	辰·戌·丑·未	申·酉	亥·子
발달했을 때 성격	어질다 대인관계가 무난하다 명예를 소중하게 생각한다	예의 바르다 적극적이다 활동적이다 대인관계가 원만하다	믿음직스럽다 의지력이 강하다 꾸준히 노력한다	의리가 있다 통제능력이 있다 계획성이 있다	지혜가 있다 아이디어가 풍부하다 계획성이 있다
많을 때 단점	욕망이 강하다 끈기가 약하다	급하고 다혈질이다 싫증을 잘낸다	고집이 세다 가슴 속에 담아둔다	자기본위적이다 잔소리가 심하다	생각이 너무 많다 끈기가 부족하다
많을 때 장점	자신감이 넘친다 어려움을 쉽게 극복한다 자유로움을 추구한다	적극적이다 자신감이 넘친다 감정표현이 정확하다	의리가 있다 은근한 끈기가 있다 일에 대한 욕망이 크다	맺고 끊는 것이 정확하다 계획성이 있다 의사표현이 명확하다	지혜가 넘친다 구조적 계획적인 타입이다 매사 신중하게 처리한다
적성	1순위 정치학과 행정학과 법학과	1순위 무용학과 스포츠학과 디자인학과	1순위 건축학과 토목학과 부동산학과	1순위 기계공학과 금속학과 섬유공학과	1순위 경제학과 경영학과 회계학과

어문학과	연극영화학과	임업과	산업공학과	통계학과
신문방송학과	피부미용학과	**2순위**	항공공학과	물리학과
청소년학과	**2순위**	외교학과	재료공학과	수학과
심리학과	사회과학계열	어문학과	**2순위**	생물학과
경영학과	어문계열	관광학과	자동차학과	전자계산학과
2순위		법학과	체육학과	정보처리학과
미술학과		항공학과	의예과	**2순위**
의예과		사법 계열	경찰학과	연극영화학과
			육사·공사·해사	신문방송학과

지지의 시간 배정 ⋯⋯▶

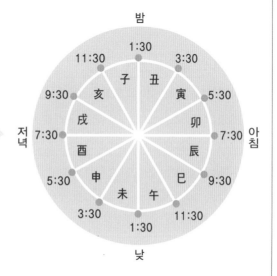

지지의 방위 배정 ⋯⋯▶

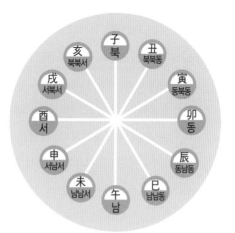

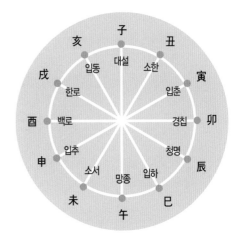

지지의 절기 배정

③ 지지의 종류와 성격

- **자(子)** : 동물로는 쥐이고, 맑고 차가운 물을 상징한다.

- **축(丑)** : 동물로는 소이고 좁은 땅, 정원의 흙, 화분의 흙을 상징한다. 월지(月支)에 있을 때는 수(水)로 본다.

- **인(寅)** : 동물로는 호랑이이고 큰나무, 고목, 사목(死木)을 상징한다.

- **묘(卯)** : 동물로는 토끼이고 작은 나무와 화초, 풀을 상징한다.

- **진(辰)** : 동물로는 용이고 넓은 땅, 들판, 밭, 논 등 습기가 있는 흙을 상징한다.

- **사(巳)** : 동물로는 뱀이고 큰 불, 태양, 용광로 등을 상징한다.

- **오(午)** : 동물로는 말이고 작은 불, 촛불, 전등, 형광등 등을 상징한다. 월지에 있을 때는 사화(巳火)보다 뜨겁다.

- **미(未)** : 동물로는 양이고 작은 흙, 정원의 흙, 화분의 흙을 상징한다. 월지에 있을 때는 화(火)로 본다.

- **신(申)** : 동물로는 원숭이이고 큰 쇳덩이, 바위, 기차, 버스, 비행기를 상징한다. 월지에 있을 때는 날짜에 따라 오행이 다양하게 분석된다.

- **유(酉)** : 동물로는 닭이고 작은 금속, 보석, 바늘, 주사기를 상징한다.

- **술(戌)** : 동물로는 개이고 넓은 땅, 사막, 벌판 등 마른 땅을 상징한다.

- **해(亥)** : 동물로는 돼지이고 큰 물, 바닷물, 강물을 상징한다.

Q 어느 해에 태어난 사람이 백말띠인가?

A 말띠인 사람 중에서 자신이 백말띠인 줄 알고 있는 경우가 많다. 그런데 알고 보면 1930년생 나이 많은 노인부터 1966년생이나 1978년생, 1990년생 청소년에 이르기까지 태어난 해와 연령대가 제각각이다. 정말 이 사람들이 모두 백말띠일까?

　백말띠는 60갑자를 한바퀴 돌아 60년만에 찾아오기 때문에 매우 드물다. 갑오생(甲午生)·병오생(丙午生)·무오생(戊午生)·경오생(庚午生)·임오생(壬午生)은 모두 말띠이지만, 이중에서 백말띠는 경오생 하나뿐이다. 이것은 천간이 상징하는 오행의 색과 관련되어 있다.

　갑오생에서 갑(甲)은 목(木)이고 파란색이다. 그래서 파란색 말, 즉 청마에 해당한다. 병오생에서 병(丙)은 화(火)이고 빨간색이다. 그래서 빨간색 말 즉 적마에 해당한다. 흔히 1966년 병오생이 백말띠라고 하는데 이는 잘못 알려진 것이다. 무오생에서 무(戊)는 토(土)이고 노란색이다. 그래서 노란 말 즉 황마에 해당한다. 경오생의 경(庚)은 금(金)이고 하얀색이다. 그래서 하얀색 말 즉 백마에 해당한다. 1930년과 1990년에 태어난 경오생이 바로 백말띠이다. 마지막으로 임오생에서 임(壬)은 수(水)이고 검정색이다. 그래서 검은색 말 즉 흑마에 해당한다.

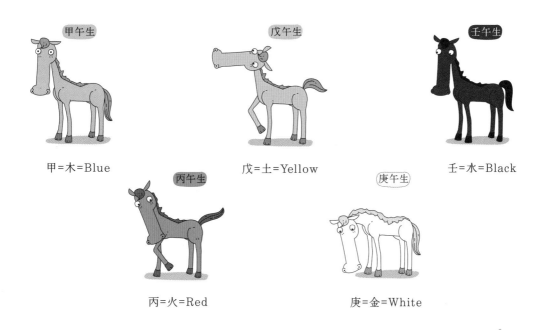

甲=木=Blue

戊=土=Yellow

壬=水=Black

丙=火=Red

庚=金=White

띠에 대한 여러 가지 속설들

쥐띠

하나 쥐띠가 겨울에 태어나고 밤에 태어나면 먹을 복을 타고난다?

쥐가 밤에 활동하고, 겨울은 가을걷이가 끝나서 창고에 곡식을 쌓아놓아 먹을 것이 많기 때문에 이러한 속설이 생겨난 것으로 보인다. 정말 쥐띠생은 먹을 복이 많을까? 실제로는 아니다. 속설은 그저 재미로 들었으면 한다. 사주 구성에 따라서 먹을 복이 많을 수도 있고, 없을 수도 있기 때문이다.

둘 쥐띠가 보릿고개 때 태어나면 굶어죽는다?

보릿고개란 보리가 떨어져 가고 쌀농사는 아직 추수하기 전의 배고플 때를 말한다. 이 시기에는 사람도 먹을 것이 부족한데 하물며 쥐가 먹을 것이 있을 리 없었다. 가난했던 시절, 쥐와 쥐띠 해에 태어난 사람을 동일시한 속설이다.

소띠

하나 여자가 소띠면 일을 잘한다?

소라는 동물은 밭을 갈거나 수레를 끄는 등의 힘든 일도 마다하지 않고 묵묵히 사람이 시키는 대로 일한다. 이러한 소의 특징을 여성에 비유한 속설이다. 비슷한 것으로 여자가 소띠면 일복이 많다는 속설이 있다.

둘 여자가 소띠면 고집이 세다?

황소고집이란 말이 있다. 소란 동물은 평소에는 온순하지만 한번 고집을 피우면 그 자리에서 움직이지 않을 정도이기 때문에 이러한 속설이 생겼다. 여자는 고집이 세면 안 된다는 의미에서 생긴 속설이지만, 현대에는 자기만의 자립심과 성취욕을 높이 평가하기 때문에 긍정적인 의미로 생각할 수 있다.

호랑이띠

여자가 호랑이띠면 남편을 극하여 출세를 가로막거나 남편이 일찍 죽는다?

호랑이는 강하고 힘이 세며 활동성이 큰 동물이다. 호랑이띠 여성을 부정적으로 본 이 속설은 남성우월주의적인 시각에서 여성의 활발한 활동을 터부시하고 있다. 더 안타까운 것은, 호랑이띠 여성이 팔자가 세다는 어떠한 근거도 없는데 낙태 등의 방법으로 호랑이띠 여아를 유산시키는 경우이다. 그러나 필자의 임상경험상 호랑이띠 여성이 남편을 극하거나 출세를 가로막는 경우는 없었다. 오히려 호랑이띠 여성은 활동적이고 적극적이어서 커리어우먼으로 성공할 가능성이 높다.

토끼띠

여자가 토끼띠이면 애교가 많고 가정적이어서 시부모를 잘 모신다?

일반적으로 토끼는 겁이 많고 온순한 동물로 생각해왔다. 남성의 입장에서 착하고 겁이 많은 토끼 같은 여성을 선호하였고, 그로 인해 이런 속설이 나왔다.

용띠

여자가 용띠면 팔자가 세다?

용 또한 강한 동물, 힘센 동물, 신성한 동물을 상징한다. 이 속설은 여자는 강하거나 힘세거나 신성한 존재가 될 수 없다는 남성우월주의에서 나왔다. 그러나 현대에서는 오히려 용띠 여성이 사회생활을 잘해낸다. 사주에 따라 다르지만, 용띠 여성은 가정을 일으켜 세우고 사회를 이끌어가는 리더십이 탁월하다.

뱀띠

뱀띠인 사람은 옆이나 뒤를 돌아보지 않고 앞으로만 나아간다?

쉽게 뒤돌아가거나 좌우로 방향을 틀지 못하는 뱀의 특성에서 비롯된 속설이다. 뱀띠인 사람은 융통성이 없고 앞으로만 밀고 나가는 성질이 있다는 의미인데, 타당성이 있는 것 같지는 않다.

말띠

말띠가 여름에 태어나고 낮에 태어나면 먹을 복이 있다?

여름과 낮에 풀이 무성하고 마실 물이 풍부하다면 말에게는 최고의 조건이라고 할 수 있다. 이 역시 말이라는 동물과 말띠생을 연관지어 만들어낸 속설이다. 그러나 어디까지 사주 구성이 적절하게 이루어져 있어야 하지 속설이 다 맞는 것은 아니다. 비유적인 표현이지만, 오히려 너무 더운 한여름 낮에 태어나면 심각한 질병에 걸릴 수도 있다.

양띠

양띠는 온순하다?

외모가 착해 보이는 양을 보고 만들어낸 속설로서 양띠 여성을 매우 가정적으로 묘사하고 있다. 그런데 이와 정반대인 속설이 있어서 흥미롭다. 즉 양띠는 욱하는 성질이 있다는 것인데, 이는 양이 평소에는 온순하다가 화가 나면 뿔로 계속 들이받는 모습을 보고 만들어낸 속설이다.

원숭이띠

원숭이띠는 재주가 있고 총명하다?

원숭이가 사람 다음으로 똑똑한 데서 생긴 속설로 어느 정도 들어맞는 편이다. 이와 비슷한 것으로 '원숭이띠는 잔머리를 굴린다' '원숭이띠는 잔재주가 뛰어나다' 등의 속설이 있다.

닭띠

닭띠 여성은 재산을 모으지 못한다?

닭은 먹이를 먹을 때 발로 땅을 헤치고 먹는 버릇이 있다. 모이를 주어도 꼭 발로 그것을 헤치면서 먹는다. 닭띠 여성이 헤프다는 말은 이러한 닭의 습성을 빗댄 속설이다. 또한 닭띠 여성은 일복이 많다는 속설이 있는데, 이것은 닭이 하루 종일 먹이를 찾아다니지만 실제로 먹는 양은 조금인 것을 빗댄 것이다. 노력한 만큼 소득이 많지 않다는 부정적인 의미가 있다.

　12지지를 상징하는 동물에서 비롯된 속설들 대부분이 여성과 관련되어 있다. 이것은 여성에 대한 남성들의 우월의식, 지배의식, 권위주의에서 비롯된 것으로 보인다.

개띠

개띠 여자는 집안에 붙어 있지 못한다?

집밖으로 돌아다니는 개의 습성을 빗댄 속설이다. 남자는 밖으로 돌아다녀도 좋지만, 여자는 밖으로 다니면 안 되고 살림만 해야 된다고 개띠 여자를 부정적으로 보고 있다. 이 역시 현대생활에 맞게 고쳐 생각해야 한다.

돼지띠

돼지띠는 먹을 복이 있다?

먹성 하면 돼지를 떠올린다. 끊임없이 먹는 돼지의 습성에 빗댄 속설로 재물복이 있다는 의미다.

---

4 지지의 분석

사주 전체 구성을 100으로 볼 때 태어난 달(월지)은 30으로 비중이 높다. 자세한 월지 분석은 활용편에서 다룬다.

자수(子水)

① 원래는 양수(陽水)이지만 사주를 볼 때는 음수(陰水)로 해석하며, 천간의 계수(癸水)와 같다.

② 자시는 밤 11시 30분부터 새벽 1시 30분까지다.

③ 자월은 절기상 대설부터 소한 전까지다.

④ 자수 두 글자가 나란히 붙어 있으면 자자 병존(子子竝存)이라고 부른다. 이 경우에는 자신의 인기를 기반으로 하는 직업과 사람의 생명을 다루는 직업이 좋다.

축토(丑土)

① 음토(陰土)이고 천간의 기토(己土)와 같다.

② 축시는 새벽 1시 30분부터 3시 30분까지다.

③ 축월은 절기상 소한부터 입춘 전까지다.

④ 축토 두 글자가 나란히 붙어 있으면 축축 병존(丑丑竝存)이라고 한다. 이 경우에는 지배받기 싫어하고 성격이 꼼꼼하고 차분하므로 회계나 기획 분야에 어울린다.

⑤ 축토가 월지에 있는 경우에 오행을 수(水)로 보고 점수를 매긴다.

인목(寅木)

① 양목(陽木)이고 천간의 갑목(甲木)과 같다.

② 인시는 새벽 3시 30분부터 5시 30분까지다.

③ 인월은 절기상 입춘부터 경칩 전까지다.

④ 월지의 인목은 양력 2월 5일 전후이므로 계절 감각을 유의해서 점수를 매긴다. 입춘부터 2월 15일까지는 겨울인 수(水)로 보고 수(水) 30점으로 판단하고, 양력 2월 15일 ~ 2월 25일은 수(水) 15점 목(木) 15점, 2월 25일 이후에는 목(木) 30점으로 판단한다.

⑤ 인목 두 글자가 나란히 붙어 있으면 인인 병존(寅寅竝存)이다. 이 경우에는 명예를 중시하는 성격으로 활동적이고 적극적인 일을 해야 한다.

묘목(卯木)

① 음목(陰木)이고 천간의 을목(乙木)과 같다.

② 묘시는 아침 5시 30분부터 7시 30분까지다.

③ 묘월은 절기상 경칩부터 청명 전까지다.

④ 월지의 묘목은 목(木) 기운의 한가운데 있으므로 목 기운이 가장 강하다.

⑤ 묘목 두 글자가 나란히 붙어 있으면 묘묘 병존(卯卯竝存)으로서 사람의 생명을 지키는 직업이나 예술 계통에서 능력을 발휘한다. 이 분야에서 일하지 않는 경우에는 뼈와 관련된 사건 사고가 생길 가능성이 높다.

진토(辰土)

① 양토(陽土)이고 천간의 무토(戊土)와 같다.

② 진시는 아침 7시 30분부터 9시 30분까지다.

③ 진월은 절기상 청명부터 입하까지다.

④ 진토 두 글자가 나란히 붙어 있으면 진진 병존(辰辰竝存)으로서 사람의 생명을 다루는 직업을 선택하면 좋다.

사화(巳火)

① 원래는 음화(陰火)이지만 사주를 볼 때는 양화(陽火)로 해석하며, 천간의 병화(丙火)와 같다.

② 사시는 아침 9시 30분부터 오전 11시 30분까지다.

③ 사월은 절기상 입하부터 망종까지다.

④ 사화 두 글자가 나란히 붙어 있으면 사사 병존(巳巳竝存)으로서 활동적인 직업이 어울린다.

오화(午火)

① 원래는 양화(陽火)이지만 음화(陰火)로 해석하며, 천간의 정화(丁火)와 같다.

② 오시는 오전 11시 30분부터 오후 1시 30분까지다.

③ 오월은 절기상 망종부터 소서까지다.

④ 오화 두 글자가 나란히 붙어 있으면 오오 병존(午午竝存)으로서 자신의 인기를 기반으로 하는 직업이 좋고, 이와 관련된 사건 사고가 있다.

미토(未土)

① 음토(陰土)이고 천간의 기토(己土)와 같다.

② 미시는 오후 1시 30분부터 3시 30분까지다.

③ 미월은 절기상 소서부터 입추까지다.

④ 미토 두 글자가 나란히 붙어 있으면 미미 병존(未未竝存)이다. 이 경우에 어려운 일이나 힘든 일을 겪는데, 사람의 생명을 다루는 직업을 선택하면 힘든 일이 줄어든다.

신금(申金)

① 양금(陽金)이고 천간의 경금(庚金)과 같다.

② 신시는 오후 3시 30분부터 5시 30분까지다.

③ 신월은 절기상 입추부터 백로 전까지다

④ 신금 두 글자가 나란히 붙어 있으면 신신 병존(申申竝存)이다. 이 경우에는 활동적이고 움직임
이 크기 때문에 신체 중에서 하체의 사고를 조심해야 한다.

⑤ 신월은 양력으로 8월 5일 전후이다. 양력 8월 15일까지는 화(火) 30점, 8월 15일 ~ 8월 25일은 화
(火) 15점 금(金) 15점, 8월 25일 이후부터 백로 전까지는 금(金) 30점을 준다.

유금(酉金)

① 음금(陰金)으로서 천간의 신금(辛金)과 같다.

② 유시는 오후 5시 30분부터 7시 30분까지다.

③ 유월은 절기상 백로부터 한로 전까지다.

④ 유금 두 글자가 나란히 붙어 있으면 유유 병존(酉酉竝存)으로서 사람의 생명을 다루는 직업이나
인기를 가지고 가는 직업이 좋다.

술토(戌土)

① 양토(陽土)이며 천간의 무토(戊土)와 같다.

② 술시는 오후 7시 30분부터 9시 30분까지다.

③ 술월은 절기상 한로부터 입동 전까지다.

④ 술토 두 글자가 나란히 붙어 있으면 술술 병존(戌戌竝存)으로서 해외 역마를 상징하고, 활동적이
고 적극적인 성격이다.

해수(亥水)

① 원래는 음수(陰水)인데 양수(陽水)로 파악하고, 천간의 임수(壬水)와 같다.

② 해시는 오후 9시 30분부터 11시 30분까지다.

③ 해월은 절기상 입동부터 대설 전까지다.

④ 해수 두 글자가 나란히 붙어 있으면 해해 병존(亥亥竝存)으로서 사람의 생명을 다루는 직업이나

활동적인 직업이 좋다.

▼ 지지 병존

종류	의미
子子	도화살이므로 자신의 인기를 기반으로 하는 직업이 좋고, 건강에 주의해야 한다.
丑丑	고집이 매우 세고 꼼꼼하고 차분하다.
寅寅	활동적이고 적극적인 직업이 좋다. 작은 수술을 할 수 있다.
卯卯	객지에 나가거나 잔병치레가 있고, 일에 막힘이 있다.
辰辰	사람의 생명을 다루는 직업이 좋다. 피부병을 조심해야 한다.
巳巳	활동적인 직업이 좋고 건강에 주의해야 한다.
午午	자신의 인기를 기반으로 하는 직업이 좋고 수술을 한번 한다.
未未	어렵고 힘든 일을 겪지만, 사람의 생명과 관련된 직업을 선택하면 좋다.
申申	활동적이고 움직임이 큰 직업이 좋고 끼도 있다. 사고를 조심해야 한다.
酉酉	사람의 생명을 다루는 직업이나 끼를 발휘하는 직업이 좋다.
戌戌	해외 역마로서 유학, 이민, 무역, 외교관 등 활동 범위가 큰 직업이 좋다.
亥亥	사람의 생명을 다루는 직업이나 활동 범위가 큰 직업이 좋다.

돌발퀴즈

Q 12지지는 동양에만 있는가?

A 12지지와 같은 띠 동물은 우리 나라뿐만 아니라 중국, 일본, 중앙아시아, 인도, 그리스, 이집트 등지에서 광범위하게 성행하였다. 그러나 그 기원과 유통 경로는 동서양의 학자들끼리 서로 의견이 다르고 역사적인 자료도 정확하지 않다.

한편 12지지를 사용하는 나라들은 서로 동일한 띠동물을 사용하는가? 한국, 일본, 중국이 세 나라에서는 12가지 띠동물이 같다. 인도는 남쪽에 뱀(청사)·말·양을, 서쪽에 원숭이·공작새·개를, 동쪽에 사자·토끼·용을, 북쪽에 돼지·쥐·소를 각각 배치하였다. 이집트에서는 고양이·개·뱀·갑충(개똥벌레나 딱정벌레, 풍뎅이 따위)·나귀·사자·산양·황소·매·원숭이·악어·홍학 등을 사용한다. 베트남에서는 토끼 대신 고양이를, 멕시코에서는 고양이·호랑이·토끼·용·원숭이·개·돼지는 같지만 나머지 여섯 동물은 다르고, 태국에서는 돼지 대신에 코끼리를 사용한다.

3. 육십갑자

① 육십갑자의 정의

천간 10자와 지지 12자는 결합하여 짝을 이룬다. 천간의 갑(甲)과 지지의 자(子)가 짝을 이루어 최초의 간지 결합인 갑자(甲子)를 만들고, 마찬가지로 다른 천간과 지지도 결합하여 모두 60가지의 간지 결합을 이룬다. 이것을 육십갑자(六十甲子)라고 한다.

② 간지 결합의 원리

천간 10개와 지지 12개가 만나면 120개의 간지 결합이 나올 것 같지만, 각각의 천간과 지지는 양과 양, 음과 음이 만나기 때문에 60개의 간지 결합이 이루어진다. 그래서 맨 처음에 천간 갑(甲)과 지지 자(子), 천간 을(乙)과 지지 축(丑) …… 순으로 짝을 이루고, 마지막으로 천간 계(癸)와 지지 해(亥)가 만나 계해(癸亥)를 이루고, 맨 처음인 갑자(甲子)가 다시 시작한다.

간지 결합을 쉽게 알 수 있는 방법을 소개한다. 아래 표와 같이 천간 10자를 위에, 지지 12자를 그 아래에 써넣고 천간과 지지를 순서대로 연결한다. 그러면 간지 결합이 육십갑자 표처럼 진행하는 것을 알 수 있다. 이때 양 천간은 반드시 양 지지와 짝을 짓고, 음 천간은 반드시 음 지지와 짝을 지어야 한다.

아래 표와 같이 갑자, 을축, 병인, 정묘, 무진, 기사, 경오, 신미, 임신, 계유, 갑술, 을해 …… 이러한 순서로 계속해서 짝지어가면 마지막은 계해로 끝나고 다시 갑자로 이어진다. 천간은 6번 순행하고 지지는 5번 순행하여 60개의 간지 배합이 나온다.

천간	甲	乙	丙	丁	戊	己	庚	辛	壬	癸	甲	乙	丙	丁	戊	己	庚	辛	壬	癸	甲	乙	丙	丁	戊	己	庚	辛	壬	癸
지지	子	丑	寅	卯	辰	巳	午	未	申	酉	戌	亥	子	丑	寅	卯	辰	巳	午	未	申	酉	戌	亥	子	丑	寅	卯	辰	巳

육십갑자는 갑자에서 시작하여 계해로 끝나고 다시 갑자로 시작하는 것을 끊임없이 반복하며 지금까지 이어지고 있다. 나이 60이 되면 회갑(回甲) 또는 환갑(還甲)이라

POINT

육십갑자

천간 10자와 지지 12자가 서로 결합하여 이루어진 60가지 간지 결합. 최초의 간지 결합이 천간 갑(甲)과 지지 자(子)가 합쳐진 갑자(甲子)이므로 육십갑자라고 부른다.

하여 잔치를 벌이기도 하는데, 이것은 자신이 태어난 해의 육십갑자가 60년이 지나 다시 돌아온 것을 축하하는 의미가 있다.

한편 중국 은나라 때부터 십간과 십이지지를 날짜를 세는 데 사용했다고 하고, 하루를 2시간씩 십이지지로 나눈 것은 전한시대 때의 일이라고 한다.

▼ 육십갑자

甲子	乙丑	丙寅	丁卯	戊辰	己巳	庚午	辛未	壬申	癸酉
甲戌	乙亥	丙子	丁丑	戊寅	己卯	庚辰	辛巳	壬午	癸未
甲申	乙酉	丙戌	丁亥	戊子	己丑	庚寅	辛卯	壬辰	癸巳
甲午	乙未	丙申	丁酉	戊戌	己亥	庚子	辛丑	壬寅	癸卯
甲辰	乙巳	丙午	丁未	戊申	己酉	庚戌	辛亥	壬子	癸丑
甲寅	乙卯	丙辰	丁巳	戊午	己未	庚申	辛酉	壬戌	癸亥

위의 표에서 가로로 갑자부터 계유까지를 갑자순, 갑술부터 계미까지를 갑술순, 갑신부터 계사까지를 갑신순, 갑오부터 계묘까지를 갑오순, 갑진부터 계축까지를 갑진순, 갑인부터 계해까지를 갑인순이라고 한다.

또한 순(旬)의 대장, 즉 갑으로 이루어진 육십갑자가 갑자, 갑술, 갑신, 갑오, 갑진, 갑인 등 6개이므로 육갑(六甲)이라고 한다.

생활 속 역학

'을씨년스럽다' 의 유래

'을씨년스럽다' 는 날씨가 스산하고 쓸쓸한 풍경을 가장 잘 묘사하는 단어이다. 을씨년스럽다는 을사(乙巳)년이 변한 '을씨년' 에, 일부 명사 뒤에 붙어 '그러한 느낌이 있다' 는 뜻의 형용사를 만드는 접미사 '스럽다' 가 붙어서 만들어진 말이다.

1905년 을사년은 일본 제국주의자들이 박제순, 이완용 등 을사오적(乙巳五賊)을 앞세워서 조선의 외교권을 강제로 빼앗고 통감정치를 시작한 해이다. 형식적으로는 1910년에 한일 병합이 이루어졌지만, 우리 나라는 이미 1905년 을사조약에 의해 일제에 강제로 점령당하였다.

강대국에 나라를 빼앗기는 경험은 어느 민족에게나 이루 말할 수 없이 비통하고 치욕적인 경험일 것이다. 일본에 의해 강제로 을사조약이 맺어진 을사년은 우리 민족 모두에게 참으로 원통하고 비통하고 슬픈 해였다. 을사년 내내 우울하고 침통한 분위기가 계속되었고, 시간이 지나면서 을사년스럽다는 점차 '날씨나 분위기가 스산하고 쓸쓸하다' 또는 '가난하다' 는 의미로 쓰이게 되었다.

돌발퀴즈

Q 일간지에 실려 있는 오늘의 운세는 얼마나 정확한가?

A 요즘에는 스포츠신문은 물론 종합일간지까지 앞다투어 〈오늘의 운세〉를 싣고 있다. 필자 역시 5년 가까이 몇몇 일간지에 관련 코너를 연재해오고 있다. 그렇다면 오늘의 운세는 믿을 만한가? 답은 그냥 재미로 보라는 것이다.

사람의 사주를 보려면 태어난 연월일시를 정확하게 알고 그것을 근거로 판단해야 하는데, 일간지에 실린 오늘의 운세는 그러한 과정이 생략되어 있다. 당연히 적중률이 떨어질 수밖에 없다. 만약 신문에 난 오늘의 운세가 좋으면 활기차게 하루를 시작하고, 나쁘면 신중하게 하루를 보내라는 의미로 받아들였으면 한다.

EXERCISE

KEY POINT 용

다른 천간 병존과 마찬가지로, 갑(甲) 두 글자만 붙어 있어야 갑갑 병존이다. 천간이 셋 이상 붙어 있으면 병존의 역할을 하지 못한다.

1 아래의 사주에서 갑갑(甲甲) 병존에 해당하지 않는 것은?

① 시 일 월 연
　 丙 甲 甲 甲
　 寅 申 戌 戌

② 시 일 월 연
　 己 乙 甲 甲
　 卯 酉 戌 戌

③ 시 일 월 연
　 甲 甲 癸 甲
　 子 寅 酉 戌

④ 시 일 월 연
　 庚 甲 甲 乙
　 午 戌 申 亥

사주에 갑갑 병존이 있으면 부모 중 어느 한쪽을 일찍 여의거나 부모가 이혼하거나 재산을 날리는 파가(破家)가 있다.

2 다음 중 부모복이 없는 천간 병존은 무엇인가?

① 갑갑(甲甲) 병존
② 병병(丙丙) 병존
③ 경경(庚庚) 병존
④ 무무(戊戊) 병존

병병 병존·경경 병존·무무 병존은 모두 역마와 관련되어 있고, 신신 병존은 생명을 다루는 직업과 관계가 있다.

3 다음 중 역마와 관련이 없는 천간 병존은 무엇인가?

① 병병(丙丙) 병존
② 경경(庚庚) 병존
③ 신신(辛辛) 병존
④ 무무(戊戊) 병존

원리원칙적이고 자신의 주장이 강한 것은 신금(辛金)의 특징이다.

4 다음 중에서 천간 무토(戊土)에 대한 설명 중 올바르지 않은 것은?

① 무토는 넓은 들판의 흙이다.
② 무토는 원칙을 중시하고 자신의 주장이 강하다.
③ 무토는 양토(陽土)이다.
④ 무토 두 글자가 붙어 있으면 무무 병존(戊戊竝存)으로서 해외를 자주 왕래한다.
⑤ 무토는 사람들 사이에서 중재하거나 부동산과 관련된 일을 하면 좋다.

5 다음 중에서 천간 임수(壬水)에 대한 설명 중 올바르지 않은 것은?

① 바닷물이나 강물과 같은 큰 물이다.
② 양수(陽水)에 해당한다.
③ 임수가 셋 이상 붙어 있으면 머리가 좋고 총명하며 동양학에 관심이 많다.
④ 임수가 둘 이상 붙어 있으면 임임(壬壬) 병존이라 부르고, 자신의 인기를 기반으로 하는 직업이 좋다.
⑤ 임수와 경금(庚金)이 붙어 있으면 금수쌍청(金水雙淸)이라고 부른다.

6 다음 중 연예인, 예술가, 방송인 사주에 많은 천간 병존은 무엇인가?

① 을을(乙乙) 병존
② 정정(丁丁) 병존
③ 기기(己己) 병존
④ 계계(癸癸) 병존
⑤ 신신(辛辛) 병존

7 다음 중 명칭과 의미가 잘못 짝지어진 것은?

① 금수쌍청이면 총명하고 동양학에 관심이 많다.
② 복덕수기이면 연예인, 예술가가 적성에 맞는다.
③ 기기(己己) 병존이면 작은 역마로서 고정직에 어울린다.
④ 신신(辛辛) 병존이면 어려운 일이나 힘든 일을 겪는다.
⑤ 수(水)는 총명함과 지혜를 상징한다.

8 명칭과 간지가 잘못 짝지어진 것은?

① 복덕수기 → 정정정(丁丁丁)
② 금수쌍청 → 경임(庚壬)
③ 금수쌍청 → 신계(辛癸)
④ 목(木) 병존 → 갑갑(甲甲)·을을(乙乙)

KEY POINT

금수쌍청을 이루면 머리가 좋고 총명하며 동양학에 관심이 많다.

계계 병존과 임임 병존은 도화살이 있다. 따라서 인기를 얻을수록 좋은 연예인, 예술가, 방송인이 되면 자신의 능력과 끼를 발휘할 수 있다.

사주에서 복덕수기를 이루면 명예를 얻는 관직 계통이 적성에 맞는다. 연예인이나 예술가는 도화살이 있는 사람에게 어울린다.

복덕수기는 천간에 을을을(乙乙乙) 세 글자가 붙어 있는 것을 말한다.

사주명리학에서 1년의 시작은 음력 1월 1일도 아니고 양력 1월 1일도 아닌 입춘이 시작하는 날이다. 따라서 사주명리학은 절기학이라고 할 수 있다.

서양학의 영향으로 밤 0시 30분(동경 135° 표준시 기준)이 되어야 하루가 바뀐다고 생각하는 역학자들이 늘어나고 있다. 음양오행론이나 사주명리학은 어디까지나 동양의 학문이다. 사주명리학에서는 밤 11시 30분이 되어야 비로소 하루가 바뀐다.

인인, 사사, 묘묘, 술술 병존은 역마에 해당한다. 따라서 객지로 나가거나 해외로 나가게 된다. 진진 병존은 형살로서 사람의 생명 또는 고집과 관련되어 있다.

절기는 24절기가 있지만 사주명리학에서는 12절기만 사용한다. 입춘, 경칩, 청명, 입하, 망종, 소서, 입추, 백로, 한로, 입동, 대설, 소한이 여기에 해당한다.

9 다음 지지 중에서 입춘에서 경칩 전까지 해당하는 달은 무엇인가?

① 자(子)월
② 축(丑)월
③ 인(寅)월
④ 묘(卯)월
⑤ 진(辰)월

10 다음 중 하루의 시작에 해당하는 지지는 무엇인가?

① 자(子)
② 축(丑)
③ 인(寅)
④ 묘(卯)
⑤ 진(辰)

11 다음 중 역마와 관련이 없는 지지 병존은 무엇인가?

① 인인(寅寅)
② 진진(辰辰)
③ 사사(巳巳)
④ 묘묘(卯卯)
⑤ 술술(戌戌)

12 다음 중 사주명리학에서 사용하지 않는 절기는 무엇인가?

① 입춘
② 망종
③ 백로
④ 청명
⑤ 우수

13 다음 지지 병존 중에서 해외 역마와 관련이 있는 것은 무엇인가?

① 자자(子子)

② 축축(丑丑)

③ 묘묘(卯卯)

④ 술술(戌戌)

⑤ 오오(午午)

14 다음 중 월과 절기를 잘못 짝지어 놓은 것은?

① 묘월(卯月) → 경칩에서부터 곡우 전까지

② 인월(寅月) → 입춘에서부터 경칩 전까지

③ 사월(巳月) → 입하에서부터 망종 전까지

④ 유월(酉月) → 백로에서부터 한로 전까지

⑤ 해월(亥月) → 입동에서부터 대설 전까지

천간

사주명리학에서 음양오행을 분류하는 부호로서 간지(干支)의 간(干)에 해당한다. 갑을병정무기경신임계(甲乙丙丁戊己庚辛壬癸) 10글자가 있다.

지지

사주명리학에서 음양오행을 분류하는 부호로서 간지(干支)의 지(支)에 해당한다. 자축인묘진사오미신유술해(子丑寅卯辰巳午未申酉戌亥) 12글자가 있다.

육십갑자

천간 10글자와 지지 12글자가 결합한 간지 결합. 양 천간과 양 지지, 음 천간과 음 지지가 결합하여 60가지 간지 결합이 나오므로 육십갑자라고 한다. 갑자(甲子)에서 시작하여 계해(癸亥)로 끝나고 다시 갑자로 이어진다.

대덕 한마디

백말띠 여자는 정말 팔자가 셀까?

'말띠 여자는 팔자가 세다' '말띠 여자는 남편을 극한다' '말띠 여자는 드세다' 이렇게 말띠 여자에 대한 부정적인 속설들이 많다. 그중에서도 백말띠 여성에 대한 편견이 가장 크다. 그래서 백말띠 여자아이가 태어날까 봐 아예 출산을 꺼려서 신생아 출생률이 평균 이하로 내려가는 해도 있다.

그러나 정작 어느 해가 백말띠 해인지 사람들이 잘못 알고 있는 경우가 많다. 말띠 해에서 말의 색깔을 결정짓는 것은 태어난 해의 천간이다. 이것을 알려면 각각의 오행에 해당하는 색을 알아야 한다. 오행에서 목(木)은 파란색, 화(火)는 빨간색, 토(土)는 노란색, 금(金)은 하얀색, 수(水)는 검은색에 해당한다. 천간 10자를 오행으로 구분하면 갑(甲)과 을(乙)은 목, 병(丙)과 정(丁)은 화, 무(戊)와 기(己)는 토, 경(庚)과 신(辛)은 금, 임(壬)과 계(癸)는 수이다. 말띠 해는 갑오(甲午)·병오(丙午)·무오(戊午)·경오(庚午)·임오(壬午) 이렇게 5가지인데, 이중에서 경오년이 하얀 말 즉 백말띠이다.

그런데 우리 민족은 왜 말띠 여성, 특히 백말띠 여성을 꺼리는가? 예로부터 백말띠인 며느리를 들이면 집안이 망한다고 해서 백말띠인 처녀는 결혼하기가 쉽지 않았다. 백말띠인 여성은 기가 너무 드세 남편의 기를 누르고 남편을 일찍 요절하게 만들어 청상과부가 된다고 믿었기 때문이다. 그래서 사주팔자를 속여서 1살을 낮추거나 올려서 맞선을 보는 일까지 생겨났다.

'암탉이 울면 집안이 망한다'는 속담을 생각해보자. 그 어느 나라에서 찾아볼 수 없는 우리 나라에만 있는 속담이다. 이러한 예에서 알 수 있듯이 우리 나라 여성들은 조신하게 지내다가 결혼하면 평생 남편만을 위해 살도록 강요받았다. 결혼한 다음에 불행하게도 일찍 남편을 잃고 남은 생을 혼자 살면 이것을 장려하는 의미로 열녀비까지 세워주었다. 이렇듯 순종적인 여성상을 강요하는 분위기에서 여성이 집밖으로 나와서 적극적으로 활동하는 것을 좋아할 리 없었다. 여기에는 전형적인 남성우월주의가 크게 작용하고 있다.

필자가 역학의 길로 접어든지 어언 40년이 가까이 되는데 그동안 수많은 백말띠 여성을 만나고 운명을 상담해주었다. 필자의 어머니가 바로 백말띠이다. 1930년 경 오년생인 어머니는 어릴 적 우리 마을에서 호랑이로 소문이 자자했고, 지금까지도 호랑이 할머니로 불리고 있다. 백말띠 여성들은 정말로 강한 기를 가졌는가? 그렇다고 확실하게 대답할 수 있다. 그렇다면 그들의 사주팔자는 드센가? 삶이 파란만장하고 남편을 요절하게 만드는가? 절대 그렇지 않다. 백말띠 여성은 활동가이다. 자신감을 가지고 자신의 일을 찾아나선다. 또한 그들은 한곳에 정체되어 있는 삶을 거부한다. 이러한 백말띠 여성의 기질이 우리 전래의 가부장적인 풍습과 남성 위주의 사회에서 제대로 인정받을 수 없는 것은 너무도 당연하였다. 지배자인 남성의 입장에서 자기 목소리를 내고자 하는 백말띠 여성처럼 보기 싫은 존재가 없었을 것이다. 그래서 백말띠 여성들을 말도 안 되는 속설들로 철저하게 억압하고 지배해온 것이다.

사회가 변화하고 세계화, 국제화를 부르짖고 있지만, 남성들의 지배욕에서 비롯된 편견들 때문에 백말띠 여성에 대한 거부반응은 여전하다. 강한 여성을 거부하는 남성들, 기득권을 계속 유지하고 싶은 남성들, 그리고 그들이 주도하는 문화에 역학과 사주명리학도 물들어가고 있다. 그러나 필자가 보기에 암탉이 울면 알을 낳는다. 마찬가지로 백말띠 여성을 아내로 맞이하면 집안을 일으킨다. 활동적이고 적극적인 백말띠 여성들은 사회에서 당당한 인간으로 인정받고 커리어우먼으로 성공할 수 있다.

우리가 흔히 팔자 또는 사주팔자라고도 부르는 사주(四柱)는
4개의 기둥이란 뜻이다. 사람이 태어난 연월일시는 각각 천간과 지지가 결합한
육십갑자로 나타낼 수 있는데, 한자는 세로쓰기를 하기 때문에
연월일시의 육십갑자를 모두 적어놓으면 마치 4개의 기둥이 서 있는 형상과 같다.
태어난 해의 육십갑자는 연기둥[年柱], 태어난 달의 육십갑자는 월기둥[月柱],
날의 육십갑자는 일기둥[日柱], 그리고 태어난 시간의 육십갑자는 시기둥[時柱]으로,
연월일시 4개의 기둥이 있다 하여 사주라고 한다.

#04

사주팔자

④ 사주팔자

사주를 해석하기 위해서는 먼저 태어난 연월일시를 바탕으로 사주팔자를 세워야 한다. 그 다음에는 대운과 대운수를 뽑는다. 한편 시주를 세울 때에는 일본 표준시와 한국 표준시의 차이를 감안해야 한다.

1. 사주팔자의 의의

POINT

사주팔자

태어난 연월일시를 육십갑자로 나타내면 연주, 월주, 일주, 시주의 네 기둥이 된다. 각 기둥마다 두 자씩 모두 여덟 자이므로 사주팔자라고 한다. 일반적으로 사주팔자는 사람이 타고나는 운명의 이치를 말한다.

우리가 흔히 팔자 또는 사주팔자라고도 부르는 사주(四柱)는 4개의 기둥이란 뜻이다. 사람이 태어난 연월일시는 각각 천간과 지지가 결합한 육십갑자로 나타낼 수 있는데, 한자는 세로쓰기를 하기 때문에 연월일시의 육십갑자를 모두 적어놓으면 마치 4개의 기둥이 서 있는 형상과 같다. 태어난 해의 육십갑자는 연기둥[年柱], 태어난 달의 육십갑자는 월기둥[月柱], 태어난 날의 육십갑자는 일기둥[日柱], 그리고 태어난 시간의 육십갑자는 시기둥[時柱]으로, 연월일시 4개의 기둥이 있다 하여 사주라고 한다.

한편 사주만큼 널리 쓰이는 말로 '팔자'가 있다. 사주에서 각각의 기둥은 천간 한 글자와 지지 한 글자씩 두 글자로 이루어져 있고 모두 네 기둥이 있으므로 다 합쳐서 여덟 글자가 된다. 그래서 팔자(八字)라고 부른다.

사주명리학은 사람이 타고난 사주팔자의 음양오행을 분석하여 그 사람의 길흉화복과 성격, 적성, 특성, 개성 등을 판단하고 다양한 인간관계를 풀이한다. 태어난 연월일시 네 기둥만 알면 자신의 인생을 전반적으로 상세하게 알 수 있기 때문에 사주팔자는 삶을 분석하고 풀이하는 대표적인 수단으로 자리잡게 되었다.

사람은 누구나 태어나는 순간 사주팔자가 정해지고, 이 사주팔자는 평생 바꿀 수 없다. 그러나 어느 누구의 사주든 간에 사주팔자에는 장점과 단점이 공존한다는 것을 알아야 한다. 자신의 타고난 장점을 얼마나 잘 살리고 단점을 보완하는가에 삶의 희망이 달려 있다. 모든 사주팔자에는 반드시 긍정적인 면과 희망이 존재한다는 것을 인식하고 그것을 읽어내 운명을 예측하는 것이 사주명리학의 근본정신이다.

사주를 보기 위해 알아야 할 것은 무엇인가?

정확한 사주를 알기 위해서는 자신이 태어난 연월일시를 잘 알고 있어야 한다. 또한 양력인지 음력인지도 알고 있어야 한다. 정확한 생년월일시를 모르면서 사주팔자를 뽑는 것은 불가능하다.

한편 사주는 꼭 음력 생일로 봐야 한다고 알고 있는 경우가 많다. 그러나 사주명리학은 절기력이기 때문에 음력이든 양력이든 상관없이 정확한 날짜만 알면 된다.

생활 속 역학

사주단자

사주단자(四柱單子)란 결혼을 약속하고 나서 신랑 집에서 신부 집으로 신랑이 태어난 연월일시의 간지를 적어 보내는 간지(簡紙)를 말한다. 사성(四星) 또는 사주(四柱)라고도 한다. 신랑 집에서는 청혼의 형식으로, 신부 집에서는 혼인을 허락한다는 형식으로 사주단자를 주고받으면 청혼이 정식으로 이루어진다.

사주단자를 보낼 때에는 하얀 종이를 7번 또는 5번 접어서 가운데에 신랑의 사주를 적고, 다시 하얀 종이에 싸서 봉투에 넣은 후 근봉(謹封)이라고 쓴 띠를 두르고 봉투 앞면에 사주(四柱)라고 쓰는데 그 봉투는 봉하지 않는다.

사주단자를 받은 신부 집에서는 신랑 집의 사정을 고려하여 알맞고 좋은 날 즉 길일을 골라 혼일 날짜를 잡는데, 이를 택일(擇日) 또는 연길(涓吉)이라고 하며, 이 날짜를 알리는 서신을 보낸다.

2. 사주팔자 세우기

사주는 사람이 태어난 연월일시를 각각 천간과 지지로 나타낸 연주, 월주, 일주, 시주의 네 기둥으로 이루어진다. 태어난 해는 연주, 태어난 달은 월주, 태어난 날은 일주, 태어난 시간은 시주라고 한다.

사주를 보기 위해서는 가장 먼저 사주팔자를 세워야 한다. 자신이 태어난 연월일시를 정확하게 알면 만세력(萬歲曆)을 이용해서 사주팔자를 찾을 수 있다. 만세력은 쉽게 말해 달력의 한 가지로 사주명리학에서 없어서는 안 되는 중요한 자료이다. 연주 · 월주 · 일주가 표시되어 있으며, 시주는 나와 있지 않다.

한편 사주를 적을 때에는 오른쪽에서 왼쪽으로 연주, 월주, 일주, 시주를 적거나 그 반대로 적어도 된다. 이 책에서는 전자의 방식대로 표기하였다. 남자의 사주는 건명(乾命)이라고 하고, 여자의 사주는 곤명(坤命)이라고 하는데 사주명식 옆에 적어서 성별을 표시한다.

1 연주

연주(年柱)는 사주의 주인공이 태어난 해를 뜻한다. 예를 들어 1999년에 태어났으면 기묘(己卯)가 되고, 1962년에 태어났으면 임인(壬寅)이 되는데 뒤에 년(年) 자를 붙여서 기묘년, 임인년이라고 한다. 위에 있는 천간은 연간(年干)이라고 하고, 밑에 있는 지지는 연지(年支)라고 한다.

POINT

연주 세우기

연주는 매년 입춘 절입일(節入日)을 기준으로 한다. 예를 들어 음력 1월 1일이 되지 않았어도 입춘만 지나면 다음해의 간지를 쓰고, 음력 1월 1일이 지났더라도 입춘이 지나지 않았으면 전년도의 간지를 쓴다.

연주를 세울 때 주의해야 할 점은 새해의 시작을 입춘으로 본다는 것이다. 일반적인 달력을 기준으로 할 때 한 해의 시작은 양력 1월 1일이지만, 사주명리학에서는 새로운 해가 바뀌는 기점을 절기로 보아 봄이 들어온다는 입춘을 새해의 시작으로 삼는다. 예를 들어 12월에 태어난 사람이라도 입춘이 이미 지났다면 새해에 태어난 것으로 보고, 반대로 1월에 태어난 사람이라도 아직 입춘이 되지 않았다면 전년에 태어난 것으로 본다. 따라서 띠를 구분하는 시점도 매년 1월 1일이 아니라 입춘 절기가 된다. 이것은 사주명리학이 실제적인 기후 변화를 중시하여 절기력(節氣曆)을 활용하기 때문이다.

좀더 자세히

절기

절기는 음력으로 본다고 알고 있는 사람들이 많지만, 사실 절기는 태양의 움직임을 고려한 것으로 태양력의 성격을 가지고 있다. 절기는 태양의 황도상의 위치에 따라 1년을 24개로 나눈 계절 구분이다. 천구상에서 태양이 움직이는 길을 황도라고 하는데, 이 황도 360°를 1년으로 보아 30일 단위로 나누면 12절기가 되고, 15일 단위로 나누면 24절기가 된다.

한편 사주명리학은 24절기 중에서 12절기에 해당하는 입춘, 경칩, 청명, 입하, 망종, 소서, 입추, 백로, 한로, 입동, 대설, 소한만을 사용한다. 그 외의 절기인 우수, 춘분, 곡우, 소만, 하지, 대서, 처서, 추분, 상강, 소설, 동지, 대한은 12중기(中氣) 또는 12기(氣)라고 한다.

▼ 계절별 절기 구분

계절	절기	특징	계절	절기	특징
봄	입춘	봄의 시작	여름	입하	여름의 시작
	우수	봄비가 내리고 싹이 틈		소만	조금씩 여름의 기운이 더해감
	경칩	개구리가 겨울잠에서 깸		망종	씨뿌리기(벼)
	춘분	낮이 길어지기 시작		하지	여름의 절정. 낮이 연중 가장 긴 시기
	청명	맑고 밝은 봄날이 시작됨. 봄농사 준비		소서	여름 더위의 시작
	곡우	농삿비가 내림		대서	더위가 가장 심한 시기
가을	입추	가을의 시작	겨울	입동	겨울의 시작
	처서	더위가 가고 일교차가 커짐		소설	눈이 내리기 시작
	백로	이슬이 내리기 시작		대설	겨울 큰 눈이 옴
	추분	가을의 중간. 밤과 낮의 길이가 같음		동지	겨울의 절정. 밤이 가장 긴 시기
	한로	찬 이슬이 내리기 시작		소한	조금 추움. 겨울 추위의 시작
	상강	서리가 내리기 시작		대한	겨울 큰 추위

▼ 24절기의 황도상의 위치

절기	양력 날짜	일몰시각	일출시각	황도상의 위치
입춘	2월 3일 ~ 5일경	17:58	7:33	315°
우수	2월 18일 ~ 20일경	18:15	7:17	330°
경칩	3월 5일 ~ 7일경	18:30	6:57	345°
춘분	3월 20일 ~ 22일경	18:44	6:35	0°
청명	4월 4일 ~ 6일경	18:58	6:13	15°
곡우	4월 19일 ~ 21일경	19:11	5:51	30°
입하	5월 5일 ~ 7일경	19:26	5:32	45°
소만	5월 20일 ~ 22일경	19:39	5:19	60°
망종	6월 5일 ~ 7일경	19:50	5:11	75°

절기	양력 날짜	일몰시각	일출시각	황도상의 위치
하지	6월 21일 ~ 24일경	19:57	5:11	90°
소서	7월 6일 ~ 8일경	19:56	5:17	105°
대서	7월 22일 ~ 24일경	19:48	5:28	120°
입추	8월 7일 ~ 9일경	19:33	5:41	135°
처서	8월 23일 ~ 24일경	19:14	5:44	150°
백로	9월 7일 ~ 9일경	18:52	6:07	165°
추분	9월 22일 ~ 24일경	18:29	6:20	180°
한로	10월 8일 ~ 9일경	18:06	6:33	195°
상강	10월 23일 ~ 25일경	17:44	6:48	210°
입동	11월 7일 ~ 8일경	17:17	7:03	225°
소설	11월 22일 ~ 23일경	17:17	7:18	240°
대설	12월 6일 ~ 8일경	17:13	7:33	255°
동지	12월 21일 ~ 23일경	17:17	7:43	270°
소한	1월 5일 ~ 7일경	17:28	7:47	285°
대한	1월 20일 ~ 21일경	17:42	7:44	300°

② 월주

월주(月柱)는 사주의 주인공이 태어난 달을 말한다. 월주를 세울 때는 양력 1일이나 음력 1일을 기준으로 하지 않고 12절기의 절입일을 기준으로 한다. 예를 들어 새해가 시작되는 입춘부터 1달 후인 경칩 사이는 인월(寅月)이 되고, 경칩부터 청명 사이는 묘월(卯月)이 된다. 태어난 달의 천간은 월간(月干)이라고 하고, 태어난 달의 지지는 월지(月支)라고 한다.

POINT

월주 세우기
• • • • • • • • • • • •
월주는 12절기의 절입 일시를 기준으로 한다. 12절기는 입춘, 경칩, 청명, 입하, 망종, 소서, 입추, 백로, 한로, 입동, 대설, 소한이다.

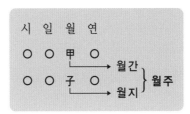

월주는 연주를 세우고 난 후 찾는다. 만세력을 보면 연주와 월주를 쉽게 찾을 수 있지만, 연주를 통해서 월주를 찾는 방법이 있어서 소개한다. 자주 활용하는 방법은 아니지만 만세력을 참고하기 어려울 때 도움이 된다.

월주를 세울 때 월지는 십이지지 순서를 따르므로 월간만 알면 된다. 이때 월간은 연간이 무엇이냐에 따라 결정된다. 예를 들어 연간이 갑(甲)이나 기(己)이면 병인(丙寅), 을(乙)이나 경(庚)이면 무인(戊寅), 병(丙)이나 신(辛)이면 경인(庚寅), 정(丁)이나 임(壬)이면 임인(壬寅), 무(戊)나 계(癸)이면 갑인(甲寅)이 1월이다.

이 원리를 보면 천간합(天干合)과 오행의 상생작용이 바탕을 이룬다. 즉 연간의 천간합을 생하는 양(陽) 오행을 월간으로 삼는 것이다.

① 갑기합(甲己合)은 토(土)가 되는데, 토를 생하는 화(火) 중에서 양인 병화(丙火)를 천간으로 삼아 병인월(丙寅月)이 시작되고, 정묘월(丁卯月)·무진월(戊辰月) …… 순서로 월이 결정된다.

② 을경합(乙庚合)은 금(金)이 되는데, 금을 생하는 토(土) 중에서 양인 무토(戊土)를 천간으로 삼아 무인월(戊寅月)이 시작되고, 기묘월(己卯月)·경진월(庚辰月) …… 순서로 월이 결정된다.

③ 병신합(丙辛合)은 수(水)가 되는데, 수를 생하는 금(金) 중에서 양인 경금(庚金)을 천간으로 삼아 경인월(庚寅月)이 시작되고, 신묘월(辛卯月)·임진월(壬辰月) …… 순서로 월이 결정된다.

④ 정임합(丁壬合)은 목(木)이 되는데, 목을 생하는 수(水) 중에서 양인 임수(壬水)를 천간으로 삼아 임인월(壬寅月)이 시작되고, 계묘월(癸卯月)·갑진월(甲辰月) …… 순서로 월이 결정된다.

⑤ 무계합(戊癸合)은 화(火)가 되는데, 화를 생하는 목(木) 중에서 양인 갑목(甲木)을 천간으로 삼아 갑인월(甲寅月)이 시작되고, 을묘월(乙卯月)·병진월(丙辰月) …… 순서로 월이 결정된다.

▼ 생월 조견표

음력(월)	절기	甲·己년	乙·庚년	丙·辛년	丁·壬년	戊·癸년
1	입춘	丙寅	戊寅	庚寅	壬寅	甲寅
2	경칩	丁卯	己卯	辛卯	癸卯	乙卯
3	청명	戊辰	庚辰	壬辰	甲辰	丙辰
4	입하	己巳	辛巳	癸巳	乙巳	丁巳
5	망종	庚午	壬午	甲午	丙午	戊午
6	소서	辛未	癸未	乙未	丁未	己未
7	입추	壬申	甲申	丙申	戊申	庚申
8	백로	癸酉	乙酉	丁酉	己酉	辛酉
9	한로	甲戌	丙戌	戊戌	庚戌	壬戌
10	입동	乙亥	丁亥	己亥	辛亥	癸亥
11	대설	丙子	戊子	庚子	壬子	甲子
12	소한	丁丑	己丑	辛丑	癸丑	乙丑

생활 속 역학

태양력과 태음력

우리는 일상생활에서는 양력을 사용하지만 사주를 볼 때는 음력을 사용한다. 음력과 양력 모두 자연의 시간을 반영하여 만든 달력이다. 이것은 음력과 양력 모두 1년을 365일 또는 366일 정도로 정한 것에서 잘 알 수 있다. 그러나 1달의 길이를 정하는 방법에서 음력과 양력은 큰 차이가 있다.

1. 태양력

보통 양력이라고 하며, 지구가 태양을 한 바퀴 도는 데 걸리는 공전 주기를 기준으로 1달의 길이를 정하였다. 즉 해가 황도 위를 한 바퀴 도는 데 걸리는 시간을 12로 나누어 그것을 1달의 길이로 정한 것이다. 태양력은 계절 변화를 잘 반영하지만, 실제 지구가 태양 주위를 돌 때와 작은 시간 차이가 발생하기 때문에 윤일(閏日)을 두어서 4년마다 2월을 29일로 조정한다. 태양력은 다음과 같이 발전해왔다.

- **율리우스력** : BC 46년 1월 1일부터 사용하였고, 4년마다 1일을 더하는 윤년을 적용한다.
- **그레고리력** : 현재 전세계에서 사용하고 있는 역으로, 1582년부터 사용해왔다. 4년마다 윤년을 택하되 100으로 나누어지는 해는 윤년으로 하지 않고, 다시 400으로 나누었을 때 나누어 떨어지는 해는 윤년으로 하는 등 복잡한 역법이 이용된다. 400년 동안 97회의 윤일이 있었다.
- **우리 나라** : 조선 효종 때 최초로 태음태양력인 시헌력(時憲曆)을 사용하였다. 1896년 1월 1일부터 태양력을 사용하여 현재까지 이어지고 있다.

2. 태음력

보통 음력이라고 하며, 달이 지구를 한 바퀴 도는 것을 기준으로 1달의 길이를 정하였다. 즉 음력에서는 계절의 변화와는 상관없이, 달의 모양이 날짜가 지나면서 초승달 → 상현달 → 보름달 → 하현달 → 그믐달로 바뀌는 것을 보고 그 주기인 약 29.53일을 1달의 길이로 정한 것이다. 이에 따라 음력에서는 1달의 길이가 29일 또는 30일이 된다.

- **삭(朔)** : 음력 초하루. 태양, 달, 지구의 순서대로 일직선이 되었을 때.
- **망(望)** : 보름. 태양, 지구, 달의 순서대로 일직선이 되었을 때.

한편 태양력과 태음력의 차이를 인위적으로 조정하기 위해 사람들은 윤달을 생각해냈다. 태음력에서 달이 지구를 한 바퀴 도는데 걸리는 시간은 29.53059로, 여기에 12를 곱하면 1년이 약 354일이 되어 365일인 태양력과 약 11일 정도 차이가 생긴다. 그래서 5년에 2번의 비율로 1년을 13개월로 한다.

▼ 음력 윤달 현황(1903~2036년)

연도	윤달	연도	윤달
1903년	윤5월(小)	1971년	윤5월(小)
1906년	윤4월(大)	1974년	윤4월(小)
1909년	윤2월(小)	1976년	윤8월(小)
1911년	윤6월(小)	1979년	윤6월(大)
1914년	윤5월(小)	1982년	윤4월(小)
1917년	윤2월(小)	1984년	윤10월(小)
1919년	윤7월(小)	1987년	윤6월(小)
1922년	윤5월(小)	1990년	윤5월(小)
1925년	윤4월(小)	1993년	윤3월(小)
1928년	윤2월(小)	1995년	윤8월(小)
1930년	윤6월(小)	1998년	윤5월(小)
1933년	윤5월(大)	2001년	윤4월(小)
1936년	윤3월(大)	2004년	윤2월(小)
1938년	윤7월(大)	2006년	윤7월(小)
1941년	윤6월(大)	2009년	윤5월(小)
1944년	윤4월(大)	2012년	윤3월(大)
1947년	윤2월(小)	2014년	윤9월(小)
1949년	윤7월(小)	2017년	윤5월(小)
1952년	윤5월(大)	2020년	윤4월(小)
1955년	윤3월(小)	2023년	윤2월(小)
1957년	윤8월(小)	2025년	윤6월(小)
1960년	윤6월(小)	2028년	윤5월(小)
1963년	윤4월(小)	2031년	윤3월(小)
1966년	윤3월(小)	2033년	윤7월(小)
1968년	윤7월(小)	2036년	윤6월(大)

일주(日柱)는 사주의 주인공이 태어난 날의 간지를 말하며, 일진(日辰)이라고도 한다. 일주는 출생 연월일시를 사주로 바꿀 때 가장 간단하면서도 중요하다. 만세력을 보고 태어난 날을 찾아 그대로 기록하면 되므로 가장 간단하고, 일주 중에서도 일간이 사주의 주인공이 되기 때문에 가장 중요하다.

일주에서 위에 있는 천간을 일간(日干)이라고 하고, 밑에 있는 지지를 일지(日支)라고 한다. 다만 밤 11시 30분이 넘으면 다음날로 본다는 것을 주의해야 한다.

```
시  일  월  연

○  丙  ○  ○
        └─────→ 일간  ⎫
                      ⎬ 일주
○  寅  ○  ○           ⎭
        └─────→ 일지
```

돌발퀴즈

Q 생일이 윤달인 사람은 일주를 어떻게 찾는가?

A 음력이나 양력에 상관없이 정확한 출생일을 알면 만세력으로 일주를 찾을 수 있다. 한편 생일이 윤달인 사람은 생일을 양력으로 바꾸어서 찾는다. 양력은 윤달과는 무관하기 때문이다.

생활 속 역학

윤달 풍습

태음력은 달이 차고 기우는 것을 기준으로 하므로 1년이 354일이다. 따라서 8년에 3개월 정도가 모자라게 되는데, 윤달을 만들어서 태음력과 계절 변화의 차이를 일치시킨다. 윤달은 원래 없던 달이 생겨났다고 하여 공달, 덤달, 여벌달이라고 부른다.

예로부터 윤달은 우리 민족이 모든 관습과 풍속으로부터 해방되는 달이었다. 신이나 귀신이 각 달마다 관장하면서 인간의 삶을 간섭하지만, 윤달만은 13번째 달로서 원래 없었던 달이므로 신이나 귀신이 간섭할 수 없다고 생각했던 것이다. 그래서 윤달에는 부정을 타거나 액(厄)이 끼어들지 않는다고 믿고 평소에 두려워하던 이사나 집수리, 이장 등의 산소 단장, 수의 장만 등의 일들을 거리낌 없이 할 수 있었다.

　이러한 풍습이 현대에까지 전해져 윤달이 있는 해에는 이장을 하거나 수의를 마련하는 사람들이 많다. 수의를 준비하는 이유는 윤달에 수의를 장만하면 무병장수한다는 믿음 때문이다. 그러나 이를 통해 사람들은 삶과 죽음을 긍정적으로 받아들이고 생로병사의 섭리를 자연스럽게 받아들이는 기회를 갖게 된다.

4 시주

시주(時柱)는 사주의 주인공이 태어난 시간을 천간과 지지로 나타낸 것이다. 위에 있는 천간을 시간(時干)이라고 하고, 밑에 있는 지지를 시지(時支)라고 한다. 시지는 2시간 단위로 지지의 순서대로 구분되고, 시간은 일간에 따라 정해진다.

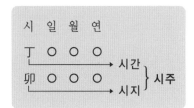

POINT

시주 세우기

시간은 일간에 따라 정해지고, 시지는 2시간 단위로 지지의 순서대로 구분된다.

시주를 세울 때 시지는 십이지지 순서를 따르므로 시간만 알면 된다. 시간은 일간이 무엇이냐에 따라 결정된다. 그 원리를 살펴보면 천간합과 오행의 상극작용이 바탕을 이루고 있다. 즉 일간의 천간합을 극하는 양 오행을 시간으로 삼는 것이다.

　예를 들어 일간이 갑(甲)이나 기(己)이면 갑자(甲子), 을(乙)이나 경(庚)이면 병자(丙子), 병(丙)이나 신(辛)이면 무자(戊子), 정(丁)이나 임(壬)이면 경자(庚子), 무(戊)나 계(癸)이면 임자(壬子)시로 시작한다.

① 갑기합(甲己合)은 토(土)가 되는데, 토를 극하는 목(木) 중에서 양인 갑목(甲木)을 천간으로 삼아 갑자시(甲子時)가 시작되고, 을축시(乙丑時)·병인시(丙寅時) …… 순서로 시가 결정된다.

② 을경합(乙庚合)은 금(金)이 되는데, 금을 극하는 화(火) 중에서 양인 병화(丙火)를 천간으로 삼아

병자시(丙子時)가 시작되고, 정축시(丁丑時)·무인시(戊寅時) …… 순서로 시가 결정된다.

③ 병신합(丙辛合)은 수(水)가 되는데, 수를 극하는 토(土) 중에서 양인 무토(戊土)를 천간으로 삼아
무자시(戊子時)가 시작되고, 기축시(己丑時)·경인시(庚寅時) …… 순서로 시가 결정된다.

④ 정임합(丁壬合)은 목(木)이 되는데, 목을 극하는 금(金) 중에서 양인 경금(庚金)을 천간으로 삼아
경자시(庚子時)가 시작되고, 신축시(辛丑時)·임인시(壬寅時) …… 순서로 시가 결정된다.

⑤ 무계합(戊癸合)은 화(火)가 되는데, 화를 극하는 수(水) 중에서 양인 임수(壬水)를 천간으로 삼아
임자시(壬子時)가 시작되고, 계축시(癸丑時)·갑인시(甲寅時) …… 순서로 시가 결정된다.

▼ 생시 조견표

시간 \ 일간	甲·己	乙·庚	丙·辛	丁·壬	戊·癸
23:30~01:30	甲子	丙子	戊子	庚子	壬子
01:30~03:30	乙丑	丁丑	己丑	辛丑	癸丑
03:30~05:30	丙寅	戊寅	庚寅	壬寅	甲寅
05:30~07:30	丁卯	己卯	辛卯	癸卯	乙卯
07:30~09:30	戊辰	庚辰	壬辰	甲辰	丙辰
09:30~11:30	己巳	辛巳	癸巳	乙巳	丁巳
11:30~13:30	庚午	壬午	甲午	丙午	戊午
13:30~15:30	辛未	癸未	乙未	丁未	己未
15:30~17:30	壬申	甲申	丙申	戊申	庚申
17:30~19:30	癸酉	乙酉	丁酉	己酉	辛酉
19:30~21:30	甲戌	丙戌	戊戌	庚戌	壬戌
21:30~23:30	乙亥	丁亥	己亥	辛亥	癸亥

시지를 찾을 때에는 다음 2가지를 고려해야 한다.

1) 표준시의 문제

지구가 한 바퀴 자전하는 데 24시간이 걸린다. 원이 360°이고 하루가 24시간이므로, 지구가 1시간에 15°씩, 즉 4분에 1°씩 돈다는 계산이 나온다. 현재 세계 모든 나라는 영국 그리니치 천문대를 지나는 경도 0°의 본초자오선을 기준으로 하여 편의상 동서로 각각 15°씩 나누어서 표준시를 정하고 있다.

우리 나라의 표준시 기준은 국토 중앙에 해당하는 동경 127.5°이다. 그런데 표준시를 정하는 국제협약 때문에 우리 나라의 표준시 대신 일본의 중간 지점인 아카시 천문대를 기점으로 하는 동경 135°를 표준시로 사용하고 있다. 7.5°는 시간으로 계산하면 30분에 해당하므로, 우리 나라 표준시와 일본의 표준시 사이에는 30분의 오차가 생긴다. 예를 들어 우리 나라에서 시계가 낮 12시를 가리킬 때 자연시는 그보다 30분 느린 11시 30분이다. 한편 우리 나라에서도 서울과 부산과 같이 경도상의 차이가 있는 지역에서는 시간의 차이가 발생한다.

▼ 우리 나라 표준시의 변화

기준 경선	기간
동경 127.5°(한국시)	1908년 4월 29일 18시 30분을 18시로 조정 ~ 1912년 1월 1일까지 사용
동경 135°(일본시)	1912년 1월 1일 11시 30분을 12시로 조정 ~ 1954년 3월 21일까지 사용
동경 127.5°(한국시)	1954년 3월 21일 00시 30분을 00시로 조정 ~ 1961년 8월 9일 24시까지 사용
동경 135°(일본시)	1961년 8월 10일 00시를 00시 30분으로 조정 ~ 현재까지 사용

▼ 지방별 표준시의 오차

지방	경도	한국시 127.5° 기준	일본시 135° 기준
서울	126° 58분 46초	02분 05초(+)	32분 05초(+)
부산	129° 02분 53초	06분 12초(−)	23분 48초(+)
대구	128° 37분 05초	04분 28초(−)	25분 32초(+)
인천	126° 37분 07초	03분 32초(+)	33분 32초(+)
광주	126° 55분 39초	02분 17초(+)	32분 17초(+)
대전	127° 25분 23초	00분 19초(+)	30분 19초(+)
청주	127° 29분 00초	03분 03초(+)	30분 03초(+)
전주	127° 08분 55초	01분 24초(+)	31분 24초(+)
춘천	127° 44분 02초	00분 56초(−)	29분 04초(+)
강릉	128° 54분 11초	05분 37초(−)	24분 23초(+)
포항	129° 21분 42초	07분 27초(−)	22분 33초(+)
경주	129° 13분 18초	06분 53초(−)	23분 07초(+)
목포	126° 23분 27초	04분 26초(+)	34분 26초(+)
제주	126° 31분 56초	03분 52초(+)	33분 52초(+)

Q 우리 나라의 표준시 기준은 동경 127.5°와 동경 135° 두 가지인가?

A 1910년 이전에는 동경 120°를 기준으로 우리 나라의 표준시를 정했는데, 지금 북경의 표준시에 해당한다. 그러다가 1910년 4월 1일에 일본과의 시차를 없애기 위해 일본인이 동경 135°로 우리 나라의 표준시 기준을 변경하였다. 이때 우리 나라 시계시 11시가 일본 시계시 12시로 바뀌었다. 한편 동경 135°는 일본의 코베 부근을 남북으로 지나는 경선으로서 서울을 지나는 동경 127°보다 약 32분 빠르다.

2) 서머타임

서머타임(summer time)은 영국에서 처음 시작되었으며, 여름의 긴 낮시간을 보다 효율적으로 이용하기 위하여 표준시보다 1시간 앞당긴 것을 말한다. 일광절약시간이라고도 한다.

우리 나라에서 서머타임이 실시된 기간은 모두 12년인데, 서머타임을 실시한 해에 태어난 사람의 시지를 세울 때에는 표준시의 차이뿐만 아니라 서머타임으로 인한 시간차까지 고려해야 한다.

한편 우리 나라에서는 해마다 서머타임 적용기간이 다르고, 국립천문대에도 아래의 자료 정도만 남아 있다. 또한 1960년대 이전에 태어난 사람은 정확한 출생 시간을 모르는 경우가 많으므로 서머타임 적용이 큰 의미가 없다.

▼ 서머타임 적용기간(양력)

연 도	기 간
1948년	5월 31일 자정 ~ 9월 22일 자정
1949년	4월 3일 자정 ~ 9월 30일 자정
1950년	4월 1일 자정 ~ 9월 10일 자정
1955년	5월 5일 ~ ?
1956년	5월 20일 자정 ~ 9월 29일 자정
1959년	5월 3일 자정 ~ 9월 19일 자정

연 도	기 간
1961년	서머타임 폐지
1987년	5월 10일 02시 ~ 10월 11일 03시
1988년	5월 8일 02시 ~ 10월 9일 03시

6 야자시와 조자시

POINT

하루가 바뀌는 기준

사주명리학에서 하루가 바
뀌는 기준은 밤 0시 30분이
아니라 밤 11시 30분이다.

자시(子時)는 밤 11시 30분(동경 135°를 기준으로 한 표준시)부터 다음날 1시 30분까지다. 시(時)는 하나인데 이틀에 걸쳐 있기 때문에, 사주팔자를 세울 때 다음 2가지 방식을 사용하고 있다. 하나는 정자시법(正子時法)으로서, 밤 11시 30분이 지나면 다음날이 시작하는 것으로 본다. 다른 하나는 야자시(夜子時)와 조자시(朝子時)로 나누는 방법이다. 자정을 지나지 않은 23시 30분 ~ 0시 30분을 야자시라고 하고, 자정을 지난 0시 30분 ~ 1시 30분을 조자시라고 한다. 조자시는 명자시(明子時)라고도 한다.

❶ 야자시와 조자시의 적용 사례

여기에서는 자시를 야자시와 조자시로 나누는 데서 생기는 문제점에 대해 설명하려고 한다. 자시를 판단할 때 원래는 정자시법을 사용하였다. 그러던 것이 언제부터인가 야자시와 조자시를 나누는 이론이 나와서 역학계를 혼란스럽게 만들고 있다. 이 이론을 주장하는 사람들은 진경산이 『삼재발비(三才發秘)』에서 "자각(子刻)은 양시(兩時)가 있다"고 한 것을 근거로 내세운다. 다음 3가지 경우를 보자.

예1) 1982년 4월 10일(양) 새벽 0시 38분

(조자시)	시	일	월	연
	壬	癸	甲	壬
	子	亥	辰	戌

(정자시)	시	일	월	연
	壬	癸	甲	壬
	子	亥	辰	戌

이 사람은 계해 일주인 자시에 태어났으므로 임자(壬子)시가 된다. 조자시를 적용한 사주팔자와 정자시를 적용한 사주팔자가 동일하다.

예2) 1982년 4월 10일(양) 밤 11시 38분

(야자시)	시	일	월	연
	甲	癸	甲	壬
	子	亥	辰	戌

(정자시)	시	일	월	연
	甲	甲	甲	壬
	子	子	辰	戌

야자시를 적용할 때 밤 11시 38분은 자정 전이므로 아직 하루가 지나지 않은 것으로 보아 4월 10일 즉 계해 일주를 쓴다. 그러나 시는 4월 11일 자시로 보아 갑자시를 사용한다. 앞의 예1)과 비교할 때 일주는 같고 시 천간은 다르다.

한편 정자시를 적용하면 하루가 지난 것으로 보아 4월 11일 즉 갑자 일주를 쓴다. 시주는 야자시를 적용할 때와 같다.

예3) 1982년 4월 11일(양) 새벽 0시 38분

(조자시)	시	일	월	연
	甲	甲	甲	壬
	子	子	辰	戌

(정자시)	시	일	월	연
	甲	甲	甲	壬
	子	子	辰	戌

조자시를 적용할 때 이 사주 주인공은 갑자 일주인 자시에 태어났으므로 갑자시가 된다. 예2)와 비교할 때 시주는 같고 일주는 다르다.

정자시를 적용했을 때 역시 갑자 일주에 갑자시를 쓴다. 태어난 시간이 0시 38분으로서 조자시 기준인 0시 30분과 정자시 기준인 11시 30분이 지났기 때문이다.

❷ 야자시와 조자시의 문제점

앞의 3가지 예에서 본 것처럼 야자시와 조자시는 정자시를 적용할 때와 비교해 여러 가지 혼란스러운 점이 있다. 그런데도 계속 야자시와 조자시를 적용해야 하는가? 야자시, 조자시를 주장하는 근거는 밤 12시를 기점으로 하루가 바뀐다는 서양의 관습이다. 예로부터 동양에서는 밤 11시가 지나가면서 하루가 시작된다고 믿었다. 밤 12시에 하루가 바뀐다는 것은 서양의 기준일 뿐이다. 서양의 기준으로 동양의 학문인 사주명리학을 해석한다는 것은 앞뒤가 맞지 않는다. 서양의 잣대인 밤 12시로 하루를 구분한다면, 마찬가지로 한 해의 시작도 양력 1월 1일부터라고 해야 할 것이다. 그러나 한 해의 시작은 엄연히 입춘 절입을 기준으로 삼는다. 야자시, 조자시를 주장하는 사람들의 논리라면 양력 1월 1일부터 입춘까지는 전년도 1월이 되고, 입춘부터는 올해 1월이 되는 상황이 되어버린다.

다시 한번 강조하지만, 밤 12시로 하루로 나누는 서양의 시간 구분법에 얽매이면 안 된다. 동양에서는 밤 11시(동경 135° 표준시로는 밤 11시 30분) 자시가 지나면 하루가 시작된다고 본다. 따라서 밤 12시까지는 전날이라는 생각은 버려야 한다.

세월이 흘러가면서 사주명리학에도 새로운 학설들이 하나씩 도입되고 있다. 그중에는 이론적인 타당성이나 과학적인 근거가 있는 학설도 있지만, 때로는 자신의 실력

을 과시하려는 사람이 내놓은 엉터리 학설도 있다. 바로 이것이 사이비 역술인들을 양산하는 쓸모없는 학설이라고 할 수 있다. 야자시, 조자시 적용 또한 사주명리학의 학문적인 발전을 가로막는 학설로 보인다. 새로운 학설을 적용하려면 우선 오랜 기간 임상실험을 거쳐서 그 타당성을 검증해야 한다.

3. 대운

1 대운의 의미

사주명리학에서 운에는 대운(大運), 소운(小運), 연운(年運), 월운(月運), 일운(日運), 시운(時運) 등이 있다. 시운은 몇 시에 어떤 일이 생길지를 보는 것이고, 일운은 오늘은 어떤 일이, 내일은 어떤 일이 생길지를 보는 것이다. 월운은 이번 달은 어떤 일이, 다음달은 어떤 일이 있을지를 보고, 연운은 올해는 어떤 일이, 내년에는 또 어떤 일이 벌어질지를 보는 것이다.

이중에서 대운은 인생에서 장기간 큰 영향을 미치는 운을 의미한다. 사람은 살아가면서 5년 또는 10년마다 인생의 변화가 있는데, 대운을 알면 그 흐름을 미리 읽고 인생을 긍정적이고 희망적으로 끌어갈 수 있다.

또한 대운은 사주에 의해 결정된 사람의 성격 · 적성 · 특징 · 개성 등이, 인생에서 일정한 시기를 지배하는 음양오행과 육친의 영향으로 발전 · 정지 · 후퇴하는 것을 말한다. 타고난 성격 · 적성 · 개성 등을 명(命)이라고 하고, 대운 · 연운 · 월운 · 일운 등을 운이라고 한다. 그래서 타고난 명과 흘러가는 운을 합하여 운명이라고 한다.

대운, 소운, 연운, 월운, 일운, 시운 등을 통해 인생을 살아가면서 순간 순간 어떻게 변화되어가는지를 살펴볼 수 있다. 어느 때 행복이 찾아올 것인가, 어느 때에 불행이 찾아올 것인가? 행복이 찾아온다면 미리 준비하여 행운을 모두 가져가도록 하고, 불행이 찾아온다면 미리 준비하여 불행을 막으려고 하는 것이 바로 운을 보는 이유이고 운의 역할이다.

POINT

대운
∙∙∙∙∙∙∙∙∙∙∙∙∙∙
인생에서 장기간 큰 영향을 미치는 운으로, 10년을 주기로 변화한다.

2 사주와 대운의 관계

사주를 보려면 먼저 사주를 뽑고, 다음으로 사주에서 대운의 흐름을 찾아야 한다. 사주와 대운의 관계를 표현할 때, 사주가 자동차라면 대운은 그 자동차가 주행하는 도로라고 할 수 있다.

대부분의 역학자들은 사주가 좋아도 운이 나쁘면 실패가 연속적으로 일어나므로 사주 좋은 것이 대운 좋은 것만 못하다고 말한다. 즉 사주가 좋아도 대운이 나쁘면 어려움과 막힘이 있고 정신적·물질적·육체적인 고통이 따르지만, 사주가 나빠도 대운이 좋으면 여러 가지 좋은 일들이 생기고 발전하며 행복이 넘쳐난다는 것이다.

그러나 필자는 그러한 의견과 달리 사주가 가장 중요하다고 생각한다. 사주에는 타고난 적성과 성격 등 여러 가지 특징들이 나타난다. 그 적성을 잘 발휘한다면 타고난 사주팔자를 다 펼칠 수 있지만, 자신이 타고난 사주 적성을 벗어나 살아간다면 아무리 대운이 좋아도 살면서 우여곡절을 겪을 수밖에 없다. 대운을 중시하는 사람들은 크게 반발하겠지만, 사주를 읽지 않고서는 사주 해석을 할 수 없고 대운만 읽어서는 운명론이 제대로 풀리지 않는다.

그렇다고 대운은 중요하지 않다는 말인가? 그렇지는 않다. 그럼에도 불구하고 사주원국(四柱原局)을 강조하는 것은 다음 2가지 이유 때문이다.

첫째, 같은 대운이라도 사람에 따라 영향력이 클 수도 있고 작을 수도 있기 때문이다. 예를 들어 어느 단체나 기관에 속해 있는 사람은 대운의 영향력이 작지만, 개인적인 삶을 살아가는 사람은 대운의 영향력이 크다. 대운의 영향을 덜 받는 사람은 인생의 변화가 적을 수밖에 없고, 대운의 영향을 많이 받는 사람은 인생의 변화가 클 수밖에 없다.

둘째, 사주원국에 따라 대운의 영향력이 다를 수 있기 때문이다. 사주팔자에 배짱이 있고 적극적이며 대인관계가 원만한 사람과, 소심하고 안정적이며 여러 사람과 사귀는 것이 어려운 사람 중에서 누가 사업에 성공할 수 있을까? 두 사람의 대운이 똑같이 흘러가더라도 적극적이고 배짱이 두둑한 사람은 자신의 운명을 끌고 나가는 힘이 강하기 때문에 사업을 하면 성공 확률이 높고 인생의 굴곡이 적을 것이다. 그러나 소심하고 안정을 추구하는 사람은 누가 부탁하면 거절하지 못해 보증을 서거나 돈을 빌려주면 돌려받지 못하고 떼이는 등 대인관계가 원만하지 못해 사업에 어려움을 겪을 것이다. 이와 같이 똑같은 대운도 사주의 구성에 따라 얼마든지 달라질 수 있다. 따라서 사주에 나타난 자신의 적성과 성격을 잘 판단해서 직업을 선택하고 원치 않는 대운의 변화를 줄일 수 있도록 해야 한다.

대운이 운명을 모두 결정한다는 논리, 대운에 용신이나 희신이 들어오면 사주의 구성과 상관없이 운명이 좋아지지만 기신이나 구신이 들어오면 사주와 상관없이 운명이 흉하게 된다는 논리는 타당하지 않다. 대운론에 의지하여 사주를 풀다 보면 사주 읽기를 소홀하게 생각하게 되고, 사주를 용신을 찾아내는 도구로만 여기게 된다.

　다시 강조하지만 대운에 의존하기보다는 사주원국을 분석하는 것이 가장 중요하다. 사주에 쓰여진 자신의 장점을 잘 살려 나가면 대운을 어느 정도 변화시킬 수 있고, 사주에 나타난 자신의 장점을 살리지 못하면 아무리 대운이 좋아도 삶이 힘들어질 수 있다.

직업과 대운의 관계

직업에 따라서 대운의 영향은 클 수도 있고 작을 수도 있다. 일반적으로 안정적인 직업으로는 공무원을, 변화가 많은 직업으로는 사업가를 들 수 있다. 둘 중에서 누구의 삶이 대운의 영향을 많이 받을까? 우선 사업가는 예상치 못한 사회적인 영향을 많이 받는다. 경제가 어려워지면 금세 사업에 부정적인 영향을 미친다. 게다가 모든 사업에 똑같은 영향을 미치는 것도 아니다. 예를 들어 조류독감이 유행하면 닭고기 관련 업종은 타격이 크지만, 다른 육류업은 호황을 누린다. 육류를 취급하는 사람들 모두 똑같이 망하거나 성공하는 것은 아니라는 말이다. 이에 반해 공무원의 삶은 어떤가? 국가가 존재하는 한, 일의 양이 늘거나 줄어들 수는 있지만 월급이 깎이거나 월급을 못 받는 일은 없다. 따라서 이들은 삶에 큰 변화가 없다.

공무원처럼 어딘가에 소속되어 일하는 사람은 살면서 대운의 변화가 크게 작용하지 않는다. 회사원 역시 웬만한 대운의 변화에는 영향받지 않고 평탄하게 자신의 삶을 살아간다. 그러나 개인적인 삶을 살아가는 사람은 대운의 흐름에 큰 영향을 받는다. 이것은 긍정적으로도 부정적으로도 해석할 수 있다. 사업가와 공무원이 똑같이 좋은 대운을 만나 길운이 들어왔을 때, 사업가는 사업이 번창해서 큰 재물을 얻지만 공무원은 월급생활을 하므로 큰 변화가 없다. 반대로 대운에서 흉운이 들어왔을 경우에 사업가는 최악의 경우에 문을 닫는 사태가 올 수도 있지만 공무원은 큰 변화가 없다. 똑같은 운명도 자신이 어떤 직업을 갖고 있는가에 따라 변화의 정도가 달라진다.

③ 대운 간지 세우기

대운은 10년마다 바뀐다. 예를 들어 대운수가 3이라면 3세, 13세, 23세, 33세, 43세, 53세, 63세, 73세, 83세…… 등 10년 단위로 바뀐다.

대운 간지는 연간의 음양과 남녀 구분에 따라 월주에서 간지 결합순서대로 순행하거나 역행한다. 연간이 갑(甲)·병(丙)·무(戊)·경(庚)·임(壬)에 해당하는 사람은 양년생이고, 연간이 을(乙)·정(丁)·기(己)·신(辛)·계(癸)에 해당하는 사람은 음년생이다. 남성의 경우에 양년생은 순행대운이고, 음년생이면 역행대운이다. 여성의 경우에는 반대로 양년생이면 역행대운이고, 음년생이면 순행대운이다.

① 순행대운

대운 간지가 월주의 다음 육십갑자부터 순서대로 순행하는 것을 말한다. 순행대운에서 천간과 지지의 진행순서는 다음과 같다.

POINT

대운 간지 세우기

대운 간지의 기준은 월주의 간지다. 양남음녀(陽男陰女)는 간지 결합순서대로 순행하고, 음남양녀(陰男陽女)는 간지 결합순서와 역행한다.

甲乙丙丁戊己庚辛壬癸甲乙丙丁 ……

子丑寅卯辰巳午未申酉戌亥子丑 ……

❷ 역행대운

대운 간지가 월주의 바로 앞 육십갑자부터 거꾸로 진행하는 것을 말한다. 역행대운
에서 천간과 지지의 진행순서는 다음과 같다.

甲癸壬辛庚己戊丁丙乙甲癸壬辛 ……

子亥戌酉申未午巳辰卯寅丑子亥 ……

4 대운수 계산

대운수는 대운의 숫자, 즉 사주에서 운의 주기가 바뀌는 기준 연령을 말한다. 대운수
는 양남음녀와 음남양녀를 구분하여 계산한다.

① 양남음녀의 순행대운은 생일부터 다음 절기까지 날짜수와 시간을 모두 세어 그것을 3으로 나눈
  몫을 대운수로 삼는다. 다만 나머지가 0이나 1이면 버리고, 2이면 몫에 1을 더해서 대운수를 정

POINT

대운수

사주에서 운의 주기가 바뀌
는 기준 연령을 뜻한다. 즉
대운이 10년마다 변한다고
할 때, 그것이 몇 살 때부터
시작되는지를 알려주는 기
준 연령이다.

한다. 총 날짜수를 셀 때 생일을 포함시켰으면 절기를 빼고, 생일을 뺐을 때는 절기를 포함시킨
다. 시간이 12시간 이상이면 하루로 본다.

② 음남양녀의 역행대운은 생일에서 거꾸로 과거의 절기 즉, 앞 절기까지 날짜수와 시간을 모두 세
어 그것을 3으로 나눈 몫을 대운수로 삼는다. 다만 나머지가 0이나 1이면 버리고, 2이면 몫에 1
을 더해서 대운수를 정한다. 총 날짜수를 셀 때 생일을 포함시켰으면 절기를 빼고, 생일을 빼면
절기를 포함시킨다. 시간이 12시간 이상이면 하루로 본다.

예1) 1962년 8월 17일(음) 신(申)시생 남성

시	일	월	연				
丙	丙	己	壬 (乾)				
申	辰	酉	寅				
78	68	58	48	38	28	18	8 대운
丁	丙	乙	甲	癸	壬	辛	庚
巳	辰	卯	寅	丑	子	亥	戌

남성이고 양년생이므로 순행대운이다. 생월의 간지에서부터 순서대로 대운 간지를
적는다. 생일로부터 다음 절기인 한로까지 날짜수를 세면 23인데, 이것을 3으로 나누면
몫이 7이고 나머지가 2이다. 나머지가 2일 때에는 몫에 1을 더하므로 대운수는 8이다.

예2) 1941년 5월 4일(음) 묘(卯)시생 여성

시	일	월	연				
癸	丁	癸	辛 (坤)				
卯	丑	巳	巳				
73	63	53	43	33	23	13	3 대운
辛	庚	己	戊	丁	丙	乙	甲
丑	子	亥	戌	酉	申	未	午

여성이고 음년생이므로 순행대운이다. 생월의 간지에서부터 순서대로 대운 간지를 적는다. 생일로부터 다음 절기인 망종까지 날짜수를 세면 8인데, 이것을 3으로 나누면 몫이 2이고 나머지가 2이다. 나머지가 2일 때에는 몫에 1을 더하므로 대운수는 3이 된다.

예3) 1955년 5월 15일(음) 오(午)시생 남성

시	일	월	연	
甲	丙	壬	乙	(乾)
午	寅	午	未	

79	69	59	49	39	29	19	9
甲	乙	丙	丁	戊	己	庚	辛
戌	亥	子	丑	寅	卯	辰	巳

남성이고 음년생이므로 역행대운이다. 생월의 간지에서부터 대운 간지를 거꾸로 적는다. 생일로부터 앞 절기인 망종까지 날짜수를 세면 28인데, 이것을 3으로 나누면 몫이 9이고 나머지가 1이다. 나머지 1은 버리고 몫 9를 대운수로 삼는다.

예4) 1978년 12월 16일(음) 인(寅)시생 여성

시	일	월	연	
庚	辛	乙	戊	(坤)
寅	巳	丑	午	

73	63	53	43	33	23	13	3
丁	戊	己	庚	辛	壬	癸	甲
巳	午	未	申	酉	戌	亥	子

여성이고 양년생이므로 역행대운이다. 생월의 간지에서부터 육십갑자를 거꾸로 적는다. 생일로부터 앞 절기인 소한까지 날짜수를 세면 8인데, 이것을 3으로 나누면 몫

이 2이고 나머지가 2이다. 나머지가 2일 때에는 몫에 1을 더하므로 대운수는 3이다.

사주 해석에서 대운 간지를 적용할 때 각각의 대운 간지는 10년 동안 작용한다. 예를 들어 대운 간지가 갑자(甲子)라면 갑(甲)이 5년 자(子)가 5년 동안 작용한다. 대운수는 한국 나이를 적용하지만, 겨울생인 해자축(亥子丑)월생은 만 나이를 적용한다. 한편 일진부터 절기까지의 날짜수를 3으로 나눈 몫이 0일 때는 대운수를 1로 본다.

▼ 일진부터 절기까지의 날짜수와 대운수 조견표

날짜수	몫…나머지	계산 방법	계산	대운수
1	0……1	몫이 0이고 나머지 1은 버림	나머지 1버림	1
2	0……2	나머지가 2이므로 몫 0에 1을 더함	0+1 = 1	1
3	1……0	몫 1만 취함	1+0 = 1	1
4	1……1	몫 1만 취하고 나머지 1은 버림	1+0 = 1	1
5	1……2	나머지가 2이므로 몫 1에 1을 더함	1+1 = 2	2
6	2……0	몫 2만 취함	2+0 = 2	2
7	2……1	몫 2만 취하고 나머지 1은 버림	2+0 = 2	2
8	2……2	나머지가 2이므로 몫 2에 1을 더함	2+1 = 3	3
9	3……0	몫 3만 취함	3+0 = 3	3
10	3……1	몫 3만 취하고 나머지 1은 버림	3+0 = 3	3
11	3……2	나머지가 2이므로 몫 3에 1을 더함	3+1 = 4	4
12	4……0	몫 4만 취함	4+0 = 4	4
13	4……1	몫 4만 취하고 나머지 1은 버림	4+0 = 4	4
14	4……2	나머지가 2이므로 몫 4에 1을 더함	4+1 = 5	5
15	5……0	몫 5만 취함	5+0 = 5	5
16	5……1	몫 5만 취하고 나머지 1은 버림	5+0 = 5	5
17	5……2	나머지가 2이므로 몫 5에 1을 더함	5+1 = 6	6
18	6……0	몫 6만 취함	6+0 = 6	6

날짜수	몫…나머지	계산 방법	계산	대운수
19	6……1	몫 6만 취하고 나머지 1은 버림	6+0 = 6	6
20	6……2	나머지가 2이므로 몫 6에 1을 더함	6+1 = 7	7
21	7……0	몫 7만 취함	7+0 = 7	7
22	7……1	몫 7만 취하고 나머지 1은 버림	7+0 = 7	7
23	7……2	나머지가 2이므로 몫 7에 1을 더함	7+1 = 8	8
24	8……0	몫 8만 취함	8+0 = 8	8
25	8……1	몫 8만 취하고 나머지 1은 버림	8+0 = 8	8
26	8……2	나머지가 2이므로 몫 8에 1을 더함	8+1 = 9	9
27	9……0	몫 9만 취함	9+0 = 9	9
28	9……1	몫 9만 취하고 나머지 1은 버림	9+0 = 9	9
29	9……2	나머지가 2이므로 몫 9에 1을 더함	9+1 = 10	10
30	10……0	몫 10만 취함	10+0 = 10	10
31	10……1	몫 10만 취하고 나머지 1은 버림	10+0 = 10	10

돌발퀴즈

Q 사주에서 대운이 들어오면 운이 좋아지는가?

A 흔히들 대운이 들어와서 운이 좋아진다는 이야기를 철학관이나 점집 등에서 많이 들어보았을 것이다. 그러나 대운이란 어느 누구에게나 존재하기 때문에 대운이 들어온다는 표현은 옳지 않다. 대운이 좋은지 나쁜지를 구분할 따름이므로 '어느 대운이 좋겠네' 또는 '몇 살 대운에 좋아지겠네' 라고 말하는 것이 정확하다.

EXERCISE

KEY POINT 🔑

양년생 남자와 음년생 여자의 대운 간지는 순행하고, 음년생 남자와 양년생 여자의 대운 간지는 역행한다.

연간이 양인 여자의 대운은 과거절이고 역행한다.

절기상 경칩이 지났으므로 을묘월이 되고, 일주가 경자이므로 계해년 을묘월 경자일이다.

실전문제

1 다음 중 대운에 대한 설명으로 틀린 것은?

① 대운은 사주의 연속으로 볼 수 있다.
② 대운은 월주를 기준으로 하여 진행된다.
③ 각각의 대운 간지는 10년 동안 운의 흐름을 좌우한다.
④ 음년생 여자의 대운은 순행한다.
⑤ 양년생 남자의 대운은 역행한다.

2 다음 중 대운에 대한 설명으로 맞는 것은?

① 연간이 양인 남자의 대운은 과거절로 역행한다.
② 연간이 양인 여자의 대운은 과거절로 역행한다.
③ 연간이 음인 남자의 대운은 미래절이고 역행한다.
④ 연간이 음인 여자의 대운은 미래절이고 역행한다.
⑤ 연간이 음인 남자의 대운은 미래절이고 순행한다.

3 다음 생년월일시의 사주로 옳은 것은?

1983년 3월 13일(양) 낮 12시 출생 남자

일진은 경자(庚子)일이고, 경칩과 청명 사이에 태어났다. 경칩은 양력 3월 6일 계사(癸巳)일 낮 12시 47분에 들어오고, 청명은 양력 4월 5일인 계해(癸亥)일 17시 44분에 들어온다.

① 시 일 월 연
   壬 庚 甲 癸
   午 子 寅 亥

② 시 일 월 연
   壬 庚 乙 癸
   午 子 卯 亥

③ 시 일 월 연
   壬 庚 丙 癸
   午 子 辰 亥

④ 시 일 월 연
   戊 癸 乙 癸
   午 巳 卯 亥

⑤ 시 일 월 연
   戊 癸 丙 癸
   午 亥 辰 亥

4 앞의 사주에서 대운수는?

① 1
② 2
③ 3
④ 9
⑤ 10

KEY POINT

음년생 남자이므로 과거절이다. 생일인 3월 13일부터 앞 절기까지 날짜수가 7인데 3으로 나누면 몫이 2이고 나머지가 1이다. 나머지 1을 제하고 몫 2를 대운수로 삼는다.

5 앞 사주의 대운으로 옳은 것은?

① 72 62 52 42 32 22 12 2
  丁 戊 己 庚 辛 壬 癸 甲
  未 申 酉 戌 亥 子 丑 寅

② 72 62 52 42 32 22 12 2
  戊 己 庚 辛 壬 癸 甲 乙
  申 酉 戌 亥 子 丑 寅 卯

③ 72 62 52 42 32 22 12 2
  癸 壬 辛 庚 己 戊 丁 丙
  亥 戌 酉 申 未 午 巳 辰

④ 72 62 52 42 32 22 12 2
  壬 辛 庚 己 戊 丁 丙 乙
  戌 酉 申 未 午 巳 辰 卯

⑤ 72 62 52 42 32 22 12 2
  丙 丁 戊 己 庚 辛 壬 癸
  辰 巳 午 未 申 酉 戌 亥

이 사주의 대운 간지는 월주를 기준으로 역행한다.

6 다음 사주에서 두 번째 대운은 무엇인가?

시 일 월 연
庚 壬 甲 丁 (坤)
戌 寅 辰 巳

① 을사(乙巳)　　④ 임인(壬寅)
② 정사(丁巳)　　⑤ 계묘(癸卯)
③ 병오(丙午)

음년생 여자이므로 월주를 기준으로 순행한다. 천간은 병(丙), 지지는 오(午)이므로 병오(丙午)가 두 번째 대운이다.

절기는 24절기이지만 사주명리학에서는 12절기만을 사용한다. 대운수를 정하는 기준의 절기 또한 12절기다.

7 다음 중 대운수를 구분하는 절기가 아닌 것은?

① 입춘
② 경칩
③ 하지
④ 백로
⑤ 대설

8 다음 중 대운수를 구하는 방법으로 잘못된 것은?

① 생년월일시의 연간으로 순행하는지 역행하는지를 알 수 있다.
② 양 천간은 갑병무경임(甲丙戊庚壬)이고, 음 천간은 을정기신계(乙丁己辛癸)이다.
③ 역행 또는 순행하여 처음 만나는 절기까지 날짜수를 계산한다.
④ 이때 생일을 반드시 계산에 포함시키고, 절기도 계산해야 한다.
⑤ 절기까지의 날짜수를 3으로 나누어 그 몫을 대운수로 취한다.

날짜를 셀 때 생일을 포함시키면 절기를 빼고, 생일을 포함시키지 않으면 절기를 포함시킨다.

9 다음 중에서 대운수에 대해 잘못 설명한 것은?

① 대운수의 최소 숫자는 1이므로 몫이 0일 때 대운수를 1로 한다.
② 대운수를 구할 때는 절기까지의 날짜수를 3으로 나눈다.
③ 대운수의 최대 숫자는 10이므로 몫이 10을 넘으면 대운수를 10으로 한다.
④ 나머지가 1이든 2이든 제하고, 몫을 대운수로 정한다.
⑤ 순행은 다음 절기까지 세는 것이고 역행은 앞 절기까지 세는 것이다.

나머지가 1이면 버리고, 2이면 반올림하여 몫에 1을 더한다.

여기 정답!

1) 5	2) 2	3) 2	4) 2	5) 1
6) 3	7) 3	8) 4	9) 4	

복권에 당첨되는 사주는 따로 있는가?

로또 복권이 등장하면서 일확천금을 꿈꾸는 사람들이 많아졌다. 그래서인지 필자에게 "제 사주팔자에 복권에 당첨될 운이 있나요?" 또는 "복권 당첨 숫자를 알 수 있나요?" 등의 문의가 끊이지 않고 들어온다. 심지어 복권에 당첨되면 당첨 금액의 반을 줄 테니 숫자를 알려달라는 사람도 있다.

첫 번째 질문은 어느 정도 답변할 수 있지만, 두 번째 질문은 대답하기가 쉽지 않다. 복권 당첨번호를 미리 알 수 있다면 필자가 직접 그 번호를 쓰지 왜 다른 사람에게 알려주겠는가. 이런 사실을 알 리 없는 일반인이 무속인에게 큰돈을 주고 복권 당첨 번호를 샀다가, 괜히 돈만 날리자 그 무속인을 고발한 사건도 있었다.

그렇다면 왜 당첨 번호를 알 수 없을까? 물론 주역점을 잘 활용하면 복권 당첨 번호 등 알고 싶은 특정 숫자를 산출할 수 있다. 그러나 신비스럽게도 주역점은 도박이나 복권 등 노력이 뒤따르지 않는 행위에는 효력을 발휘하지 않는다.

한편 복권에 당첨되는 사주팔자가 따로 있는지 알아보자. 옛 이론서를 따른다면 복권에 당첨되는 사주팔자가 분명히 있을 것이다. 그러나 그것은 어디까지나 이론일 뿐이다. 이제까지 1등에 당첨된 사람들의 사주를 모아서 통계를 내는 것이 가장 정확하겠지만, 아직은 의미 있는 통계를 낼 만큼 많은 사주팔자를 모으지 못하였다.

참고로 주택복권 당첨확률은 1등이 420만 : 1, 2등이 260만 : 1, 6등이 3 : 1이다. 교통사고를 당해 사망할 확률은 4천 : 1, 부상당할 확률은 100 : 1이다. 또한 1년 중 번개를 맞을 확률은 50만 : 1이다. 즉 주택복권에 당첨될 확률은 교통사고를 당하거나 번개를 맞을 확률보다 훨씬 낮다.

신비스럽게도 주역점은 도박이나 복권 등 노력이 뒤따르지 않는 행위에는 효력을 발휘하지 않는다.

대덕한마디

역술인의 올바른 자세

많은 사람들이 자신의 운명에 대해 알고 싶어한다. 어떤 사람은 역학 관련 자료를 찾아 공부하여 스스로 자신의 사주를 판단하지만, 일반적으로는 주위의 철학관이나 점집을 찾는다. 그런데 역학의 심오한 학문적 이치를 깨우친 대다수의 역술인들은 양심적으로 사주 상담을 하지만, 상담 실력을 신뢰할 수 없는 자격 미달의 역술인이 늘어나면서 그로 인한 폐해가 심각해지고 있어 문제이다. 일정 수준의 자격 있는 사람들만 역술인으로 활동할 수 있도록 국가에서 전문 교육기관을 두면 좋겠지만, 우선 사주 상담이 필요한 일반인들에게 도움이 되도록 현장에서 경험한 바를 토대로 사이비 역술인을 구별하는 방법 몇 가지를 소개한다.

첫째 ➔ 상담자의 사주를 제대로 보지 않고 조상 탓만 하는 역술인은 십중팔구 사이비 역술인이다. "조상이 가로막아서 되는 일이 하나도 없어……." "조상 중에 객사한 사람이 있어……" 이렇게 말하는 경우이다. 돌아가신 조상이 후손들의 일에 계속 훼방을 놓고 있다고 하니 상담자 입장에서는 이미 돌아가신 분을 만나 따져볼 수도 없고 답답하기 이를 데 없는 노릇이다. 조상 중에 객사한 사람이 있다는 말로 모든 것을 알아맞힌 양하지만, 사실 우리 나라에서 객사한 조상이 없는 집이 몇이나 되겠는가? 일제의 식민통치와 6.25라는 동족상잔의 가슴 아픈 전쟁을 겪었고 이승만, 박정희, 전두환, 노태우로 이어지는 독재정치 아래서 많은 사람들이 광주민주화운동 등에 참여하며 목숨을 잃었다.

역술인이나 무속인을 찾는 사람들 중 대다수가 답답한 현실에서 바늘구멍만 한 희망이라도 찾고 싶은 마음에 상담을 의뢰한다. 그런데 사이비 역술인들이 조상 탓을 하면서 터무니없이 비싼 부적이나 굿으로 조상이 편안하도록 액막이를 해야 한다고 부추긴다. 이런 사이비 역술인에게는 절대로 속지 말아야 한다.

둘째 ➔ "신기가 있어" "살이 끼었으니 안 풀어주면 큰일 나"라고 말하는 사람들 역시 사이비 역술인일 가능성이 크다. 눈치를 살피면서 삼재살을 들먹이고, 결국 상담자가 스스로 고민을 털어놓게 만든 뒤 어느 정도 신뢰하는 것 같으면 살을 풀어주어야 한다, 내림굿을 받아야 한다면서 거액의 부적이나 굿 값을 부르는 사람들이 여기에 해당한다. 사주명리학에는 200여 가지의 살이 있으며 모든 사람이 한두 가지 살을 가지고 태어난다. 따라서 살을 풀어야 한다는 말에는 절대로 현혹되면 안 된다.

셋째 ➔ 상담자에게 겁을 주는 사람은 사이비 역술인이 분명하다. "큰일났구먼! 당신 곧 죽겠어" "당신 아이들이 곧 가출할거야"라고 하면서 기도나 굿, 부적을 해야 한다고 협박하는 경우이다. 대학교 역학동아리 출신들이 영업하는 곳 중에는 사주를 바꾸어 개운을 한다면서 동판이나 은판에 이름과 사주를 새겨 수십 만원에 판매하는 사례까지 있다는데, 이곳을 찾는 사람들이 대개 젊은 청소년들이라는 데 더욱 큰 문제가 있다.

넷째 ➔ 특히 여성에게 "과부가 될 것이다", "당신은 여러 남자를 겪을 팔자야"라고 말하며 겁을 주는 사람도 사이비 역술인이기 쉽다. 역술인은 상담자에게 부정적인 말보다는 긍정적인 말을 해주어야 하며, 만약 정말 위험한 사고나 불행한 일이 예견되면 그것을 피해가거나 피해를 줄일 수 있는 방법과 주의사항을 알려주어야 한다.

그러나 자기의 인생은 스스로 개척해 나가는 것이다. 인생이란 누가 대신 살아줄 수 있는 것이 아니며, 굿이나 부적으로 운명이 달라질 수 있는 것도 아니다. 마음의 위안이나 심리적인 효과는 기대할 수 있을지 모르지만 지나친 과신은 금물이다.

자신의 사주를 어떻게 펼치느냐에 따라 삶이 희망일 수도 있고 불행일 수도 있다. 역학에 입문한 사람들이나 전문 상담가 모두 사람이 타고난 사주팔자를 읽어내어 장점을 올바르게 승화시킬 수 있도록 조언해야 한다. 이것은 역학자뿐만 아니라 타고난 자신의 삶을 제대로 펼치기 위해 상담자에게도 필요한 자세이다.

충(沖)은 충돌한다는 뜻으로, 서로 달려오면서 부딪치는 것을 의미한다.

충살(沖殺)이라고도 한다. 충을 나쁜 것으로 알고 있는 경우가 많다.

그러나 사주명리학에서 충은 장점과 단점을 함께 가지고 있으므로 반드시 나쁜 것만은 아니다.

합(合)은 합한다, 하나가 된다는 뜻이다. 일반 이론에서는 서로 화합하여 결속하므로

대부분 좋게 해석하지만, 합 또한 충과 같이 긍정적인 의미와 부정적인 의미를 다 가지고 있다.

삼재(三災)는 방합과 삼합을 활용한 신살로서, 대장군방(大將軍方)이나

삼살방(三殺方)과 더불어 사람들 사이에 널리 알려져 있다.

#05

충·합·신살

5 충·합·신살

신살 중에는 이론적인 근거가 부족하여 사용할 수 없거나, 사용할 수 있는 신살이라고 해도 기존의 학설을 그대로 적용하기 어려운 경우가 많다. 하나의 신살에는 좋은 내용과 나쁜 내용이 모두 존재한다. 따라서 좋은 내용은 자신의 장점으로 개발하고, 나쁜 내용은 조심하는 것이 신살을 올바르게 해석하는 것이다. 여기에서는 사주에 적용할 수 없는 신살은 과감하게 제외하고 사용하는 신살만을 다룬다.

1. 충

POINT

충
....

서로 충돌한다는 뜻으로, 천간에서 이루어지는 천간충과 지지에서 이루어지는 지지충이 있다. 사주명리학에서 충은 변화와 변동을 의미한다.

충(沖)은 충돌한다는 뜻으로, 서로 달려오면서 부딪치는 것을 의미한다. 충살(沖殺)이라고도 한다.

충을 나쁜 것으로 알고 있는 경우가 많다. 그러나 사주명리학에서 충은 장점과 단점을 함께 가지고 있으므로 반드시 나쁜 것만은 아니다. 사주 안에서 간지끼리 충하면 불리할 때가 많지만, 대운 간지와 사주의 간지가 충할 때에는 변화와 변동을 상징한다. 일반적으로 건강이나 부부 관계의 변화는 부정적으로 해석하지만, 이사·승진·합격·당선·개업 등의 변화는 긍정적으로 본다. 충에는 천간끼리의 충인 천간충과 지지끼리의 충인 지지충이 있다.

1 천간충

천간에서 이루어지는 충으로, 내가 극하는 오행 중에서 음양이 같은 것, 나를 극하는 오행 중에 음양이 같은 것과 각각 충을 이룬다.

예를 들어 갑목(甲木)은 자신을 극하는 금(金) 중에서 음양이 같은 경금(庚金), 그리고 자신이 극하는 토(土) 중에서 음양이 같은 무토(戊土)와 각각 충을 이룬다.

갑경충(甲庚沖)	갑무충(甲戊沖)
을신충(乙辛沖)	을기충(乙己沖)
병임충(丙壬沖)	병경충(丙庚沖)
정계충(丁癸沖)	정신충(丁辛沖)
무임충(戊壬沖)	기계충(己癸沖)

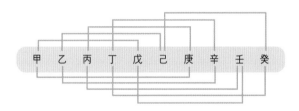

일반 이론에서는 천간충을 분열과 파괴로 해석한다. 특히 일간과 충하면서 사주에서 꺼리는 기신(忌神)이면 사고, 사망, 수술, 질병 등의 흉사가 따른다고 본다. 그러나 필자의 생각은 다르다. 천간충이 사주 내에서 작용할 때는 부정적인 면과 긍정적인 면이 함께 있기 때문이다. 충은 적당히 있으면 긍정적이고, 너무 많으면 부정적인 면이 강하다. 천간충에 대한 다양한 해석 방법은 다음 실전편에서 다루고자 한다.

2 지지충

지지에서 이루어지는 충으로, 각각의 지지는 자신으로부터 7번째 지지와 충하므로 칠충(七沖)이라고도 한다. 다음 그림과 같이 12개의 지지를 시계 방향으로 둥글게 늘어놓았을 때 서로 마주보는 지지끼리 충한다.

자오충(子午沖)	축미충(丑未沖)
인신충(寅申沖)	묘유충(卯酉沖)
진술충(辰戌沖)	사해충(巳亥沖)

지지충 또한 천간충과 마찬가지로 긍정적인 면과 부정적인 면을 모두 갖고 있고 다양한 해석이 가능하다. 이에 대해서는 실전편에서 자세하게 다루고자 한다.

2. 합

합(合)은 합한다, 하나가 된다는 뜻이다. 일반 이론에서는 서로 화합하여 결속하므로 대부분 좋게 해석하지만, 합 또한 충과 같이 긍정적인 의미와 부정적인 의미를 다 가지고 있다. 어느 유명한 사주명리학자는 지지의 삼합(三合)을 제외한 합은 현실적인 작용이 나타나지 않으므로 사주 판단시 응용하지 않는다고 하였지만, 이제까지 필자의 임상 경험에 의하면 반드시 작용이 나타나므로 합을 잘 알아두어야 한다.

1 천간합

천간에서 이루어지는 합으로, 천간 10개가 서로 짝을 짓는 것을 말한다. 충은 양과 양, 음과 음 등 같은 음양끼리 이루어지지만, 합은 양은 음, 음은 양 등 다른 음양끼리 만난다.

POINT

합

서로 화합한다는 뜻으로, 천간끼리의 합인 천간합과 지지끼리의 합인 지지합이 있다. 간지끼리 합을 이루면 본래 오행 기운과 다른 오행 기운에 가깝게 변한다.

① 갑기합화토(甲己合化土) : 갑목(甲木)과 기토(己土)가 만나 합하면 토(土)로 변한다.

② 을경합화금(乙庚合化金) : 을목(乙木)과 경금(庚金)이 만나 합하면 금(金)으로 변한다.

③ 병신합화수(丙辛合化水) : 병화(丙火)와 신금(辛金)이 만나 합하면 수(水)로 변한다.

④ 정임합화목(丁壬合化木) : 정화(丁火)와 임수(壬水)가 만나 합하면 목(木)으로 변한다.

⑤ 무계합화화(戊癸合化火) : 무토(戊土)와 계수(癸水)가 만나 합하면 화(火)로 변한다.

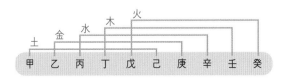

2 지지합

지지에서 이루어지는 합으로, 천간합처럼 음과 양이 만나 합을 이룬다. 지합(支合), 육합(六合), 지육합(支六合), 지지육합(地支六合)이라고도 한다.

① 자축합화토(子丑合化土) : 자수(子水)와 축토(丑土)가 만나 합하면 토(土)로 변한다.

② 인해합화목(寅亥合化木) : 인목(寅木)과 해수(亥水)가 만나 합하면 목(木)으로 변한다.

③ 묘술합화화(卯戌合化火) : 묘목(卯木)과 술토(戌土)가 만나 합하면 화(火)로 변한다.

④ 진유합화금(辰酉合化金) : 진토(辰土)와 유금(酉金)이 만나 합하면 금(金)으로 변한다.

⑤ 사신합화수(巳申合化水) : 사화(巳火)와 신금(申金)이 만나 합하면 수(水)로 변한다.

⑥ 오미합화화(午未合化火) : 오화(午火)와 미토(未土)가 만나 합하면 화(火)로 변한다.

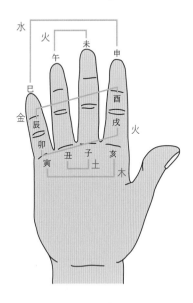

③ 지지삼합

지지 3개가 모여서 하나로 합하기 때문에 삼합(三合)이라고 한다. 삼합은 신살 중에서 도화살에 해당하는 자오묘유(子午卯酉)가 가운데에 있을 때 이루어진다. 삼합의 결과 하나의 큰 세력인 국(局)을 형성하게 된다.

　삼합을 이루는 지지 중에서 도화살을 포함한 지지가 2개 모여 있으면 반합(半合)이라고 한다. 예를 들어 인오술합(寅午戌合)에서 오(午)와 결합한 인오합(寅午合)과 오술합(午戌合)이 반합이다. 단 도화살이 없는 인술(寅戌)은 합이 안 된다. 반합은 삼합보다 작용이 약하다고 알려져 있지만 큰 차이는 없다.

① 인오술합화(寅午戌合火) : 인오술(寅午戌)은 합하여 화(火)로 변한다.

② 신자진합수(申子辰合水) : 신자진(申子辰)은 합하여 수(水)로 변한다.

③ 사유축합금(巳酉丑合金) : 사유축(巳酉丑)은 합하여 금(金)으로 변한다.

④ 해묘미합목(亥卯未合木) : 해묘미(亥卯未)는 합하여 목(木)으로 변한다.

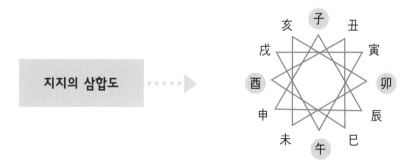

지지의 삼합도

지지삼합	반합	
인오술합(寅午戌合) 화(火)	인오합(寅午合) 화(火)	오술합(午戌合) 화(火)
신자진합(申子辰合) 수(水)	신자합(申子合) 수(水)	자진합(子辰合) 수(水)
사유축합(巳酉丑合) 금(金)	사유합(巳酉合) 금(金)	유축합(酉丑合) 금(金)
해묘미합(亥卯未合) 목(木)	해묘합(亥卯合) 목(木)	묘미합(卯未合) 목(木)

방합(方合)은 방위가 같은 지지가 모여서 이루는 합으로, 방위의 합이라고도 한다. 자축합(子丑合)의 경우에 는 축(丑)이 월지에 있으면 수(水)가 되고, 다른 곳에 있으면 토(土)가 된다. 지지방합에서 반합의 원리는 지지삼합의 경우와 같다.

① 인묘진합(寅卯辰合) 목(木) 동쪽 : 인묘진(寅卯辰)이 모여 있으면 동쪽이 된다.

② 신유술합(申酉戌合) 금(金) 서쪽 : 신유술(申酉戌)이 모여 있으면 서쪽이 된다.

③ 사오미합(巳午未合) 화(火) 남쪽 : 사오미(巳午未)가 모여 있으면 남쪽이 된다.

④ 해자축합(亥子丑合) 수(水) 북쪽 : 해자축(亥子丑)이 모여 있으면 북쪽이 된다.

지지방합	반합	
인묘진합(寅卯辰合) 목(木)	인묘합(寅卯合) 목(木)	묘진합(卯辰合) 목(木)
신유술합(申酉戌合) 금(金)	신유합(申酉合) 금(金)	유술합(酉戌合) 금(金)
사오미합(巳午未合) 화(火)	사오합(巳午合) 화(火)	오미합(午未合) 화(火)
해자축합(亥子丑合) 수(水)	해자합(亥子合) 수(水)	자축합(子丑合) 수(水)

좀더 자세히

합은 항상 좋은가?

합은 사주명리학 용어 중에서 일반인들에게 잘 알려져 있으며, 긍정적인 의미로 자주 쓰인다. 예를 들어 결혼을 앞둔 남녀 사이에 합이 들었다고 하면 궁합이 잘 맞아 좋다는 의미로 받아들인다.

그러나 합을 항상 좋은 의미로 해석하는 것은 아니다. 합이나 충은 긍정적인 면과 부정적인 면을 다 가지고 있으며, 상황에 따라 좋게 작용할 수도 있고 나쁘게 작용할 수도 있다.

예 1)

시	일	월	연
丁	己	丙	庚 (坤)
卯	丑	戌	子

위 사주는 여성의 사주이다. 지지에서 자축(子丑)이 합하여 토(土)가 되었고, 묘술(卯戌)이 합하여 화(火)가 되었다. 일반 이론을 따른다면 부인의 사주에 합이 있으므로 애교가 많고 정이 많아 부부의 금슬이 좋아야 한다. 그러나 남편에 해당하는 시지 묘(卯)가 월지 술(戌)과 합을 이루어 없어져버렸다. 실제로 이 여성은 결혼한 지 얼마 되지 않아 이혼하였다.

예 2)

시	일	월	연
辛	壬	丁	辛 (坤)
丑	寅	酉	亥

역시 여성의 사주로, 지지에서 남편에 해당하는 시지 축토(丑土)가 유금(酉金)과 합을 이루고, 또 인해(寅亥)가 합을 이루었다. 축토가 합을 이루면서 없어져 남편 역할을 제대로 하지 못했다. 이 여성은 결혼한 지 7년만에 이혼하였다. 이 사주 역시 합이 무조건 좋은 것은 아님을 보여준다. 합은 상황에 따라 좋을 수도 있고 나쁠 수도 있다는 것을 잘 알아야 한다.

3. 삼재

삼재(三災)는 방합과 삼합을 활용한 신살로서, 대장군방(大將軍方)이나 삼살방(三殺方)과 더불어 사람들 사이에 널리 알려져 있다.

예로부터 삼재에 해당하는 해에는 삼재팔난(三災八亂) 즉 3가지 재앙과 8가지 어려움이 있다고 하여 점집, 철학관, 절 등에서는 삼재풀이 부적을 권하기도 한다. 그러나 삼재, 대장군방, 삼살방 등은 과거 농경사회에서 지배층이 사회적인 안정을 추구하기 위해 사람들의 이동을 통제하는 수단으로 활용했을 가능성이 크다.

1 삼재의 원리

삼재에서 태어난 해는 지지삼합과 관련이 있고, 삼재가 들어오는 해는 지지방합과 관련이 있다. 예를 들어 신자진(申子辰)년생은 삼재가 인(寅)년에 들어와서 진(辰)년에 나가고, 해묘미(亥卯未)년생은 사(巳)년에 들어와서 미(未)년에 나간다. 인오술(寅午戌)년생은 신(申)년에 들어와서 술(戌)년에 나가고, 사유축(巳酉丑)년생은 해(亥)년에 들어와서 축(丑)년에 나간다.

삼합 지지(띠)	삼재인 해
신자진(申子辰)	인묘진(寅卯辰)
해묘미(亥卯未)	사오미(巳午未)
인오술(寅午戌)	신유술(申酉戌)
사유축(巳酉丑)	해자축(亥子丑)

2 삼재의 종류

삼재는 재앙의 내용에 따라 크게 다음 3가지로 구분할 수 있다.

삼재

신살의 하나로서 태어난 해로 판단한다. 3년 동안 지속되며 시작하는 해를 들삼재, 중간을 묵은삼재, 마지막 해를 날삼재라고 한다.

① 천지인삼재

천재(天災) : 하늘로부터 받는 재앙. 눈, 비, 가뭄, 번개, 우박 등.

지재(地災) : 땅으로부터 받는 재앙. 지진, 화산, 바람 등.

인재(人災) : 사람에게서 받는 재앙. 교통사고, 상해, 이혼, 질병, 명예훼손 등.

② 평복악삼재 : 다음 3가지 경우는 삼재의 작용이 없다.

복삼재(福三災) : 삼재인 해가 사주에서 용신이나 희신에 해당하는 경우로 복이 들어온다.

평삼재(平三災) : 삼재인 해가 사주에서 한신에 해당하는 경우로 평범한 운이 들어온다.

악삼재(惡三災) : 삼재인 해가 사주에서 기신이나 구신에 해당하는 경우로 나쁜 운이 들어온다.

③ 들묵날삼재

들삼재 : 삼재 3년 중에서 시작하는 해.

묵은삼재(묵삼재) : 삼재 3년 중에서 2년째 해.

날삼재 : 삼재 3년 중에서 마지막 해.

③ 삼재의 기간

① 인신사해(寅申巳亥)년에 태어난 사람은 삼재가 3년 동안 지속된다.

② 자오묘유(子午卯酉)년에 태어난 사람은 묵은삼재, 날삼재만 있다.

③ 진술축미(辰戌丑未)년에 태어난 사람은 날삼재만 있다.

한편 인신사해(寅申巳亥)년생과 자오묘유(子午卯酉)년생은 자신의 띠 해에는 삼재가 들어오지 않지만, 진술축미(辰戌丑未)년생은 자신의 띠 해에 삼재가 들어온다. 그러므로 환갑 때 삼재가 들어오는 진술축미년생은 환갑잔치를 하지 않고 여행을 가거나 칠순잔치로 넘기기도 한다.

손 없는 날

많은 사람들이 손 없는 날을 골라서 이사나 결혼 등을 한다. 이때는 이사 전문업체나 결혼식장에 조금만 늦게 예약해도 원하는 날짜를 잡을 수 없을 정도로 사람들이 몰린다. 과연 손 없는 날은 어떤 의미가 있을까?

'손'이란 말은 손님에서 유래하였다. 먹을 것이 부족했던 옛날 사람들에게 손님을 대접하는 일은 부담이 될 수밖에 없었고, 손은 '두렵다'는 뜻으로 쓰여 멀리하고 싶은 대상을 의미하게 되었다. 비슷한 예로 천연두를 손님 또는 마마라고 부른 것도 손님을 부정적으로 본 예이다.

원래 우리 나라 민속신앙에서 손은 날짜에 따라 동서남북으로 사람들이 가는 방향을 따라 다니며 심술을 부리는 귀신들을 말한다. 이들은 평소에는 땅에 내려와 있다가 손 없는 날, 즉 음력 9일과 10일, 19일과 20일, 29일과 30일에는 하늘로 올라간다고 여겨졌다. 그래서 손이 없는 날이 이사나 결혼 등을 하기에 좋은 날로 자리잡게 되었다.

방위	손이 있는 날(음력)	손이 없는 날(음력)
동	1일, 2일, 11일, 12일, 21일, 22일	
서	3일, 4일, 13일, 14일, 23일, 24일	9일, 10일, 19일
남	5일, 6일, 15일, 16일, 25일, 26일	20일, 29일, 30일
북	7일, 8일, 17일, 18일, 27일, 28일	

4. 형

1 형의 작용

형(刑)은 형살(刑殺)이라고도 하며 충의 작용과 비슷하다. 일반 이론에서는 형이 있으면 충과 마찬가지로 사건 · 사고 · 질병 · 소송 · 형액(刑厄) 등의 어려움이 있다고 보는데, 필자는 이에 대해 타당성이 없다고 본다. 형도 충처럼 긍정적인 의미와 부정적인 의미를 다 가지고 있기 때문이다. 또한 일반 이론에서는 형이 있으면 변호사 ·

검사·의사·약사가 된다고 했지만 형만 있다고 되는 것은 아니고, 여기에 격국(格局)이 완벽하게 구비되어야 한다.

② 형의 종류

형에는 인사신(寅巳申)·축술미(丑戌未) 등의 삼형(三刑)과 자묘(子卯)인 상형(相刑), 진진(辰辰)·오오(午午)·유유(酉酉)·해해(亥亥) 등의 자형(自刑)이 있다. 인사신 삼형과 축술미 삼형에서 지지가 각각 2개만 있으면 육형(六刑)이라고 한다. 자형은 같은 것이 나란히 있어서 스스로를 형한다고 풀이한다.

> ① 삼형 : 인사신(寅巳申), 축술미(丑戌未).
>
> ② 상형 : 자묘(子卯).
>
> ③ 자형 : 진진(辰辰), 오오(午午), 유유(酉酉), 해해(亥亥).

일반 이론에서 인사신은 지세지형(持勢之刑)으로서 지나치게 자기중심적인 성격으로 인해 형액을 만난다고 하지만 큰 의미가 없다. 축술미는 무은지형(無恩之刑)으로서 은혜를 모르는 사람으로 은혜를 원수로 갚는다고 하지만 이 또한 의미가 없다. 자묘는 무례지형(無禮之刑)으로서 사주에 이것이 있으면 성품이 포악하다고 하지만 이 역시 의미가 없다.

5. 괴강살·양인살·백호대살

괴강살(魁罡殺)은 태어날 때 하늘의 괴강이라는 별이 비쳐서 붙여진 이름이라고 하며, 모든 사람을 제압하는 강력한 살이다. 양인살(羊刃殺)은 이름이 고집 세기로 유명한 염소와 칼을 뜻하며, 강렬함·난폭함·성급함을 의미한다. 백호대살(白虎大殺)은 호랑이가 의미하듯 피를 보는 살로서 사람들에게 가장 널리 알려져 있다. 이 3가지 살은 작용력이 비슷하기 때문에 함께 설명한다.

1 살의 종류

① 괴강살 : 무진(戊辰), 무술(戊戌), 경진(庚辰), 경술(庚戌), 임진(壬辰), 임술(壬戌).

② 양인살 : 병오(丙午), 무오(戊午), 임자(壬子).

③ 백호대살 : 갑진(甲辰), 을미(乙未), 병술(丙戌), 정축(丁丑), 무진(戊辰), 임술(壬戌), 계축(癸丑).

예)

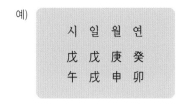

시	일	월	연
戊	戊	庚	癸
午	戌	申	卯

위 사주는 일주가 무술(戊戌)로서 괴강이고, 시주가 무오(戊午)로서 양인이다.

2 살의 작용

① 살이 많으면 많을수록 강하게 작용한다.

② 일주에 있을 때 가장 강하고, 월주에 있을 때 그 다음으로 강하며, 연주와 시주에 있을 때 가장 약하다.

③ 일주에 1개만 있는 것보다는 일주와 월주에 각각 1개씩 2개 있는 것이 작용이 더 크다.

3 살의 특징

① 고집이 세고 남에게 지배당하기 싫어한다.

② 남이 자신을 믿고 인정해주는 것을 좋아한다.

③ 추진력이 있고 배짱이 있다.

④ 독립적이고 자유로운 직업을 선택하면 좋다.

⑤ 명예지향적인 성격이다.

⑥ 다른 사람에 비해서 어릴 때 사건 사고가 많아 다치거나, 작은 수술을 하는 경우가 많다.

예1)

시 일 월 연
戊 戊 丁 己 (乾)
午 辰 丑 丑

위 사주는 월주가 정축(丁丑)으로 백호대살, 일주가 무진(戊辰)으로 괴강살, 시주가 무오(戊午)로서 양인살이다. 사주 안에 괴강살, 양인살, 백호대살이 강하게 자리잡고 있다. 학창시절 학교에서 우두머리로 군림하였고, 현재는 독립하여 사업을 하고 있는 사람의 사주이다.

예2)

시 일 월 연
庚 庚 庚 乙 (坤)
辰 戌 辰 未

위 사주는 모든 연월일시 간지에 백호대살과 괴강살이 자리잡고 있다. 따라서 여성이지만 독립적인 사업가로서 명성을 드높일 수 있다. 현재 입시학원의 원장으로서 큰 재단을 소유하고 있다.

좀더 자세히

괴강살, 양인살, 백호대살은 정말 흉한 살인가?

일반 이론에서는 이 살들이 연주에 있으면 조부모가 피를 흘리고 죽고, 월주에 있으면 부모 형제가 피를 흘리고 죽고, 일주에 있으면 배우자가 피를 흘리고 죽고, 시주에 있으면 자식이 피를 흘리고 죽는다고 설명한다. 그러나 필자가 보기에는 전혀 타당성이 없는 설명이다.

생각해보자. 육십갑자 중에서 괴강에 해당하는 간지가 6개이고, 양인살이 3개, 백호대살이 7개이므로 모두 합쳐 16개이다. 연주에 이 살들 중에서 하나라도 있을 확률은 60분의 16, 즉 15분의 4에 해당하므로 약 4명 중에 1명은 조부모가 피를 흘리고 죽는 사주이다. 월주나 일주, 시주에 있을 때도 마찬가지 계산이 나온다. 4명 중에 1명은 부모 형제나 배우자, 또는 자녀가 피를 흘리고 죽을 사주이다. 현실적으로 볼 때 전혀 타당성이 없는 주장임을 잘 알 수 있다.

일반 이론대로라면 경진년 · 을미년 · 병오년 등 괴강살, 백호대살, 양인살인 해에 태어난 사람은 조부모가 피를 흘리고 죽는다. 다시 말해 괴강살, 양인살, 백호대살이 있는 손자를 둔 할머니 할아버지들은 손자가 태어나면서 자신의 생명이 죽어가는 셈이다. 따라서 손자가 태어난 것을 기뻐해야 할 것이 아니

6. 역마살

역마살(驛馬殺) 또한 신살의 한 종류로서, 사주에 역마살이 있으면 항상 활동적이고 분주하게 돌아다닌다고 해석한다. 일반 이론에 의하면, 역마살은 십이신살 중의 하나로서 일지나 연지가 삼합을 이루는 글자일 때 그 삼합의 첫 글자를 충하는 것이다. 즉 인오술(寅午戌), 신자진(申子辰), 사유축(巳酉丑), 해묘미(亥卯未) 삼합에서 첫 글자와 충하는 글자를 역마살로 본다.

그러나 필자의 의견은 다르다. 필자는 삼합과 충의 원리와는 상관없이 인신사해(寅申巳亥) 네 글자가 각각 역마살로 작용한다고 본다.

POINT

역마살

사주에서 인신사해(寅申巳亥)에 해당하는 살로 외교관이나 무역업, 관광업 등의 활동적이고 활동 범위가 넓은 직업을 선택하면 좋다.

1 역마살의 종류

인(寅) · 신(申) · 사(巳) · 해(亥)

2 역마살의 작용

① 사주에 역마살이 많을수록 그 작용이 크다.

② 일지에 있을 때 가장 강하고, 월지가 그 다음으로 강하고, 연지와 시지에 있는 역마가 가장 약하다.

③ 일지에 1개만 있는 것보다는 일지와 월지에 각각 1개씩 2개 있을 때 작용이 더 크다.

④ 같은 역마살이 여러 개 있거나 서로 다른 역마살이 섞여 있을 때 동일한 작용이 있다.

③ 역마살의 특징

① 활동적이고 움직임이 크다.

② 앉아서 일하는 직업보다 활동적인 직업을 선택하면 좋다.

③ 비행사, 스튜어디스, 무역업, 외교관, 관광안내, 통역, 군인, 경찰, 영업 계통의 직업을 선택하면
좋다.

예1)

시	일	월	연
癸	癸	辛	乙 (乾)
丑	亥	巳	巳

이 사주는 연지, 월지, 일지에 사사해(巳巳亥)의 역마살이 있다. 영국 옥스퍼드 대학
에서 경영학 박사학위를 받아 온 사람의 사주이다.

예2)

시	일	월	연
癸	戊	庚	辛 (坤)
亥	寅	寅	亥

이 사주는 연월일시 지지가 해인인해(亥寅寅亥)로 역마살이 강한 사주이다. 어릴 적
부터 고향을 떠나 현재 지방의 라이브카페에서 가수로 활동하고 있다.

예3)

시	일	월	연
戊	庚	辛	丁 (乾)
寅	申	亥	巳

이 사주는 인신사해(寅申巳亥) 역마살을 모두 가지고 있다. 젊었을 때 일제 조선총독
부 시절에는 일본군 장교로 만주에서 근무하고, 해방 후에는 군인으로서 전국을 돌

아다녔으며, 대통령이 되어서는 해외를 왕래하는 등 역마살의 운이 크게 작용한 박정희 전 대통령의 사주이다.

역마살은 일반인들에게도 잘 알려진 살이지만, 때때로 일부 사이비 역술인이나 사이비 무속인은 역마살을 들먹이면서 상담자들을 겁주고 협박하기도 한다. "당신 아들은 역마살이 있으니 18살에 가출할거야!" "당신 남편은 역마살이 있어서 직업이 안정적이지 않아!" 등등의 말로 상담자를 불안하게 만들어서 부적을 쓰거나 굿을 하게 만드는 것이다.

또한 앞의 괴강살·양인살·백호대살에서와 마찬가지로 역마살이 연지에 있으면 조부모가 객사하고, 월지에 있으면 부모 형제가 객사하고, 일지에 있으면 배우자가 객사하고, 시지에 있으면 자식이 객사한다는 내용도 자주 이용하는 말이다.

그러나 이미 살펴본 것처럼 역마살은 활동범위가 크고 움직임이 많은 것을 의미할 뿐, 나쁜 일을 당하는 살이 아니다. 역마살이 많다고 해도 그 작용이 보다 강해질 뿐이다.

7. 도화살

도화살

사주에서 자오묘유(子午卯酉)에 해당하는 살로 연예인, 예술가, 방송인 등 끼와 인기가 필요한 직업을 선택하면 좋다.

일반 이론에서는 도화살(桃花殺)이 있으면 미색을 탐하고 성욕이 과하여 이성문제가 생기고, 음주나 가무에 빠지기 쉬우며, 음란하고 인륜을 거스르는 행동으로 패가망신하게 된다고 설명한다. 도화살은 십이신살 중에서 연살(年殺)에 해당하며, 목욕살(沐浴殺) 또는 함지살(咸池殺)이라고도 한다. 도화살이 연지나 월지에 있으면 장내도화(牆內桃花, 담장 안에 있다는 뜻)라고 하고, 일지나 시지에 있으면 장외도화(牆外桃花, 담장 밖에 있다는 뜻)라고 한다.

　일반 이론에서 도화살이 되는 경우는 다음과 같다. 연지나 일지가 인오술(寅午戌)일 때 묘(卯), 신자진(申子辰)일 때 유(酉), 사유축(巳酉丑)일 때 오(午), 해묘미(亥卯未)일 때 자(子)가 도화살이다.

　그러나 필자는 일반 이론과 달리 자오묘유(子午卯酉) 네 글자를 도화살로 본다. 도화살 역시 역마살처럼 네 글자 모두가 각각 도화살로 작용한다.

1 도화살의 종류

자(子) · 오(午) · 묘(卯) · 유(酉)

2 도화살의 작용

① 사주에 도화살이 많을수록 그 작용이 크다.

② 일지에 있을 때 가장 강하고, 월지에 있을 때 그 다음으로 강하고, 연지와 시지에 있는 도화살이 가장 약하다.

③ 일지에 1개만 있는 것보다는 일지와 월지에 각각 1개씩 2개 있을 때 더 작용이 크다.

④ 같은 도화살이 여러 개 있거나 서로 다른 도화살이 섞여 있을 때 동일한 작용이 있다.

3 도화살의 특징

① 사람들에게 인기가 많다.

② 끼가 있어서 연예계, 예술계, 방송계에 적성이 있다.

③ 탤런트, 영화배우, 연극배우, 가수, 성악가, 화가, 무용가, 아나운서, MC 등의 직업이 좋다.

예1)

시	일	월	연
壬	丁	癸	壬 (乾)
寅	酉	卯	子

이 사주는 연지, 월지, 일지가 자묘유(子卯酉)로 도화살이 3개 있어서 그 작용이 강하다. 영화배우 장동건의 사주로 자신의 사주를 십분 발휘했다고 할 수 있다.

예2)

시	일	월	연
丙	己	庚	甲 (乾)
寅	酉	午	午

이 사주는 연지, 월지, 일지에 오오유(午午酉)가 있어서 도화살이 강하다. 개그맨 이홍렬의 사주로, 사주의 장점을 최대한 발휘한 경우이다.

예3)

시	일	월	연
庚	己	庚	甲 (乾)
午	酉	午	午

이 사주는 연지, 월지, 일지, 시지 모두에 도화살 오오유오(午午酉午)가 자리잡고 있다. 도화살이 넘치는 형상으로서, 현재 도화살의 끼를 발휘하여 미용사로 성공을 거두고 있다.

예4)

시	일	월	연
丙	丁	庚	辛 (乾)
午	酉	子	卯

필자가 대학 때 아르바이트로 술집 웨이터를 하면서 알게 된 사람의 사주이다. 지지에 자오묘유(子午卯酉) 네 글자가 모두 있어서 도화살이 매우 강하다. 소위 제비족이었는데, 그림에도 소질이 있어서 즉석에서 술집 아가씨나 웨이터들의 그림을 그려주곤 하였다. 자신의 예술적 끼를 발휘할 수 있는 화가가 되었다면 좋았을 사주이다.

예5)

시	일	월	연
戊	戊	癸	丁 (乾)
午	子	卯	酉

현재 대학에서 그림을 가르치고 있는 유명 화가의 사주이다. 앞서 본 사주와 똑같이 도화살인 자오묘유(子午卯酉)가 모두 있는 것이 특징이다.

8. 명예살

명예살(名譽殺)은 필자가 직접 만든 단어이다. 일반적으로는 고집살, 화개살(華蓋殺)이라고 한다. 혼자 있는 것을 좋아하고, 여성의 경우에는 과부나 기생, 스님이 된다고 하는 흉살의 하나이다.

1 명예살의 종류

진(辰) · 술(戌) · 축(丑) · 미(未)

2 명예살의 작용

① 사주에 명예살이 많을수록 그 작용이 크다.

② 일지에 있을 때 가장 강하고, 월지에 있을 때 그 다음으로 강하고, 연지와 시지에 있는 명예살이 가장 약하다.

③ 일지에 1개만 있는 것보다 일지와 월지에 각각 1개씩 2개가 있을 때 작용이 더 크다.

④ 같은 명예살이 여러 개 있거나 서로 다른 명예살이 섞여 있을 때 동일한 작용이 있다.

3 명예살의 특징

① 고집이 세고 지배당하는 것을 싫어한다.

② 자신을 신임하고 인정해주면 2배로 능력을 발휘한다.

③ 독립적이고 자유로운 직업이 좋다.

예1)

시	일	월	연
己	癸	乙	癸 (乾)
未	未	丑	未

명예살

지지에 진술축미(辰戌丑未)에 해당하는 살로 정치가, 교수, 공무원 등 신임을 얻고 인정받는 직업이 적성에 맞는다. 일반적으로는 화개살이라고 한다.

지지의 연월일시가 미축미미(未丑未未)로서 4개 모두 명예살이고, 음으로만 이루어져 있다. 군인으로서 장성을 지낸 사람의 사주이다. 군인인데 사주가 양으로만 이루어져 있으면 도중에 포기할 수도 있다.

예2)

시	일	월	연
辛	丁	乙	辛 (坤)
丑	未	未	丑

지지가 축미미축(丑未未丑)으로 명예살로만 이루어져 있다. 독립적이고 자유로운 것을 좋아하는 건축설계사로서 본인의 설계사무소를 운영하고 있다.

좀더 자세히

화개살과 명예살

일반 이론에서는 화개살이라고 하지만, 필자는 명예살이라고 부른다. 또 명예살이라고 하는 것이 정확한 표현이라고 본다. 화개살을 꽃방석살이라고도 하는데, 종교심이 있다는 의미다. 그렇다면 일반 이론에서는 왜 화개살이라고 하고, 화개살이 있는 여성은 불리하다고 해석하는가?

화개살이 있는 사람은 다른 사람이 자신을 신임하고 인정해주는 것을 좋아하고, 다른 사람에게 지배당하거나 간섭받는 것을 싫어한다. 과거 봉건시대, 남녀 불평등 시대에 화개살을 타고난 여성들은 남성 위주의 사회에 자신의 불만을 그대로 표출하며 사회의 불합리에 저항했는데, 노력해도 아무런 변화가 없다는 사실에 크게 좌절하였다. 그래서 사회에서 도망쳐 산으로 들어갔고, 당연히 이들 중에는 비구니가 된 사람이 많았을 것이다. 그래서 화개살이 있으면 스님이 된다는 말이 생겼다.

덧붙여 남성의 입장에서 볼 때 자신들에게 대항하는 화개살 여성들이 피곤하고 힘들게 느껴졌을 것이다. 그 결과 화개살 여성들을 좋지 않은 시선으로 보게 되었고, 자연스럽게 화개살을 나쁜 살로 여기게 된 것이다.

9. 천문성

천문성(天門星)은 하늘의 문이 열려 있다는 뜻으로, 사주에 천문성이 있는 사람은 하늘의 뜻을 다른 사람에 비해 잘 판단한다고 풀이한다. 쉽게 말해 사람의 특성, 즉 건강이나 적성, 개성 등을 다른 사람에 비해 잘 분석하고 읽어내는 재주가 있다.

1 천문성의 종류

① 1순위 : 묘(卯) · 술(戌) · 해(亥) · 미(未)

② 2순위 : 인(寅) · 유(酉)

2 천문성의 작용

① 사주에 많을수록 작용이 크다.

② 일지에 1개만 있는 것보다 일지와 월지에 각각 1개씩 2개가 있을 때 작용이 더 크다.

③ 같은 천문성이 여러 개 있거나 다른 천문성이 섞여 있는 경우 모두 동일하게 작용한다.

③ 2순위인 인(寅) · 유(酉)는 2개가 1순위 1개와 동일한 작용을 한다. 단, 월일시 모두에 1순위 천

문성이 있으면서 연지에 2순위 천문성이 있으면 1순위와 같이 1개로 본다.

3 천문성의 특징

① 사람의 생명을 다루는 직업을 선택하면 좋다.

② 의사, 한의사, 간호사, 약사, 변호사, 검사, 판사, 역학자 등의 직업이 적성에 맞는다.

예1)

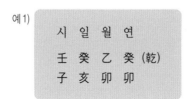

```
시  일  월  연

壬  癸  乙  癸 (乾)

子  亥  卯  卯
```

이 사주는 연지, 월지, 일지에 묘묘해(卯卯亥) 천문성을 가지고 있다. 사법시험에 합

격하고 현재 열린우리당 국회의원으로 있는 송영길 의원의 사주이다.

예2)

시	일	월	연	
癸	乙	丙	庚	(乾)
未	卯	戌	午	

이 사주는 월지, 일지, 시지에 술묘미(戌卯未) 천문성을 가지고 있다. 전직 검사로서 검사장을 역임한 사람의 사주이다.

예3)

시	일	월	연	
壬	戊	己	乙	(乾)
戌	戌	卯	酉	

이 사주는 월지, 일지, 시지에 묘술술(卯戌戌) 천문성 1순위가 있고, 연지에 천문성 2순위인 유(酉)가 있는 등 출생 연월일시에 모두 천문성이 있다. 현재 정형외과 의사의 사주이다.

돌발퀴즈

Q 역학자의 사주에는 어떤 신살이 있는가?

A 직업 적성에서 역학자의 길을 걷게 되는 사람들의 사주를 보면 묘술해미(卯戌亥未) 등 천문성이 있는 경우가 많다. 특히 대가로 알려진 사람들은 천문성이 강하게 자리잡고 있다. 단, 천문성이 있어야만 역학자로 성공하는 것은 아니다. 직업 적성이 사업인 사람도 역학자로 성공할 수 있다.

10. 현침살

현침살(顯針殺)은 바늘이 나타난 살이라는 뜻으로, 뾰족한 글자를 말한다. 일반 이론에서는 묘(卯)를 현침살로 보는데 필자의 의견으로는 타당성이 약하다. 묘(卯)는 천문성으로 보고 현침살에서는 사용하지 않는 것이 좋다.

1 현침살의 종류

갑(甲) · 신(辛) · 오(午) · 미(未) · 신(申)

2 현침살의 작용

① 동일한 살이든 서로 다른 살이든 상관없이 사주에 많을수록 작용이 크다.

② 3개 이상 있으면 작용이 큰 것으로 본다.

③ 동일한 현침살이 여러 개 있거나 서로 다른 현침살이 여러 개 섞여 있거나 작용이 동일하다.

3 현침살의 특징

① 뾰족한 것을 가지고 하는 직업이 좋다.

② 의사, 한의사, 간호사, 문인, 기자, 침술사, 자동차정비사, 영양사, 정육점 등의 의료직이나 기술직을 선택하면 좋다.

11. 귀문관살

일반 이론에서는 귀문관살(鬼門關殺)이 있으면 잡귀가 씌어 정신병 등의 질병을 앓기 쉽다고 설명하지만, 필자는 다르게 해석한다. 모든 살에는 긍정적인 의미와 부정적인 의미가 함께 존재하기 때문이다.

1 귀문관살의 종류

진해(辰亥) · 자유(子酉) · 미인(未寅) · 사술(巳戌) · 오축(午丑) · 묘신(卯申)

귀문관살을 쉽게 외우는 방법이 있다. 다음을 따라서 읽어보자. '진해의 자유미인

 OINT

귀문관살

일반 이론에서는 잡귀가 씌여 질병을 앓기 쉽다고 보아 꺼리지만, 감수성이 예민하고 끼가 많은 긍정적인 면도 있다.

이 뱀술(사술)을 먹고 오죽하면 묘신하랴!' 몇 번만 따라해보면 쉽게 외울 수 있을 것이다.

2 귀문관살의 작용

① 귀문관살을 이루는 두 글자가 사주 안에 함께 있어야만 작용이 있다.

② 글자끼리 붙어 있는 것이 서로 떨어져 있을 때보다 작용이 크다.

3 귀문관살의 특징

① 신경이 예민하고 감각이 빠르다

② 감수성이 발달되어 있고 끼가 있다.

③ 배짱이나 추진력, 결단력이 다른 사람에 비해 약하므로 되도록 사업은 하지 않는 것이 좋다.

④ 문학가, 예술가, 상담가, 사회복지사 등의 직업이 좋다.

예1)
시	일	월	연	
乙	乙	戊	壬	(坤)
酉	酉	申	子	

이 사주의 주인공은 필자의 제자로서 중앙일보에 시나리오 작가로 등단하였다. 도화살이 3개 이상이면 격(格)을 이루는데, 이 사주는 유유자(酉酉子)의 귀문관살이 있어서 문학가로 대성할 수 있는 사주이다. 예2)의 사주와 매우 비슷하여 자연스럽게 친구가 되었다.

예2)
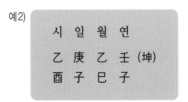
시	일	월	연	
乙	庚	乙	壬	(坤)
酉	子	巳	子	

이 사주의 주인공 역시 필자의 제자이다. 플루트을 연주하는 음악가로서 시나리오 공부를 하고 있는데, 무용이나 작곡을 전공했더라면 더욱 좋았을 것 같다는 생각에 아쉬움이 많다. 이 사주 또한 도화살이 3개 이상으로 격을 이루고 있으며, 유자자(酉子子) 귀문관살이 있어서 음악가나 무용가로 대성할 수 있는 사주이다.

예3)

시	일	월	연
戊	辛	甲	己 (乾)
戌	巳	戌	亥

이 사주는 필자와 친분이 두터운 이수동 화가의 사주이다. 술사술(戌巳戌)의 귀문관살이 있어서 화가로 대성할 수 있는 사주이다.

EXERCISE

하나의 천간과 하나의 천간이 합할 때 합의 작용이 강하다.

각각의 지지가 자신으로부터 7번째 지지와 충하는 것이 지지충이다.

천간합은 사주의 구성에 따라서 좋은 작용을 할 수도 있고 나쁜 작용을 할 수도 있다.

천간충이 멀리 있을 때 약하긴 하지만 충의 작용은 한다.

실전문제

1 다음 중 합에 대한 설명으로 틀린 것은?
① 천간합에서 각각의 천간은 자신으로부터 여섯 번째 천간과 합한다.
② 천간합은 여러 개가 하나를 합하는 것이 작용력이 강하다.
③ 천간합은 서로 극하는 것 중에서 합한다.
④ 천간합은 가까이 있을수록 작용력이 강하다.
⑤ 천간합이 무조건 좋은 것은 아니다.

2 다음 중 충에 대한 설명으로 틀린 것은?
① 갑경충(甲庚沖)과 병경충(丙庚沖)은 천간충에 해당한다.
② 사해충(巳亥沖)과 자오충(子午沖)은 수(水)가 화(火)를 극하는 충이다.
③ 천간충은 천간끼리 충하고, 지지충은 지지끼리 충한다.
④ 천간충은 나를 극하는 천간과 내가 극하는 천간 중에서 음은 음, 양은 양 천간과 충하는 것이다.
⑤ 지지충은 나를 극하는 오행과 내가 극하는 지지 중에서 음은 음, 양은 양 지지와 충하는 것이다.

3 다음 중 천간합에 대한 설명으로 올바른 것은?
① 천간합은 화합의 의미가 있고 좋은 작용을 한다.
② 천간합은 사주에 따라 좋을 수도 있고 나쁠 수도 있다.
③ 천간합은 충 또는 다른 합이 있어도 강하게 작용한다.
④ 천간합은 상생의 관계로 이루어져 있다.
⑤ 천간합은 지지합보다 작용력이 약하다.

4 다음 중 천간충에 대한 설명으로 틀린 것은?
① 천간충은 합과는 반대의 개념이다.
② 천간충은 합이 옆에 있을 때 그 영향을 받는다.
③ 천간충은 가까이에 있는 것이 작용력이 강하다.
④ 천간충은 항상 양은 양, 음은 음과 충한다.
⑤ 천간충은 멀리 있으면 작용력이 없다.

5 다음 중 지지충에 대한 설명으로 틀린 것은?

① 지지의 음토(陰土)는 자신을 극하는 지지 목(木)과 충한다.
② 지지의 양토(陽土)는 지지의 또 다른 양토와 충한다.
③ 지지의 수(水)는 화(火)와 충한다.
④ 지지의 목(木)은 금(金)과 충한다.
⑤ 천간충과 마찬가지로 양은 양, 음은 음과 충한다.

지지의 음토인 축(丑)과 미(未)가 서로 충한다.

6 다음 천간합에서 갑기합(甲己合)이 가장 잘 되는 것은?

① 시 일 월 연
　丙 辛 己 甲
　○ ○ ○ ○

② 시 일 월 연
　己 甲 己 甲
　○ ○ ○ ○

③ 시 일 월 연
　己 甲 己 丙
　○ ○ ○ ○

④ 시 일 월 연
　甲 丙 甲 己
　○ ○ ○ ○

⑤ 시 일 월 연
　己 己 己 甲
　○ ○ ○ ○

주위에 다른 오행의 간섭이 없을 때 가장 완벽하게 합을 이룬다. 2개의 갑이 하나의 기와 합하거나 2개의 기가 하나의 갑과 합하는 쟁합(爭合)보다는, 갑 하나와 기 하나가 만날 때 합이 더 잘 된다.

7 다음 중 지지의 합을 잘못 설명한 것은?

① 월지의 미(未)와 다른 사주기둥의 오(午)가 합하면 화(火)로 변한다.
② 월지의 축(丑)과 다른 사주기둥의 자(子)가 합하면 토(土)로 변한다.
③ 월지의 진(辰)과 다른 사주기둥의 유(酉)가 합하면 금(金)으로 변한다.
④ 월지의 술(戌)과 다른 사주기둥의 묘(卯)가 합하면 화(火)로 변한다.
⑤ 월지의 인(寅)과 다른 사주기둥의 해(亥)가 합하면 목(木)으로 변한다.

월지의 축(丑)은 수(水)의 작용을 하므로 자(子)와 합하면 토(土)가 아니라 수(水)로 변한다.

삼합에서 두 지지가 합을 이루기 위해서는 도화인 자오묘유(子午卯酉)와 결합해야 한다.

8 다음 삼합 중에서 2개만 만나도 합이 되는 것은?

① 신자(申子)
② 인술(寅戌)
③ 사축(巳丑)
④ 해미(亥未)
⑤ 신술(申戌)

갑무경(甲戊庚)은 천상삼기(天上三奇)라 하여 인덕이 있고 관직으로 진출하면 좋다.

9 다음 중에서 각종 신살이 잘못 짝지어진 것은?

① 병술(丙戌), 정축(丁丑), 임술(壬戌) → 백호대살
② 임자(壬子), 무오(戊午), 병오(丙午) → 양인살
③ 진해(辰亥), 미인(未寅), 사술(巳戌) → 귀문관살
④ 진술축미(辰戌丑未) → 명예살
⑤ 갑무경(甲戊庚) → 복덕수기

일반적으로 백호대살이 있으면 배우자복이 없다고 하지만 타당성이 없다. 현대에는 백호대살이 있는 여성은 커리어우먼으로서 능력을 발휘한다고 보는 것이 옳다.

10 다음 중 백호대살의 설명으로 틀린 것은?

① 일주에 백호대살이 있는 여성은 남편을 극하여 해로하기 힘들다.
② 독립정신과 개척정신이 강하다.
③ 다른 사람에게 지배받기 싫어하며 통솔력이 있다.
④ 간섭하고 억압하면 다른 사람보다 심한 스트레스를 받는다.
⑤ 신임과 인정을 받으면 2배의 능력을 발휘한다.

도화살을 잘못 발휘하면 이성문제 등이 생기기 쉽지만, 패가망신을 한다고 단정할 수는 없다.

11 다음 중 도화살에 대한 설명으로 틀린 것은?

① 도화살은 주색잡기에 빠져 패가망신을 당하는 살이다.
② 도화살은 많으면 많을수록 작용력이 크다.
③ 도화살은 자오묘유(子午卯酉)를 말한다.
④ 도화살이 많으면 인기가 많다.
⑤ 도화살은 연예, 방송, 예술, 문화계로 진출하면 능력을 발휘한다.

12 역마살에 대한 설명이 아닌 것은?

① 역마살이 많은 사람은 배짱이 있고 추진력이 있다.
② 역마살은 많으면 많을수록 작용력이 크다.
③ 역마살이 있으면 활동적이고 움직임이 많다.
④ 외교관, 비행사, 스튜어디스, 관광안내, 군인, 경찰, 교사 등의 직업이 좋다.
⑤ 역마살은 인신사해(寅申巳亥)를 말한다.

13 명예살에 대한 설명이 아닌 것은?

① 명예살은 고집살이라고도 한다.
② 일반 이론에서는 화개살이라고 한다.
③ 명예살이 있는 사람은 스님이나 목사, 수녀처럼 종교계에 진출하는 경우
   가 많다.
④ 신임을 받고 책임지고 일하는 것을 좋아한다.
⑤ 간섭하고 억압하면 쓸데없는 고집을 피운다.

14 천문성에 대한 설명으로 틀린 것은?

① 천문성은 사람의 생명을 다루는 직업을 선택하면 좋다.
② 천문성은 사주에 많을수록 작용력이 크다.
③ 천문성은 묘술해미(卯戌亥未)를 말한다.
④ 인유(寅酉)는 2개가 하나 정도의 작용을 한다.
⑤ 천문성은 연지에 있을 때 가장 강하다.

15 다음 중 비슷한 작용을 하지 않는 것은?

① 백호대살
② 귀문관살
③ 양인살
④ 괴강살
⑤ 명예살

KEY POINT

역마살이 있는 사람 중에 추진력이나 배짱이 두둑한 사람도 있지만, 그것이 역마살의 특징은 아니다.

일반 이론에서는 명예살을 화개살이라 하여 스님팔자라고 한다. 이 살을 가진 여성들은 고집이 세고 지기 싫어하는 경향이 있는데, 남녀 차별이 심한 조선시대에는 현실 도피처로 출가하는 사람들이 많았다. 화개살이란 명칭은 여성의 강한 기질을 좋아하지 않았던 당시 남성들의 편견으로 생겨났다.

천문성은 일지에 있을 때 작용력이 가장 강하다.

백호대살, 양인살, 괴강살, 명예살은 지배받는 것을 싫어하고, 상대방에게 인정받으면 능력을 발휘한다. 귀문관살은 성격이 예민하고 감수성이 발달되어 있다.

◉ 여기 정답!

1) 2	2) 5	3) 2	4) 5	5) 1
6) 1	7) 2	8) 1	9) 5	10) 1
11) 1	12) 1	13) 3	14) 5	15) 2

대덕 한마디

도화살의 유래와 편견

사주에 도화살이 있으면 용모가 아름다우며, 사람들 사이에 인기가 많고, 이성관계가 문란하여 문제를 일으킨다고 한다. 도화살은 복숭아꽃에서 유래한 신살로서 위에서 말한 도화살의 의미는 복숭아(꽃)에서 나왔다고 할 수 있다. 예로부터 동양 문화권에서는 복숭아꽃을 아름다운 여인에 비유하거나 복숭아를 신령스럽고 영험한 물건으로 여겼고, 많은 문학작품 속에서 이러한 사실을 확인할 수 있다. 그런데 복숭아꽃이 어떻게 도화살의 의미인 남녀관계나 바람기, 색(色)을 상징하게 되었을까?

첫째 ➔ 다른 과일과 달리 복숭아에는 겉에 가는 골이 있다. 선이 고운 이 골은 언뜻 보면 여성의 성기 또는 엉덩이와 비슷하다. 또한 위로 올라가지도 않고 아래로 쳐지지도 않은 적당히 살이 붙어 보기 좋은 복숭아는 여성의 이상적인 엉덩이 모양과 닮았다. 그래서 자연스럽게 복숭아 하면 성적인 이미지를 떠올리게 되었다.

둘째 ➔ 복숭아에 있는 털도 관련이 있다. 복숭아 껍질에는 잔털이 나 있는데, 이것이 알레르기를 잘 일으킨다. 도화란 비정상적인 남녀관계를 의미하는 경우가 대부분이기 때문에, 복숭아 알레르기를 비정상적인 남녀관계와 연결지었던 것이다.

셋째 ➔ 복숭아꽃은 사람의 마음을 설레게 한다. 활짝 핀 분홍색 꽃봉오리는 보는 사람이 온통 정신을 빼앗길 정도로 선정적이다. 또한 꽃이 질 무렵에는 분홍색에 하얀색이 감돌아 성숙한 아름다움을 한껏 뽐낸다. 성삼문이 「삼색도시(三色桃時)」에서 읊

었던 것처럼 복숭아꽃이 진분홍, 연분홍, 하얀 분홍으로 서서히 변해가는 모습이 매우 환상적이기 때문에 지금과 같은 도화의 의미가 생겼다.

넷째 ➜ 복숭아꽃은 한순간 피었다가 어느 순간 지고 만다. 화창한 봄날을 화려하게 장식하지만 채 열흘을 채우지 못하고 순식간에 땅 위로 흩어지는 모습에서 비정상적인 남녀관계, 한순간 타오르다가 어느 순간 싸늘하게 식어버리는 남녀관계를 떠올리기는 어렵지 않다.

도화살은 정말 한순간의 사랑 때문에 가정과 사회적인 지위와 경제력까지도 파괴하는가? 많은 역학 서적에서 사주에 도화살이 있으면 남성은 주색으로 패가망신하고, 여성은 기생이 되거나 정부와 타향으로 도망간다고 풀이하고 있다. 또한 도화가 일지와 시지에 있으면 주색으로 패가한다고 설명한다. 전체적인 해석을 보아도 불리하고 부정적인 내용이 대다수이다.

그러나 필자의 생각은 다르다. 도화를 다음과 같이 단순하게 생각하기 바란다. '도화살은 인기살이다.' 도화살을 잘 활용하면 인기가 넘쳐서 인기 탤런트나 가수, 음악가, 국회의원처럼 많은 사람들에게 사랑받는다. 반대로 잘못 발휘하면 창녀나 기생이 되어 평생을 윤락녀로 살거나 유부남, 유부녀와 잘못된 관계를 맺다 망신을 당하게 된다. 지금은 대중매체가 눈부시게 발전했으므로 타고난 도화살을 잘 활용하여 자신의 성공과 발전을 도모해야 한다.

필자가 한 일간지의 자매지에서 선정한 한국의 신세대 역술인 3명에 포함된 적이 있었다. 그때 여러 유명 연예인의 사주를 풀이해달라는 요청을 받았는데, 대다수의 사주에서 도화살이 나왔다. 자신의 끼(氣)를 제대로 발휘할 수 없었던 조선시대에 도화살이 있는 사람은 주색잡기에 빠지거나 기생이 되었지만, 자신의 재능을 마음껏 발휘할 수 있는 요즘 같은 미디어시대에는 오히려 도화살이 사주 주인공의 삶을 성공으로 이끌도록 작용할 것이다. 따라서 도화살을 겁내지 말고 도화살을 잘 활용할 수 있도록 자기계발에 힘써야 한다. 그와 같은 개개인의 노력이 21세기 새천년을 성공적으로 이끌 수 있는 귀중한 원동력이 될 것이다.

도화살을 살려야 나라가 산다. 도화살을 잘 살려 인생에서 성공할 것인가, 잘 살리지 못해 실패한 인생을 살 것인가는 전적으로 사주 주인공의 노력에 달려 있다.

지장간(支藏干)이란 지지에 천간의 기가 간직되어 있는 것을 말한다.

즉 땅 속에 간직되어 있는 하늘의 기를 의미한다. 천간과 지지를 나무에 비유하면

천간은 땅 위에 올라와 있는 기둥과 줄기에 해당하고, 지지는 땅 밑에 있는 뿌리에 해당한다.

천간은 기둥과 줄기를 상징하므로, 줄기와 잎이 무슨 모양이고 무슨 꽃이 피었는지

또 무슨 열매가 달렸는지 금방 알아볼 수 있다.

그러나 지지를 상징하는 뿌리는 어떻게 생겼는지 어떤 열매가 달렸는지 전혀 알 수 없다.

이렇게 땅 속에 감추어진 뿌리처럼, 지장간은 지지 속에 감추어진 것들을

천간으로 바꾸어서 표현하고 있다고 보면 된다.

#06

자주 사용하는
사주명리학
기초 이론

6 자주 사용하는 사주명리학 기초 이론

앞에서 다루지 않은 사주명리학의 중요한 기초 이론들을 설명하여 기본 실력을 다질 수 있게 하였다. 또한 사주팔자를 보는 순서를 설명하여 실제로 사주팔자를 상담할 때 도움이 될 수 있도록 하였다.

1. 오행의 통관

오행의 통관(通關)이란 사주팔자에서 상생 · 상극 관계인 오행을 연결시켜주는 것을 말한다. 사주팔자를 해석할 때 많이 사용하므로 잘 기억해야 한다.

예를 들어 목극토(木剋土)를 하는데, 목(木)과 토(土) 중간에 화(火)가 있다면 목생화(木生火) → 화생토(火生土)로 이어져 극하는 오행을 중재할 수 있다.

▼ 오행의 상극 · 상생 · 통관

오행의 상극	오행의 상생	통관 오행
목극토(木剋土)	목생화(木生火) → 화생토(火生土)	화(火)
화극금(火剋金)	화생토(火生土) → 토생금(土生金)	토(土)
토극수(土剋水)	토생금(土生金) → 금생수(金生水)	금(金)
금극목(金剋木)	금생수(金生水) → 수생목(水生木)	수(水)
수극화(水剋火)	수생목(水生木) → 목생화(木生火)	목(木)

2. 쟁합 · 투합 · 충합 · 쟁충

사주팔자는 연월일시의 네 기둥에 기둥마다 천간과 지지의 두 글자가 있어서 모두 여덟 글자로 이루어져 있다. 따라서 합이나 충이 단 2개로만 이루어지는 것이 아니라 상황에 따라서 2개, 3개, 4개가 서로 합이나 충을 하는 다양한 모습으로 나타난다.

1 쟁합

쟁합(爭合)은 합을 다툰다는 뜻으로, 여러 개의 양(陽)이 하나 또는 2개의 음(陰)과 합하려고 다투는 것을 의미한다. 쟁합은 천간끼리 다투는지 또는 지지끼리 다투는지에 따라 천간 쟁합과 지지 쟁합으로 나눈다.

1) 천간 쟁합

합을 이루는 천간이 각각 무엇이냐에 따라서 다음과 같이 나누어진다. 단, 다음의 5가지 예 중에서 각각 세 번째 경우인 양 2개와 음 2개의 합은 쟁합과 투합 모두에 해당한다.

POINT

쟁합
· · · · · · · · · · · ·
여러 개의 양이 하나 또는 2개의 음과 합하려고 다투는 것을 말한다.

갑(甲) · 기(己)

갑(甲) 2개가 기(己) 하나를 합하는 경우.

갑(甲) 3개가 기(己) 하나를 합하는 경우.

갑(甲) 2개가 기(己) 2개를 합하는 경우.

병(丙) · 신(辛)

병(丙) 2개가 신(辛) 하나를 합하는 경우.

병(丙) 3개가 신(辛) 하나를 합하는 경우.

병(丙) 2개가 신(辛) 2개를 합하는 경우.

무(戊) · 계(癸)

무(戊) 2개가 계(癸) 하나를 합하는 경우.

무(戊) 3개가 계(癸) 하나를 합하는 경우.

무(戊) 2개가 계(癸) 2개를 합하는 경우.

경(庚) · 을(乙)

경(庚) 2개가 을(乙) 하나를 합하는 경우.

경(庚) 3개가 을(乙) 하나를 합하는 경우.

경(庚) 2개가 을(乙) 2개를 합하는 경우.

임(壬) · 정(丁)

임(壬) 2개가 정(丁) 하나를 합하는 경우.

임(壬) 3개가 정(丁) 하나를 합하는 경우.

임(壬) 2개가 정(丁) 2개를 합하는 경우.

2) 지지 쟁합

지지육합을 이루는 지지가 무엇이냐에 따라서 다음과 같이 나누어진다. 단, 다음의 6가지 예 중에서 각각 세 번째 경우인 양 2개와 음 2개의 합은 쟁합과 투합 모두에 해당한다.

자(子) · 축(丑)

자(子) 2개가 축(丑) 하나를 합하는 경우.

자(子) 3개가 축(丑) 하나를 합하는 경우.

자(子) 2개가 축(丑) 2개를 합하는 경우.

인(寅) · 해(亥)

인(寅) 2개가 해(亥) 하나를 합하는 경우.

인(寅) 3개가 해(亥) 하나를 합하는 경우.

인(寅) 2개가 해(亥) 2개를 합하는 경우.

진(辰) · 유(酉)

진(辰) 2개가 유(酉) 하나를 합하는 경우.

진(辰) 3개가 유(酉) 하나를 합하는 경우.

진(辰) 2개가 유(酉) 2개를 합하는 경우.

오(午) · 미(未)

오(午) 2개가 미(未) 하나를 합하는 경우.

오(午) 3개가 미(未) 하나를 합하는 경우.

오(午) 2개가 미(未) 2개를 합하는 경우.

신(申) · 사(巳)

신(申) 2개가 사(巳) 하나를 합하는 경우.

신(申) 3개가 사(巳) 하나를 합하는 경우.

신(申) 2개가 사(巳) 2개를 합하는 경우.

술(戌) · 묘(卯)

술(戌) 2개가 묘(卯) 하나를 합하는 경우.

술(戌) 3개가 묘(卯) 하나를 합하는 경우.

술(戌) 2개가 묘(卯) 2개를 합하는 경우.

② 투합

투합(妬合)이란 여러 개의 음(陰)이 하나 또는 2개의 양(陽)과 합하려고 다투는 것을 말한다. 투합은 천간끼리 다투는지 또는 지지끼리 다투는지에 따라 천간 투합과 지지 투합으로 나눈다.

앞서 설명한 쟁합과 투합은 용어만 다를 뿐 작용은 비슷하다. 따라서 특별히 용어를 구분할 필요 없이 둘 중 어느 것을 사용해도 무방하다.

POINT

투합

여러 개의 음이 하나 또는 2개의 양과 합하려고 다투는 것을 말한다.

1) 천간 투합

천간 쟁합과 마찬가지로, 천간 투합 역시 합을 이루는 천간이 무엇이냐에 따라서 다음과 같이 나누어진다. 단, 다음 5가지 예 중에서 각각 세 번째 경우인 양 2개와 음 2개의 합은 쟁합과 투합 모두에 해당한다.

을(乙) · 경(庚)

을(乙) 2개가 경(庚) 하나를 합하는 경우.

을(乙) 3개가 경(庚) 하나를 합하는 경우.

을(乙) 2개가 경(庚) 2개를 합하는 경우.

정(丁) · 임(壬)

정(丁) 2개가 임(壬) 하나를 합하는 경우.

정(丁) 3개가 임(壬) 하나를 합하는 경우.

정(丁) 2개가 임(壬) 2개를 합하는 경우.

기(己) · 갑(甲)

기(己) 2개가 갑(甲) 하나를 합하는 경우.

기(己) 3개가 갑(甲) 하나를 합하는 경우.

기(己) 2개가 갑(甲) 2개를 합하는 경우.

신(辛) · 병(丙)

신(辛) 2개가 병(丙) 하나를 합하는 경우.

신(辛) 3개가 병(丙) 하나를 합하는 경우

신(辛) 2개가 병(丙) 2개를 합하는 경우

계(癸) · 무(戊)

계(癸) 2개가 무(戊) 하나를 합하는 경우.

계(癸) 3개가 무(戊) 하나를 합하는 경우.

계(癸) 2개가 무(戊) 2개를 합하는 경우.

2) 지지 투합

지지 쟁합과 마찬가지로, 지지 투합 역시 지지 육합을 이루는 지지가 무엇이냐에 따라서 다음과 같이 나누어진다. 단, 다음의 6가지 예 중에서 각각 세 번째 경우인 양 2개와 음 2개의 합은 쟁합과 투합 모두에 해당한다.

축(丑) · 자(子)

축(丑) 2개가 자(子) 하나와 합을 할 때.

축(丑) 3개가 자(子) 하나와 합을 할 때.

축(丑) 2개가 자(子) 2개와 합을 할 때.

해(亥) · 인(寅)

해(亥) 2개가 인(寅) 하나와 합을 할 때.

해(亥) 3개가 인(寅) 하나와 합을 할 때.

해(亥) 2개가 인(寅) 2개와 합을 할 때.

유(酉) · 진(辰)

유(酉) 2개가 진(辰) 하나와 합을 할 때.

유(酉) 3개가 진(辰) 하나와 합을 할 때.

유(酉) 2개가 진(辰) 2개와 합을 할 때.

미(未) · 오(午)

미(未) 2개가 오(午) 하나와 합을 할 때.

미(未) 3개가 오(午) 하나와 합을 할 때.

미(未) 2개가 오(午) 2개와 합을 할 때.

사(巳) · 신(申)	묘(卯) · 술(戌)
사(巳) 2개가 신(申) 하나와 합을 할 때.	묘(卯) 2개가 술(戌) 하나와 합을 할 때.
사(巳) 3개가 신(申) 하나와 합을 할 때.	묘(卯) 3개가 술(戌) 하나와 합을 할 때.
사(巳) 2개가 신(申) 2개와 합을 할 때.	묘(卯) 2개가 술(戌) 2개와 합을 할 때.

3 충합

충합(沖合)은 하나의 천간이나 지지에 충과 합이 함께 있는 것을 말한다. 예를 들어, 사주팔자의 네 천간 중에 갑(甲)과 기(己)가 있어서 갑(甲)과 기(己)가 합을 하는데, 다른 천간에 경(庚)이 있어서 갑(甲)과 경(庚)이 충을 하는 경우가 있다. 이 때는 하나의 갑(甲)에 충과 합이 함께 있는 경우로 충합에 해당한다. 충합을 합충이라고 부르기도 한다.

충합

하나의 천간이나 지지에 충과 합이 함께 있는 것을 말한다. 합충이라고 부르기도 한다.

1) 천간 충합

천간의 충합은 다음과 같다.

갑(甲)

천간에 갑(甲) · 기(己) · 경(庚) 세 글자가 모두 있는 경우 : 갑기합(甲己合) · 갑경충(甲庚沖).

천간에 갑(甲) · 기(己) · 무(戊) 세 글자가 모두 있는 경우 : 갑기합(甲己合) · 갑무충(甲戊沖).

을(乙)

천간에 을(乙)·경(庚)·신(辛) 세 글자가 모두 있는 경우 : 을경합(乙庚合)·을신충(乙辛冲).

천간에 을(乙)·경(庚)·기(己) 세 글자가 모두 있는 경우 : 을경합(乙庚合)·을기충(乙己冲).

병(丙)

천간에 병(丙)·신(辛)·임(壬) 세 글자가 모두 있는 경우 : 병신합(丙辛合)·병임충(丙壬冲).

천간에 병(丙)·신(辛)·경(庚) 세 글자가 모두 있는 경우 : 병신합(丙辛合)·병경충(丙庚冲).

정(丁)

천간에 정(丁)·임(壬)·계(癸) 세 글자가 모두 있는 경우 : 정임합(丁壬合)·정계충(丁癸冲).

천간에 정(丁)·임(壬)·신(辛) 세 글자가 모두 있는 경우 : 정임합(丁壬合)·정신충(丁辛冲).

무(戊)

천간에 무(戊)·계(癸)·갑(甲) 세 글자가 모두 있는 경우 : 무계합(戊癸合)·무갑충(戊甲冲).

천간에 무(戊)·계(癸)·임(壬) 세 글자가 모두 있는 경우 : 무계합(戊癸合)·무임충(戊壬冲).

기(己)

천간에 기(己)·갑(甲)·을(乙) 세 글자가 모두 있는 경우 : 기갑합(己甲合)·기을충(己乙冲).

천간에 기(己)·갑(甲)·계(癸) 세 글자가 모두 있는 경우 : 기갑합(己甲合)·기계충(己癸冲).

경(庚)

천간에 경(庚)·을(乙)·병(丙) 세 글자가 모두 있는 경우 : 경을합(庚乙合)·경병충(庚丙冲).

천간에 경(庚)·을(乙)·갑(甲) 세 글자가 모두 있는 경우 : 경을합(庚乙合)·경갑충(庚甲冲).

신(辛)

천간에 신(辛)·병(丙)·정(丁) 세 글자가 모두 있는 경우 : 신병합(辛丙合)·신정충(辛丁冲).

천간에 신(辛) · 병(丙) · 을(乙) 세 글자가 모두 있는 경우 : 신병합(辛丙合) · 신을충(辛乙冲).

임(壬)

천간에 임(壬) · 정(丁) · 무(戊) 세 글자가 모두 있는 경우 : 임정합(壬丁合) · 임무충(壬戊冲).

천간에 임(壬) · 정(丁) · 병(丙) 세 글자가 모두 있는 경우 : 임정합(壬丁合) · 임병충(壬丙冲).

계(癸)

천간에 계(癸) · 무(戊) · 기(己) 세 글자가 모두 있는 경우 : 계무합(癸戊合) · 계기충(癸己冲).

천간에 계(癸) · 무(戊) · 정(丁) 세 글자가 모두 있는 경우 : 계무합(癸戊合) · 계정충(癸丁冲).

2) 지지 충합

지지의 충합은 다음과 같다.

① 지지에 자(子) · 축(丑) · 오(午) 세 글자가 모두 있는 경우 : 자축합(子丑合) · 자오충(子午冲).

② 지지에 축(丑) · 자(子) · 미(未) 세 글자가 모두 있는 경우 : 축자합(丑子合) · 축미충(丑未冲).

③ 지지에 인(寅) · 해(亥) · 신(申) 세 글자가 모두 있는 경우 : 인해합(寅亥合) · 인신충(寅申冲).

④ 지지에 묘(卯) · 술(戌) · 유(酉) 세 글자가 모두 있는 경우 : 묘술합(卯戌合) · 묘유충(卯酉冲).

⑤ 지지에 진(辰) · 유(酉) · 술(戌) 세 글자가 모두 있는 경우 : 진유합(辰酉合) · 진술충(辰戌冲).

⑥ 지지에 사(巳) · 신(申) · 해(亥) 세 글자가 모두 있는 경우 : 사신합(巳申合) · 사해충(巳亥冲).

⑦ 지지에 오(午) · 미(未) · 자(子) 세 글자가 모두 있는 경우 : 오미합(午未合) · 오자충(午子冲).

⑧ 지지에 미(未) · 오(午) · 축(丑) 세 글자가 모두 있는 경우 : 미오합(未午合) · 미축충(未丑冲).

⑨ 지지에 신(申) · 사(巳) · 인(寅) 세 글자가 모두 있는 경우 : 신사합(申巳合) · 신인충(申寅冲).

⑩ 지지에 유(酉) · 진(辰) · 묘(卯) 세 글자가 모두 있는 경우 : 유진합(酉辰合) · 유묘충(酉卯冲).

⑪ 지지에 술(戌) · 묘(卯) · 진(辰) 세 글자가 모두 있는 경우 : 술묘합(戌卯合) · 술진충(戌辰冲).

⑫ 지지에 해(亥) · 인(寅) · 사(巳) 세 글자가 모두 있는 경우 : 해인합(亥寅合) · 해사충(亥巳冲).

1. 합과 쟁합(투합)의 작용력

쟁합이나 투합과 관련하여 다음과 같은 의문이 생길 수 있다. 쟁합과 투합 중에서 어떤 것이 합이 더 잘되는가? 또한 단순한 합과 비교해서 쟁합이나 투합은 합이 잘 되는가 잘 되지 않는가?

합, 쟁합, 투합은 다음과 같이 생각하면 이해하기 쉽다. 남성 1명과 여성 1명이 서로 사랑하는 경우가 합이다. 이와 달리 남성 2명에 여성 1명이 사랑하는 삼각관계가 쟁합이고, 남성 1명에 여성 2명이 사랑하는 삼각관계가 투합이다. 생각해보자. 이들 3가지 경우 중에서 결혼에 성공할 확률이 가장 높은 것은 무엇인가? 바로 남녀 1명씩 만나 사랑하는 것이 결혼에 이를 확률이 높다. 바꾸어 말하면, 일대일의 관계가 합이 더 잘 된다는 것이다. 단순한 합만 있는 경우는 100% 합이 이루어지고, 삼각관계에 해당하는 쟁합이나 투합은 합이 될 확률이 50% 정도이다.

예1) 1982년 7월 20일(양) 오(午)시생

시	일	월	연
庚	甲	丁	壬
午	辰	未	戌

이 사주는 월간 정(丁)과 연간 임(壬)이 합을 이룬다. 일간 갑(甲)과 시간 경(庚)이 연간과 월간에 합이나 충으로 간섭하지 않기 때문에 100% 합이 된다.

예2) 1982년 7월 28일(양) 자(子)시생

시	일	월	연
庚	壬	丁	壬
子	子	未	戌

이 사주는 월간 정(丁)을 사이에 두고 연간 임(壬)과 일간 임(壬)이 합을 하려고 다투는 상황이다. 2개의 임(壬)이 하나의 정(丁)을 합하려고 하는 쟁합으로서, 합이 될 확률이 절반으로 줄어든다. 즉 합이 될 확률은 50% 정도이다.

예3) 1982년 7월 28일(양) 인(寅)시생

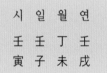

시	일	월	연
壬	壬	丁	壬
寅	子	未	戌

이 사주는 월간 정(丁)과 연간, 일간, 시간의 임(壬)이 합하고 있다. 3개의 임(壬)이 하나의 정(丁)을 합하려고 다투는 쟁합으로서 1/3밖에 합이 안 된다. 즉 합이 될 확률은 33% 정도이다.

2. 합과 충합의 작용력

단순한 합만 있는 경우와 충과 합이 함께 있는 충합(또는 합충)의 경우 중에서 합의 작용이 더 강한 것은 어느 것인가? 이 역시 단순 합만 있는 경우에는 완벽한 합이 되지만, 충합이 함께 있는 경우에는 합의 작용이 약해진다.

예1) 1981년 11월 24일(양) 축(丑)시생

시	일	월	연
己	丙	己	辛
丑	午	亥	酉

이 사주는 일간 병(丙)과 연간 신(辛)이 만나 병신합(丙辛合)이 되었다. 월간과 시간이 합이나 충으로 방해하지 않으므로 완벽한 합을 이룬다. 주변의 방해가 없으니 100% 합이 되었다.

예2) 1981년 11월 24일(양) 진(辰)시생

시	일	월	연
壬	丙	己	辛
辰	午	亥	酉

이 사주는 일간 병(丙)과 연간 신(辛)이 만나서 병신합(丙辛合)을 하려고 하는데, 시간 임(壬)이 일간 병(丙)과 병임충(丙壬沖)을 하므로 합이 제대로 되지 못하는 충합 사주이다. 위 사주는 합이 50% 정도 되었다.

쟁충(爭沖)은 충을 다툰다는 뜻으로, 하나의 천간이나 지지에 2개나 3개의 천간이나 지지가 충을 하는 것을 말한다. 사주팔자에 쟁충이 있는 사람은 쟁충이 없는 사람에 비해서 삶의 변화가 크게 나타나고, 성공과 실패를 극단적으로 넘나들 수 있다.

1) 천간 쟁충

하나의 천간에 2개나 3개의 천간이 충을 하는 것을 말한다.

POINT

쟁충

하나의 천간이나 지지에 2개나 3개의 천간이나 지지가 충을 하는 것을 말한다.

갑(甲)

갑(甲) 하나에 무(戊)가 2개인 경우.

갑(甲) 하나에 무(戊)가 3개인 경우.

갑(甲) 하나에 무(戊)가 하나, 경(庚)이 하나인 경우.

갑(甲) 하나에 무(戊)가 하나, 경(庚)이 2개인 경우.

갑(甲) 하나에 무(戊)가 2개, 경(庚)이 하나인 경우.

갑(甲) 하나에 경(庚)이 2개인 경우.

갑(甲) 하나에 경(庚)이 3개인 경우.

을(乙)

을(乙) 하나에 기(己)가 2개인 경우.

을(乙) 하나에 기(己)가 3개인 경우.

을(乙) 하나에 기(己)가 하나, 신(辛)이 하나인 경우.

을(乙) 하나에 기(己)가 하나, 신(辛)이 2개인 경우.

을(乙) 하나에 기(己)가 2개, 신(辛)이 하나인 경우.

을(乙) 하나에 신(辛)이 2개인 경우.

을(乙) 하나에 신(辛)이 3개인 경우.

병(丙)

병(丙) 하나에 경(庚)이 2개인 경우.

병(丙) 하나에 경(庚)이 3개인 경우.

병(丙) 하나에 경(庚)이 하나, 임(壬)이 하나인 경우.

병(丙) 하나에 경(庚)이 하나, 임(壬)이 2개인 경우.

병(丙) 하나에 경(庚)이 2개, 임(壬)이 하나인 경우.

병(丙) 하나에 임(壬)이 2개인 경우.

병(丙) 하나에 임(壬)이 3개인 경우.

정(丁)

정(丁) 하나에 신(辛)이 2개인 경우.

정(丁) 하나에 신(辛)이 3개인 경우.

정(丁) 하나에 신(辛)이 하나, 계(癸)가 하나인 경우.

정(丁) 하나에 신(辛)이 하나, 계(癸)가 2개인 경우.

정(丁) 하나에 신(辛)이 2개, 계(癸)가 하나인 경우.

정(丁) 하나에 계(癸)가 2개인 경우.

정(丁) 하나에 계(癸)가 3개인 경우.

무(戊)

무(戊) 하나에 임(壬)이 2개인 경우.

무(戊) 하나에 임(壬)이 3개인 경우.

무(戊) 하나에 임(壬)이 하나, 갑(甲)이 하나인 경우.

무(戊) 하나에 임(壬)이 하나, 갑(甲)이 2개인 경우.

무(戊) 하나에 임(壬)이 2개, 갑(甲)이 하나인 경우.

무(戊) 하나에 갑(甲)이 2개인 경우.

무(戊) 하나에 갑(甲)이 3개인 경우.

기(己)

기(己) 하나에 계(癸)가 2개인 경우.

기(己) 하나에 계(癸)가 3개인 경우.

기(己) 하나에 계(癸)가 하나, 을(乙)이 하나인 경우.

기(己) 하나에 계(癸)가 하나, 을(乙)이 2개인 경우.

기(己) 하나에 계(癸)가 2개, 을(乙)이 하나인 경우.

기(己) 하나에 을(乙)이 2개인 경우.

기(己) 하나에 을(乙)이 3개인 경우.

경(庚)

경(庚) 하나에 갑(甲)이 2개인 경우.

경(庚) 하나에 갑(甲)이 3개인 경우.

경(庚) 하나에 갑(甲)이 하나, 병(丙)이 하나인 경우.

경(庚) 하나에 갑(甲)이 하나, 병(丙)이 2개인 경우.

경(庚) 하나에 갑(甲)이 2개, 병(丙)이 하나인 경우.

경(庚) 하나에 병(丙)이 2개인 경우.

무(戊) 하나에 병(丙)이 3개인 경우.

신(辛)

신(辛) 하나에 을(乙)이 2개인 경우.

신(辛) 하나에 을(乙)이 3개인 경우.

신(辛) 하나에 을(乙)이 하나, 정(丁)이 하나인 경우.

신(辛) 하나에 을(乙)이 하나, 정(丁)이 2개인 경우.

신(辛) 하나에 을(乙)이 2개, 정(丁)이 하나인 경우.

신(辛) 하나에 정(丁)이 2개인 경우.

신(辛) 하나에 정(丁)이 3개인 경우.

임(壬)

임(壬) 하나에 병(丙)이 2개인 경우.

임(壬) 하나에 병(丙)이 3개인 경우.

임(壬) 하나에 병(丙)이 하나, 무(戊)가 하나인 경우.

임(壬) 하나에 병(丙)이 하나, 무(戊)가 2개인 경우.

임(壬) 하나에 병(丙)이 2개, 무(戊)가 하나인 경우.

임(壬) 하나에 무(戊)가 2개인 경우.

임(壬) 하나에 무(戊)가 3개인 경우.

계(癸)

계(癸) 하나에 정(丁)이 2개인 경우.

계(癸) 하나에 정(丁)이 3개인 경우.

계(癸) 하나에 정(丁)이 하나, 기(己)가 하나인 경우.

계(癸) 하나에 정(丁)이 하나, 기(己)가 2개인 경우.

계(癸) 하나에 정(丁)이 2개, 기(己)가 하나인 경우.

계(癸) 하나에 기(己)가 2개인 경우.

계(癸) 하나에 기(己)가 3개인 경우.

2) 지지 쟁충

하나의 지지에 2개나 3개의 지지가 충을 하는 것을 말한다.

① 자(子) 하나에 오(午)가 2~3개 있는 경우.

② 축(丑) 하나에 미(未)가 2~3개 있는 경우.

③ 인(寅) 하나에 신(申)이 2~3개 있는 경우.

④ 묘(卯) 하나에 유(酉)가 2~3개 있는 경우.

⑤ 진(辰) 하나에 술(戌)이 2~3개 있는 경우.

⑥ 사(巳) 하나에 해(亥)가 2~3개 있는 경우.

⑦ 오(午) 하나에 자(子)가 2~3개 있는 경우.

⑧ 미(未) 하나에 축(丑)이 2~3개 있는 경우.

⑨ 신(申) 하나에 인(寅)이 2~3개 있는 경우.

⑩ 유(酉) 하나에 묘(卯)가 2~3개 있는 경우.

⑪ 술(戌) 하나에 진(辰)이 2~3개 있는 경우.

⑫ 해(亥) 하나에 사(巳)가 2~3개 있는 경우.

좀더 자세히

충과 쟁충의 작용력

쟁합은 합에 비해 작용력이 약하다. 그렇다면 쟁충의 작용력 역시 충에 비해 약할까? 답은 그 반대이다. 쟁충은 충에 비해 오히려 작용력이 강하다. 따라서 어느 한 오행이 쟁충일 때 그 충의 영향력은 매우 크다고 볼 수 있다.

그러나 단순 충이나 쟁충만으로 인생을 설명하는 것은 불가능하고, 육친이나 대운을 통해서 삶을 유추 · 해석해낼 수 있다.

예 1)

시	일	월	연
丙	丙	己	癸
申	午	未	亥

이 사주는 연간과 월간이 기계충(己癸沖)을 하는데 일간과 시간의 간섭을 받고 있지 않으므로 단순한 충으로 본다.

예 2)

시	일	월	연
丙	丁	己	癸
午	未	未	亥

이 사주는 연간과 월간이 기계충(己癸沖)을 하고, 일간이 또다시 연간과 정계충(丁癸沖)을 하므로 천간 쟁충에 해당한다. 연간이 받는 충격이 단순 충일 때보다 강하다.

예3)

시	일	월	연
己	丁	己	癸
酉	未	未	未

이 사주는 연간과 월간이 기계충(己癸冲)을 하고, 일간이 또 다시 연간과 정계충(丁癸冲)을 하고, 다시 시간이 연간과 기계충(己癸冲)을 하는 천간 쟁충이다. 연간 계수(癸水)가 받는 충격이 앞의 두 예보다 더 강하다.

예4)

시	일	월	연
甲	辛	乙	癸
午	酉	卯	卯

이 사주는 연지 묘(卯)가 일지 유(酉)와 묘유충(卯酉冲)을 하고, 다시 월지 묘(卯)가 일지 유(酉)와 묘유충을 하므로 지지 쟁충이 되었다. 단순히 묘유충 하나만 있는 것보다 이렇게 쟁충을 하는 경우에 일지 유금(酉金)이 받는 충격이 더 크다.

돌발퀴즈

Q 요즘 아이들이 예전에 비해 성격이 급한 것은 사주와 어떤 관계가 있는가?

A 한마디로 말해 요즘 태어나는 아이들의 사주가 예전 아이들의 사주보다 덥기 때문이다. 예전에는 제왕절개로 출산하는 경우가 드물었고, 자연분만으로 낳는 경우가 대부분이었다. 낮과 밤을 정해서 낳지 않고 진통이 계속되다가 시간이 되면 자연스럽게 낳았다. 그런데 요사이는 제왕절개를 해서 낳는 경우가 많다. 한국이 세계에서 제왕절개 수술 비율이 1위라는 통계가 나온 적도 있다.

그렇다면 제왕절개와 더운 사주는 어떤 관계가 있는가? 대부분의 제왕절개 수술은 산모로 하여금 낮에 출산하도록 유도한다. 의사가 잠을 자야 하는 밤에 아기가 태어나는 것을 꺼리다 보니 의사의 편의대로 제왕절개를 하는 경우가 많다. 이 결과 낮에 태어나는 아기가 많은데, 낮은 오행 중에서 화(火)에 해당한다.

전체적으로 보아 자연분만이 많은 옛날 사람들은 낮과 밤에 태어나는 비율이 균형 잡혀 있지만, 현대에 태어나는 아기들은 제왕절개나 분만 촉진제로 인해 밤에 태어나는 경우보다 낮에 태어나는 경우가 훨씬 많다. 그러다 보니 사주에 화(火) 기운이 강한 아기가 많을 수밖에 없고, 화(火)의 기질인 활동성과 적극성이 강하게 나타나 기질이 급한 아기가 많이 태어나게 된다.

이와 더불어 산부인과나 산후조리원이 큰 길가에 위치하는 경우가 많아서 아기는 태어나자마자 자동차 매연 등에 오염된 공기를 마시고, 시끄러운 소음으로 인해 예민해지고 날카로워진다. 이 모든 것이 아기들의 성격이 변해가는 이유로 볼 수 있다.

3. 진화와 가화

오행끼리의 합은 변화하여 또 다른 오행을 생성하는 작용을 한다. 남녀가 만나서 합하여 자식을 낳는 원리와 똑같다. 다만, 합을 한다고 해도 진화(眞化)와 가화(假化)의 두 경우가 있다.

연월일시가 천간에서 합이 이루어지고, 지지에서 천간의 합 오행을 생하거나 지지에 천간의 합 오행과 같은 오행이 있어서 통근(지지에 뿌리를 내림)을 하면 합이 된 오행의 세력이 왕성해진다. 이때는 합이 제대로 성립된다고 하여 진짜 합이란 의미에서 진화(眞化)라고 한다.

그러나 지지에 천간의 합 오행을 생하는 오행이 없고, 천간의 합 오행과 같은 오행이 없으며, 천간의 합 오행의 기운을 빼앗는 오행이 많은 경우에는 천간합이 제대로 이루어지지 않는다고 본다. 이때는 가짜 합이라고 해서 가화(假化)라고 부른다.

다만, 진화와 가화란 용어는 일반 이론에서는 사용하지만, 필자의 이론에서는 사용하지 않는다. 합은 주변 상황과 상관 없이, 쟁합이나 쟁충이 아닌 단순 합일 때는 완벽하게 이루어진다.

4. 지장간

1 지장간의 정의

지장간(支藏干)이란 지지에 천간의 기가 간직되어 있는 것을 말한다. 즉 땅 속에 간직되어 있는 하늘의 기를 의미한다. 천간과 지지를 나무에 비유하면 천간은 땅 위에 올라와 있는 기둥과 줄기에 해당하고, 지지는 땅 밑에 있는 뿌리에 해당한다. 천간은 기둥과 줄기를 상징하므로, 줄기와 잎이 무슨 모양이고 무슨 꽃이 피었는지 또 무슨 열매가 달렸는지 금방 알아볼 수 있다. 그러나 지지를 상징하는 뿌리는 어떻게 생겼는지 어떤 열매가 달렸는지 전혀 알 수 없다. 이렇게 땅 속에 감추어진 뿌리처럼, 지장간은 지지 속에 감추어진 것들을 천간으로 바꾸어서 표현하고 있다고 보면 된다.

사주명리학에서 지장간이 처음 등장한 시기는 『연해자평』에서부터이다. 그러나 어떤 이론이든 하나의 이론이 탄생하면 시간이 지나면서 쓸데없는 군더더기 내용들이 첨가되기 시작하고, 심지어 전혀 엉뚱한 방향으로 전개되는 경우가 있다.

특히 사주명리학 일반 이론에서 적용하는 정기, 초기, 중기는 내용이 복잡하고 현실적으로 적용하기에 문제가 있다고 본다. 지장간 이론을 공부하고 실제 사주 간명에 이 이론을 적용하는 사주명리학자들 중에서 타당성 있고 의미 있는 통계를 가지고 있다면 그 결과를 발표해주시길 바란다. 그러나 지장간을 정기, 초기, 중기로 구분하여 분석하는 것은 사주명리학 이론을 복잡하게 만들 뿐만 아니라 실제 적용에서도 타당한 결과를 얻지 못한다는 것이 필자의 생각이다.

다만, 필자가 보기에 지장간은 사주팔자에서 육신(六神) 등을 살펴볼 때 유용한 도구가 된다(육신은 육친이라고도 하며, 『사주명리학 완전정복』에서 자세히 다룬다). 특히 배우자 자리를 볼 때 사주원국에는 없지만 사주팔자의 지지에 배우자에 해당하는 천간이 숨어 있다면, 비록 지장간이라고 해도 충분히 배우자의 작용을 할 수 있다고 본다. 지장간은 격국(格局) 중 내격(內格)을 다룰 때에도 유용하게 사용된다.

그러나 일반 이론에서 용신이 사주원국에서는 힘이 없더라도 지장간 속에 용신이 있으면 좋다 또는 지장간이 천간으로 투간되면 힘이 있다 등의 내용들은 평가를 유보한다. 필자 입장에서는 이 이론 또한 아직까지는 뚜렷한 임상 결과를 얻을 수 없었다.

② 일반 이론의 지장간 구성

일반 이론이나 필자의 이론(이하 대덕 이론이라고 한다) 모두 지장간 속에 숨어 있는 지지는 같다. 그러나 일반 이론에서는 지장간의 정기, 초기, 중기의 구분을 강조한다면, 대덕 이론은 정기, 초기, 중기의 구분을 활용하지 않고 1순위 지장간과 2순위 지장간으로 구분하여 활용한다.

정기, 초기, 중기는 출생 연월일시에서 절입 일시를 뺀 경과시간을 기준으로 구분한다. 원래는 월지를 위주로 하여 초기, 중기, 정기로 나누지만, 요즘에는 연월일시 지지 모두를 초기, 중기, 정기로 나누는 이론도 활용되고 있다.

먼저 일반 이론에서 중시하는 정기, 초기, 중기에 대하여 알아보자.

1) 정기

정기

해당 지지와 오행과 음양이 같은 천간을 사용한다.

정기(正氣)는 지지 본래의 기와 같은 기를 가진 천간으로서, 해당 지지에서 가장 강한 기를 의미한다. 해당 지지와 음양오행이 같은 천간을 사용한다.

예를 들어보자. 지지 인(寅) 속에는 지장간 갑병무(甲丙戊)가 존재하는데, 인(寅)은 양목(陽木)이고 양목에 해당하는 천간이 갑(甲)이므로 정기는 바로 갑(甲)이 된다. 마찬가지로 신(申)에는 지장간 경임무(庚壬戊)가 숨어 있는데, 이 중에서 양금(陽金)에 해당하는 천간이 경(庚)이므로 바로 경(庚)이 정기에 해당한다. 다른 지지 역시 이와 같이 판단한다.

그러나 화(火)에 해당하는 사(巳)와 오(午), 수(水)에 해당하는 해(亥)와 자(子)는 다르다. 화(火)는 처음 시작할 때는 불이 왕성하지만 점차 시간이 지나면 꺼져가고, 수(水)는 처음에는 아주 적은 물로 시작하다가 흘러가면서 바다처럼 큰 물이 된다. 따라서 화(火)의 시작에 해당하는 사(巳)는 원래는 음화(陰火)이지만, 사주팔자를 분석할 때는 반대로 큰 불로 보아서 양화(陽火)인 병(丙)을 정기로 삼는다. 이와는 정반대로 오(午)는 원래 양화이지만, 사(巳)에서 오(午)로 시간이 흘러가면서 기운이 떨어지므로 음화로 보아 정(丁)을 정기로 삼는다.

자(子)는 원래 양수(陽水)에 해당하지만, 지지의 시작과 더불어 수(水)의 시작을 의미하므로 큰 물이 아닌 작은 물로 보아 음수로 해석하고 계(癸)를 정기로 삼는다. 반대로 해(亥)는 원래 음수이지만, 지지의 끝에 위치하는 것이 마치 물이 흘러가다 큰 물을 이루는 이치와 같아서 양수로 보고 임(壬)을 정기로 삼는다.

음 ⟹ 양	양 ⟹ 음	양 ⟹ 음	음 ⟹ 양
巳	午	子	亥

2) 초기

초기(初氣)는 말 그대로 처음의 기를 의미한다. 전달에서 현재의 달로 진행하면서 전달의 기가 모두 사라지는 것이 아니라 현재의 달에도 영향을 미치기 때문에, 남아 있는 기운이라는 의미에서 여기(餘氣)라고도 부른다. 그러므로 초기는 전달의 정기에 해당하는 천간을 그대로 사용한다.

그러나 모든 지지가 지장간의 초기로 전달의 정기를 사용하는 것은 아니다. 인신사해(寅申巳亥), 진술축미(辰戌丑未), 자오묘유(子午卯酉)월은 각각 양간과 음간이 달라지며 전달의 기운을 그대로 사용하지 않는 등 이론의 전개가 규칙적이지 않아 논리적 타당성이 부족하다.

3) 중기

중기(中氣)는 초기와 정기의 중간에 해당한다. 따라서 해당 지지가 지지삼합을 할 때 각각 제왕성인 자오묘유(子午卯酉)와 오행이 같은 천간을 사용한다.

단, 초기와 마찬가지로 인신사해(寅申巳亥)월은 양간(陽干)을 사용하고, 진술축미(辰戌丑未)월은 음간(陰干)을 사용한다. 예를 들어, 인(寅)은 인오술(寅午戌) 지지삼합에서 제왕성이 오(午)이므로 화(火)의 양간인 병화(丙火)가 중기가 된다. 신(申)은 신자진(申子辰) 지지삼합에서 제왕성이 자(子)이므로 수(水)의 양간인 임수(壬水)가 중기에 해당한다.

다만, 자오묘유월은 계절의 정중앙에 있어서 기후 변화가 적고 안정되어 있다. 따라서 초기와 정기만 있고, 중기는 없다. 그러나 오(午)는 예외로서, 지지의 정중앙에

POINT

초기

전달의 정기에 해당하는 천간을 그대로 사용한다. 여기라고도 한다.

POINT

중기

초기와 정기의 중간에 해당한다. 계절과 방위의 중앙인 자오묘유(子午卯酉)와 오행이 같은 천간을 사용한다.

해당하므로 하도와 낙서 전체의 100수를 총괄하는 기토(己土)의 작용을 받으므로 중기가 기(己)가 된다.

▼ 일반 이론의 지장간 활동 기간

지지\기간	子	丑	寅	卯	辰	巳	午	未	申	酉	戌	亥
초기	壬 10일 1시간	癸 9일 3시간	戊 7일 2시간	甲 10일 3시간	乙 9일 3시간	戊 7일 2시간	丙 10일	丁 9일 3시간	戊 7일 2시간	庚 10일 3시간	辛 9일 3시간	戊 7일 2시간
중기		辛 3일 1시간	丙 7일 2시간		癸 3일 1시간	庚 7일 3시간	己 10일 1시간	乙 3일 1시간	壬 7일 2시간		丁 3일 1시간	甲 7일 1시간
정기	癸 20일 2시간	己 18일 6시간	甲 16일 5시간	乙 20일 6시간	戊 18일 6시간	丙 16일 5시간	丁 11일 2시간	己 18일 6시간	庚 16일 5시간	辛 20일 6시간	戊 18일 6시간	壬 16일 5시간

③ 대덕 이론의 지장간 구성

대덕 이론에서는 초기, 중기, 정기의 구분은 사용하지 않고 1순위와 2순위로 구분한다. 1순위는 일반 이론의 정기와 같은 것으로서, 해당 지지와 음양과 오행이 같은 천간을 말한다. 2순위는 일반 이론의 초기와 중기에 해당한다.

▼ 대덕 이론의 지장간 구성

지지\순위	子	丑	寅	卯	辰	巳	午	未	申	酉	戌	亥
1순위	癸	己	甲	乙	戊	丙	丁	己	庚	辛	戊	壬
2순위	없음	癸辛	戊丙	없음	乙癸	戊庚	丙己	丁乙	戊壬	없음	辛丁	戊甲

필자가 지지의 지장간을 1순위와 2순위로 구분하는 것은, 1순위인 경우에는 지장간의 힘이 조금 더 강하고, 2순위인 경우는 힘이 조금 더 약한 것을 의미하기 때문이다. 그러나 그 차이는 아주 미세하기 때문에 구분에 너무 신경 쓰지 않아도 된다. 이 지장간의 1순위와 2순위는 격국과 관련해 중요하게 자주 사용된다.

5. 고장

고장(庫藏)은 진술축미(辰戌丑未) 네 지지를 말하는데 창고(倉庫)라고도 한다. 네 지지에 각각 천간 오행의 기운을 가지고 있다고 하여 붙여진 이름이다. 일반 이론에서는 고장을 다음과 같이 설명한다.

① 진(辰)에는 을계무(乙癸戊)의 지장간이 있고 수(水)의 고장이다.
② 술(戌)에는 신정무(辛丁戊)의 지장간이 있고 화(火)의 고장이다.
③ 축(丑)에는 계신기(癸辛己)의 지장간이 있고 금(金)의 고장이다.
④ 미(未)에는 정을기(丁乙己)의 지장간이 있고 목(木)의 고장이다.

POINT

고장
· · · · · · · · · · · ·
진술축미(辰戌丑未)에 각각 천간의 오행 기운이 감추어져 있다는 의미로, 창고라고도 한다.

그러나 위 일반 이론에 대해 필자는 조금 다르게 해석한다. 먼저 진(辰)을 살펴보자. 일반 이론에서 이것을 수(水) 창고로 보는 이유는, 진(辰)이 12운성의 묘궁에 해당하고 습한 토(土)이기 때문인 것 같다. 그러나 12운성 이론은 사용하지 말아야 할 이론이고, 진(辰)은 봄을 상징하기 때문에 습한 토(土) 속에 을목(乙木)이 살아 있는 형국이니 목(木)의 고장으로 보아야 한다.

술(戌) 또한 화(火)의 창고로 보기보다는, 가을을 상징하고 마른 흙 속에 신금(辛金)이 숨어 있으니 금(金)의 고장으로 보아야 한다.

축(丑) 또한 금(金)의 고장으로 보기보다는, 겨울을 상징하고 계수(癸水)가 숨어 있으니 수(水)의 고장으로 보아야 한다.

미(未) 또한 목(木)의 고장으로 보기보다는, 여름을 상징하고 정화(丁火)가 숨어 있으니 화(火)의 고장으로 보아야 한다.

필자의 고장 이론을 정리하면 다음과 같다.

① 진(辰)은 을계무(乙癸戊)의 지장간이 있고 봄과 아침을 상징하니 목(木)의 고장이다.
② 술(戌)은 신정무(辛丁戊)이 지장간이 있고 가을과 저녁을 상징하니 금(金)의 고장이다.

③ 축(丑)은 계신기(癸辛己)의 지장간이 있고 겨울과 밤을 상징하니 수(水)의 고장이다.

④ 미(未)는 정을기(丁乙己)의 지장간이 있고 여름과 낮을 상징하니 화(火)의 고장이다.

이 이론은 필자가 임상 경험을 통해 나름대로 정리한 내용이지만, 만약 타당성 있는 다른 이론이 존재한다면 언제든지 수용하고자 한다. 충분한 경험적 통계를 바탕으로 이론적 논리를 갖춘 연구가 나온다면 필자의 이론을 다시 한번 검토할 것이다. 많은 사주명리학자들의 충분한 연구가 있기를 바란다.

6. 왕상휴수사

1 왕상휴수사의 정의

왕상휴수사(旺相休囚死)는 계절에 따라 오행의 세력이 변화하는 것을 나타내는 말이다. 일반 이론에서 신강(身強)과 신약(身弱)을 구분하여 사주에 필요한 오행인 용신(用神)을 찾는 데 사용한다.

왕상휴수사는 사주팔자가 더운가 추운가에 따라 계절의 변화를 판단하므로, 일간을 기준으로 태어난 달과의 관계를 살펴본다. 즉, 일주 천간 10개는 계절에 따라 그 힘이 강해지거나 약해지는데, 이것은 월지의 계절 변화에 따라 달라진다. 따라서 일주의 천간인 일간과 태어난 월에 따른 계절 변화의 상호관계를 제대로 이해하고 분석해야만 일간의 힘의 크기를 알 수 있고, 일간의 신강과 신약을 정확하게 분석해낼 수 있다.

그런데 필자는 사주팔자 해석에 이렇게 어려운 용어인 왕상휴수사를 사용해야 하는지 의구심을 가지고 있다. 신강한가 신약한가를 따져 사주팔자를 해석하는 사람에게는 나름대로 의미가 있겠지만, 사실 신강하면 어떤 인생을 살고 신약하면 어떤 인생을 산다고 판단하는 것은 삶을 지나치게 단순하게 생각한 결과라는 느낌을 지울 수 없다. 인생이 그렇게 쉽고 단순한 것이 아니기 때문이다.

인생에는 수많은 변수가 있고 수많은 분석이 필요하기 때문에 신강과 신약의 구분과 분석에 사주팔자 해석의 많은 부분을 활용해서는 안 된다. 용신의 경우에는 신강과 신약에서 출발하므로 용신론자 입장에서 신강과 신약을 중시해야겠지만, 그렇다고 해도 왕상휴수사란 어려운 용어를 사용하면서 힘들게 접근할 필요가 없다는 것이다. 다음 책 『사주명리학 완전정복』에서 자세하게 설명하겠지만, 신강과 신약은 태어난 연월일시에 따라 사주팔자를 점수로 나타내어 분석하면 간단하게 판단할 수 있다.

② 왕상휴수사의 분류

일간과 월지의 관계에 따라 오행의 왕상휴수사를 분류하면 다음과 같다.

① 왕(旺) : 월지에서 일간의 오행과 같은 오행을 만났을 때를 말한다. 즉 일간의 오행이 태어난 달인 월지와 같은 오행일 때를 말한다. 월지의 오행과 일간의 오행이 같으면, 일간이 바로 나를 상징하므로 내가 힘이 강하다고 보아 왕이라고 한다.

② 상(相) : 일간의 오행을 태어난 달인 월지가 생해줄 때 월지의 오행은 상이 된다.

③ 휴(休) : 일간의 오행이 태어난 달인 월지를 생해줄 때 월지의 오행은 휴가 된다.

④ 수(囚) : 일간의 오행이 태어난 달인 월지를 극할 때 월지의 오행은 수가 된다.

⑤ 사(死) : 일간의 오행을 태어난 달인 월지가 극할 때 월지의 오행은 사가 된다.

3 계절별 오행의 왕상휴수사

사계절에 따라 오행의 왕상휴수사가 어떻게 변화하는지를 살펴보면 다음과 같다.

① 봄 : 봄, 즉 목(木)의 계절인 인묘(寅卯)월은 목(木)이 왕하고, 화(火)가 상하고, 토(土)가 사하고, 금(金)이 수하고, 수(水)가 휴한다.

② 여름 : 여름, 즉 화(火)의 계절인 사오(巳午)월은 화(火)가 왕하고, 토(土)가 상하고, 목(木)이 휴하고, 수(水)가 수하고, 금(金)이 사한다.

③ 환절기 : 환절기, 즉 토(土)의 계절인 진술축미(辰戌丑未)월은 토(土)가 왕하고, 금(金)이 상하고, 화(火)가 휴하고, 목(木)이 수하고, 수(水)가 사한다.

④ 가을 : 가을, 즉 금(金)의 계절인 신유(申酉)월은 금(金)이 왕하고, 수(水)가 상하고, 토(土)가 휴하고, 화(火)가 수하고, 목(木)이 사한다.

⑤ 겨울 : 겨울, 즉 수(水)의 계절인 해자(亥子)월은 수(水)가 왕하고, 목(木)이 상하고, 금(金)이 휴하고, 토(土)가 수하고, 화(火)가 사한다.

▼ 계절별 오행의 왕상휴수사

오행＼계절	봄(寅卯월)	여름(巳午월)	가을(申酉월)	겨울(亥子월)	환절기(辰戌丑未월)
木[甲乙]	왕	휴	사	상	수
火[丙丁]	상	왕	수	사	휴
土[戊己]	사	상	휴	수	왕
金[庚辛]	수	사	왕	휴	상
水[壬癸]	휴	수	상	왕	사

삼합대길일과 결혼 풍습

삼합대길일(三合大吉日)에 예식장에 예약이 밀려들고, 시간에 쫓겨 신혼여행지로 떠날 비행기를 타지 못해 발을 동동 구르는 신혼부부들의 모습을 TV 뉴스를 통해 종종 볼 수 있다. 왜 특별히 이 날에 결혼식이 몰리는 것일까?

먼저 삼합대길일이 언제인지 알아보자. 삼합대길일은 지지삼합과 지지방합과 깊은 관련이 있다. 앞서 살펴본 것처럼 지지삼합은 신살 중에서 도화살에 해당하는 자오묘유(子午卯酉)가 가운데에 있을 때 이루어지며, 인오술합(寅午戌合), 신자진합(申子辰合), 사유축합(巳酉丑合), 해묘미합(亥卯未合)이 있다. 지지방합은 방위가 같은 지지가 모여 이루는 합으로, 인묘진합(寅卯辰合), 사오미합(巳午未合), 신유술합(申酉戌合), 해자축합(亥子丑合)이 있다.

삼합대길일은 지지삼합이나 지지방합이 연월일에 해당할 때를 말한다. 다음의 예들을 보면 쉽게 이해될 것이다.

우선 지지삼합의 경우이다. 2006년은 병술(丙戌)년이다. 병술년의 술(戌)과 삼합을 이루는 지지는 인(寅)과 오(午)이다. 그러므로 병술년 인(寅)월에 오(午)일이나 병술년 오(午)월에 인(寅)일이 삼합대길일에 해당한다.

다음은 지지방합의 경우이다. 병술년의 술(戌)과 방합을 이루는 지지는 신(申)과 유(酉)이다. 그러므로 병술년 신(申)월에 유(酉)일이나 병술년 유(酉)월에 신(申)일이 삼합대길일이다.

지지삼합	지지방합
인오술합(寅午戌合)	인묘진합(寅卯辰合)
신자진합(申子辰合)	신유술합(申酉戌合)
사유축합(巳酉丑合)	사오미합(巳午未合)
해묘미합(亥卯未合)	해자축합(亥子丑合)

삼합대길일은 한 해에 많아야 10일 이내이다. 요즘에는 대부분 평일보다는 토요일, 일요일, 공휴일에 결혼식을 올리기 때문에 토요일이나 일요일, 공휴일에 해당하는 삼합대길일을 택일로 활용한다. 그러나 삼합대길일이면서 휴일에 해당하는 경우가 많지 않으므로 삼합대길일에 결혼식장이나 비행기 예약이 매진되는 경우가 생기는 것이다. 또한 한겨울이나 한여름에는 결혼식을 피하고 봄이나 가을에 삼합대길일이면서 휴일인 날을 선호하는데, 이런 조건에 맞는 날이 많지 않다. 그래서 더욱 귀한 날로 생각하고 사람들이 삼합대길일에 특별한 행사를 치루고 싶어한다.

그렇다면 삼합대길일에 결혼, 약혼, 개업 등의 특별한 행사를 하면 과연 행운이 찾아오는가? 그렇지는 않다. 그냥 심리적인 효과라고 생각하면 된다. 오히려 즐거워야 할 결혼식 날, 예식장에서 20분도 안 되는 짧은 시간에 결혼식을 마치느라 신혼부부는 물론 참석한 하객들 역시 허겁지겁 결혼식 사진도 제대로 촬영하지 못하고 끝나는가 하면, 비행기 항공권을 구하지 못해 신혼여행지로 떠나지 못하고 집에서 또는 집 근처 호텔에서 신혼 첫날밤을 보내는 경우도 있다.

삼합대길일에 결혼하는 사람들 모두가 잘 살고 행복한 가정생활을 한다고 볼 수는 없다. 단지 좋은 날에 결혼했기 때문에 희망적으로 행복한 가정을 꾸리려고 노력할 것이란 심리적인 믿음으로 볼 수 있다. 물론, 나쁘다고 하여 꺼리는 날보다는 삼합대길일처럼 좋다고 하는 날에 의미 있는 행사를 하는 것이 더 바람직하다고 본다.

7. 궁합

POINT

궁합

사람과 사람간의 만남에서 길흉을 따져보는 것을 말한다. 궁합으로는 남녀간의 궁합뿐만 아니라 사람과 사람 사이에서 나타나는 모든 관계의 길흉을 판단한다.

궁합이란 사람들끼리의 사주를 음양오행으로 맞추어 보아 서로에게 길한 인연인지 흉한 인연인지를 판단하는 것이다. 궁합을 보면 사람과 사람 사이의 만남에서 나타나는 관계를 알 수 있다.

궁합에는 친구와의 궁합, 부모와 자녀의 궁합, 스승과 제자의 궁합, 동업자간의 궁합 등 다양한 형태가 있다. 그 중에서 결혼을 앞둔 남녀간의 궁합을 가장 많이 보는데, 여기에서는 남녀간에 간단하게 궁합을 맞추어 볼 수 있는 방법을 소개한다. 단, 본격적으로 궁합을 맞추어 보려면 두 사람의 성격, 적성, 취미 등을 종합적으로 분석하고, 이러한 성향들을 비교 분석해야 하므로 어느 정도 사주명리학 실력이 뒷받침되어야 한다.

1 궁합을 보는 방법

일반적으로 궁합을 보는 방식은 다음과 같다.

① 남녀의 생년월일시를 대조하여 비슷한지 비슷하지 않은지를 살펴본다.

② 남녀의 사주를 대조하여 형(刑), 충(冲), 파(破), 해(害), 공망(空亡), 도화살, 양인살, 백호대살, 원진살(怨嗔殺) 등이 있는지 살펴본다.

③ 당사자의 사주나 상대방의 사주에 고신살(孤身殺), 과숙살(寡宿殺)이 있는지 살펴본다.

④ 천을귀인(天乙貴人), 월덕귀인(月德貴人), 천덕귀인(天德貴人), 암록(暗綠) 등을 살펴본다.

⑤ 연간과 연지, 일간과 일지의 합충을 살펴본다.

⑥ 월과 월을 대조한다.

⑦ 조후와 사주원국에 많은 오행의 상생 여부를 살펴본다.

⑧ 상대방의 사주에 용신 오행이 많은지 적은지를 살펴본다.

⑨ 남녀 각자의 사주에서 처궁과 남편궁의 길흉을 살펴본다.

⑩ 남녀의 체상(體相)과 관상(觀相) 등을 살펴본다.

⑪ 납음오행(納音五行)으로 살펴본다.

1) 겉궁합을 보는 방법

궁합을 보는 방법은 크게 겉궁합과 속궁합을 보는 방법으로 나누어진다. 겉궁합이란 서로 대화가 잘 통하는가, 서로의 마음을 잘 이해하는가를 보는 것이다. 겉궁합을 가장 쉽게 보는 방법으로는 띠와 띠를 살펴보는 원진살이 가장 널리 알려져 있고, 그밖에 태어난 달로 보는 방법, 태어난 해의 천간과 지지의 합충으로 보는 방법, 납음오행으로 보는 방법, 단순히 오행의 상생상극을 보는 방법 등이 있다.

먼저 원진살이란 서로 맞지 않는 띠를 말한다. 여기서 서로 맞지 않는 띠로는 쥐띠와 양띠, 소띠와 말띠, 호랑이띠와 닭띠, 토끼띠와 원숭이띠, 용띠와 돼지띠, 뱀띠와 개띠가 있다.

  그런데 이 띠들은 왜 서로 맞지 않는다고 할까? 그 이유는 이렇다. 쥐는 양의 뿔을 싫어하고, 소는 말이 일하지 않아서 싫어하고, 호랑이는 닭이 새벽에 우는 소리를 싫어하고, 토끼는 원숭이의 엉덩이가 빨개서 싫어하고, 용은 돼지의 얼굴이 검어서 싫어하고, 뱀은 개 짖는 소리를 싫어한다는 것이다. 이렇게 띠와 띠가 서로 싫어해서 서로 안 맞는다는 것이 원진살이다.

그런데 이 띠 동물들이 정말 서로 싫어하고, 그것이 의미 있는 것일까? 띠 동물로
보아 서로 원진살이니 결코 결혼하면 안 된다는 것이 타당성이 있을까? 그렇지 않다.
무슨 띠와 무슨 띠이니 결혼하면 안 된다는 것은 전혀 논리적인 근거가 없다는 것이
필자의 생각이다.

다음으로 두 사람이 태어난 달을 맞추어 보는 방법이 있다. 즉, 상대방이 태어난 달과
본인이 태어난 달을 합한 수가 10이면 궁합이 좋지 않다고 판단한다. 예를 들어, 1월
에 태어난 사람은 9월생과 맞지 않고, 2월에 태어난 사람은 8월에 태어난 사람과 맞
지 않으므로 결혼하지 말라는 것이다.

그러나 이미 필자가 설명한 것처럼, 종합적으로 살펴서 두 사람의 사주가 가진 장
단점을 비교하여 보는 궁합이 아니라 단순히 태어난 달의 수만 보고서 결혼을 해라
마라 하는 것은 전혀 이론적인 근거가 없다.

이밖에 지지삼합, 지지방합, 천간합, 지지합, 지지삼합, 지지방합 등의 합과 천간충

과 지지충 등의 충으로 궁합을 맞추어 보는 방법이 있고, 납음오행(納音五行)의 합·충·생·극을 보는 방법, 오행의 상생과 상극으로 보는 방법 등이 있다.

그러나 이러한 방법들 역시 너무 단순한 논리에 바탕을 두기 때문에 궁합 이론이 자칫 의미 없는 헛된 학문으로 비판당할 빌미가 될 수도 있다. 그저 재미로 보는 수준으로 참고해야 할 것이다.

납음오행으로 보는 궁합

10개의 천간과 12개의 지지가 결합하여 이루어진 60갑자에 나름대로 오행을 붙인 것이 납음오행이다. 납음오행으로 궁합을 볼 때는 태어난 해를 기준으로 하여 오행끼리의 상극작용으로 판단한다.

예를 들어, 남성이 갑술(甲戌)년에 태어났고 여성이 임오(壬午)년에 태어났다면 남성은 납음오행이 화(火)이고 여성은 목(木)이 된다. 목생화(木生火)로 여성이 남성을 생하므로 좋은 궁합이라고 본다. 이때 연주를 보아 여성이 남성을 생하면 겉궁합이 좋고, 일주를 보아 여성이 남성을 생하면 속궁합이 좋다고 판단한다. 그러나 생 대신 극 작용을 하면 궁합이 나쁘다고 본다. 이렇게 태어난 해로는 겉궁합, 태어난 일로는 속궁합을 보는 것은 다른 궁합 보는 방법과 같지만, 납음오행은 단순히 상생상극 관계만 살핀다.

▼ 납음오행

1순(旬)	2순(旬)	3순(旬)	4순(旬)	5순(旬)	6순(旬)
甲子 乙丑 해중금(海中金)	甲戌 乙亥 산두화(山頭火)	甲申 乙酉 천중수(泉中水)	甲午 乙未 사중금(沙中金)	甲辰 乙巳 복등화(覆燈火)	甲寅 乙卯 대계수(大溪水)
丙寅 丁卯 노중화(爐中火)	丙子 丁丑 윤하수(潤下水)	丙戌 丁亥 옥상토(屋上土)	丙申 丁酉 산하화(山下火)	丙午 丁未 천하수(天河水)	丙辰 丁巳 사중토(沙中土)
戊辰 己巳 대림목(大林木)	戊寅 己卯 성두토(城頭土)	戊子 己丑 벽력화(霹靂火)	戊戌 己亥 평지목(平地木)	戊申 己酉 대역토(大驛土)	戊午 己未 천상화(天上火)
庚午 辛未 노방토(路傍土)	庚辰 辛巳 백랍금(白蠟金)	庚寅 辛卯 송백목(松栢木)	庚子 辛丑 벽상토(壁上土)	庚戌 辛亥 차천금(釵釧金)	庚申 辛酉 석류목(石榴木)
壬申 癸酉 검봉금(劍鋒金)	壬午 癸未 양류목(楊柳木)	壬辰 癸巳 장류수(長流水)	壬寅 癸卯 금박금(金箔金)	壬子 癸丑 상자목(桑柘木)	壬戌 癸亥 대해수(大海水)
戌亥 水	申酉 無	午未 金	辰巳 水	寅卯 無	子丑 金

2) 속궁합을 보는 방법

겉궁합이 두 사람의 성격, 취미, 대화가 통하는지 아닌지를 보는 것이라면, 속궁합은 잠자리가 잘 어울리는지 안 어울리는지를 보는 것이다.

예를 들어, 겉궁합은 나쁘고 속궁합은 좋으면 서로 만나면 다투고 싸우지만 잠자리만 들면 깨가 쏟아진다는 것이다. 반대로 겉궁합은 좋고 속궁합은 나쁘면 서로 대화가 잘 통하고 서로의 마음을 이해하며 취미나 적성도 비슷하지만, 잠자리에서는 등 돌리고 잠을 자게 된다는 것이다. 마지막으로, 겉궁합도 좋고 속궁합도 좋으면 대화도 잘 통하고 마음도 잘 이해하면서 잠자리까지 잘 맞는다는 것이다.

한편 속궁합은 어떻게 볼까? 일반적으로 속궁합은 태어난 일지를 대조하여 원진살이나 충살 등이 있으면 불길하고, 합을 만나면 궁합이 좋은 것으로 해석한다.

예를 들어, 태어난 날의 일지가 자(子)인 사람은 미(未)나 오(午)의 날에 태어난 사람과 궁합이 안 맞는다고 본다. 반대로 속궁합이 좋은 경우는 인오술(寅午戌), 사유축(巳酉丑), 신자진(申子辰), 해묘미(亥卯未) 등 삼합이 들 때이다. 가령 본인이 태어난 날이 갑술일(甲戌日)이면 상대방이 태어난 날은 오(午)일이나 인(寅)일이 좋다고 보는 것이다.

오래 전 필자가 아파트에 살 때 있었던 일이다. 사실 우리 나라 아파트는 방음이 잘 되지 않아서 위층 사는 사람과 아래층 사는 사람 사이에 비밀이 없을 정도로 소리가 잘 들린다. 필자가 사는 층 바로 위층에 한 신혼부부가 살았다. 이 신혼부부는 저녁만 되면 다투는 소리가 요란했다. 남편이 늦게 퇴근한 후 부부싸움을 하다 집안의 집기들을 집어 던지는 소리, 그릇 깨지는 소리, 고함치는 소리 등으로 아수라장이었다. 하지만 함부로 부부싸움에 끼어들 수 없으니 참고 견딜 수밖에 없었다.

그런데 싸운 다음날 아침에 엘리베이터에서 마주치는 이들 부부는 언제 싸웠나 싶게 늘 다정하였다. 눈가에 시퍼렇게 멍이 들어 삶은 계란으로 마사지를 하면서 아파트 입구까지 배웅을 하는 아내와 출근하는 남편은 서로 "자기" "자기" 하면서 꼭 껴안고 사랑스러워 어쩔 줄 몰라 하였다. 주변에 사람들이 있어도 볼을 비벼대고 뽀뽀를 할 정도였다.

아마도 이들 부부는 속궁합이 꽤 좋았을 것이다. 부부싸움이 심각할 정도로 겉궁합은 나쁘지만, 잠자리만 하고 나면 금세 사이가 좋아지는 속궁합에 합이 들었을 것이란 생각에 이들 신혼부부를 만나면 씩 웃음을 짓던 기억이 난다.

2 궁합 대조

1) 나쁜 궁합

두 사람의 사주팔자를 서로 대조하여 원진살, 충, 파, 해, 도화살, 양인살(단, 조견표의 양인살은 일반 이론을 참고하였다), 백호대살, 고신살, 과숙살 등이 있으면 좋지 않은 궁합으로 본다. 태어난 연으로는 겉궁합을 보고, 일로는 속궁합을 본다. 월은 전체 궁합을 볼 때 사용한다.

POINT

나쁜 궁합

두 사람의 사주팔자를 맞추어 보아 원진살, 충, 파, 해, 도화살, 양인살, 백호대살, 고신살, 과숙살 등이 있으면 나쁜 궁합으로 본다.

▼ 원진살 · 충 · 파 · 해

연월일시 살	子	丑	寅	卯	辰	巳	午	未	申	酉	戌	亥
원진살	未	午	酉	申	亥	戌	丑	子	卯	寅	巳	辰
충	午	未	申	酉	戌	亥	子	丑	寅	卯	辰	巳
파	酉	辰	亥	午	丑	申	卯	戌	巳	子	未	寅
해	未	午	巳	辰	卯	寅	丑	子	亥	戌	酉	申

▼ 도화살

연지	도화살(연살)
寅午戌	卯
申子辰	酉
巳酉丑	午
亥卯未	子

▼ 양인살 · 백호대살

살＼천간	甲	乙	丙	丁	戊	己	庚	辛	壬	癸
양인살	卯	辰	午	未	午	未	酉	戌	子	丑
백호대살	辰	未	戌	丑	辰				戌	丑

▼ 고신살 · 과숙살

살＼지지	亥子丑	寅卯辰	巳午未	申酉戌
고신살	寅	巳	申	亥
과숙살	戌	丑	辰	未

2) 좋은 궁합

두 사람의 사주팔자 여덟 글자를 맞추어 보아 천간합, 지지합, 지지육합, 지지방합, 천을귀인, 천덕귀인, 월덕귀인, 암록 등이 있으면 좋은 궁합으로 본다. 예를 들어, 본인의 연간이 갑(甲)이고 상대방의 연간이 기(己)이면 갑기합(甲己合)을 이루므로 궁합이 좋다고 판단한다.

일반적으로 태어난 연에 합이나 귀인이 있으면 겉궁합이 좋은 것으로 보고, 일에 합이나 귀인이 있으면 속궁합이 좋은 것으로 본다. 연이나 일의 궁합을 보지 않고 월만으로 전체 궁합을 보는 경우도 있다.

▼ 천간합

연간 · 일간	甲	乙	丙	丁	戊	己	庚	辛	壬	癸
연간 · 일간	己	庚	辛	壬	癸	甲	乙	丙	丁	戊

▼ 지지육합 · 지지삼합 · 지지방합

연지·일지	子	丑	寅	卯	辰	巳	午	未	申	酉	戌	亥
지지육합	丑	子	亥	戌	酉	申	未	午	巳	辰	卯	寅
지지삼합	申辰	巳酉	午戌	亥未	申子	酉丑	寅戌	亥卯	子辰	巳酉	寅午	卯未
지지방합	亥丑	亥子	卯辰	寅辰	寅卯	午未	巳未	巳午	酉戌	申戌	申酉	子丑

▼ 천을귀인

일간	甲戊庚	乙己	丙丁	辛	壬癸
천을귀인	丑未	子申	亥酉	寅午	巳卯

▼ 천덕귀인

월지	寅	卯	辰	巳	午	未	申	酉	戌	亥	子	丑
천덕귀인	丁	甲	壬	辛	亥	甲	癸	寅	丙	乙	巳	庚

▼ 월덕귀인

월지	寅午戌	亥卯未	申子辰	巳酉丑
월덕귀인	丙	甲	壬	庚

▼ 암록

일간	甲	乙	丙	丁	戊	己	庚	辛	壬	癸
암록	亥	戌	申	未	申	未	巳	辰	寅	丑

1. 옛날의 궁합법

옛날 사람들은 여성은 남성에게 순종적이고 헌신적이어야 한다고 믿었다. 당연히 궁합법에도 이러한 인식이 깔려 있어서 여성은 남성을 도와주어야 하며, 남성이 여성을 극해도 참고 인내해야 한다고 생각하였다. 여성이 스스로를 남성과 동격으로 생각하고 맞서는 것은 절대 용납되지 않았다.

· **길한 궁합** : 여성이 남성을 생하는 경우, 남성이 여성을 극하는 경우.
· **흉한 궁합** : 남성과 여성의 납음오행이 같은 경우, 여성이 남성을 극하는 경우, 남성이 여성을 생하는 경우.

2. 현대의 궁합법

그러나 옛날과 달리 여성의 사회진출이 많아지고 여권이 신장되면서 사주명리학 등 여러 가지 운명학에서 여성을 바라보는 관점이 달라졌고, 자연스럽게 궁합을 판단하는 방법도 다음과 같이 바뀌었다.

· **길한 궁합** : 남성과 여성의 납음오행이 같은 경우, 여성이 남성을 생하는 경우, 남성이 여성을 생하는 경우.
· **흉한 궁합** : 남성이 여성을 극하는 경우, 여성이 남성을 극하는 경우.

---

③ 궁합의 효용성

전통적으로 우리 나라에서는 혼담이 오가는 남녀의 궁합을 맞추어 보고 장차 결혼생활의 길흉을 알아보았다. 궁합을 보는 관습은 과학이 눈부시게 발달한 현대에까지 이어지고 있다. 결혼처럼 중요한 일을 앞두고 두 사람의 궁합을 맞추어 보는 것을 비과학적이라고 무조건 폄하할 수는 없다. 이왕이면 서로 잘 맞는 사람임을 확인하고 싶어하는 마음의 표현이기 때문이다.

그러나 예전처럼 신랑 신부가 서로의 얼굴도 못 보고 결혼하던 시절과 자유롭게 사귀다 결혼하는 오늘날이 같을 수는 없다. 그만큼 궁합의 효용성이 줄어든 것이다. 궁합은 긴 인생을 살면서 참고하는 정도로 그치고, 두 사람이 진실로 사랑하고 있는지 그리고 어떤 어려움도 서로 참아내고 극복할 각오가 되어 있는지를 더 중요하게 생각해야 할 것이다.

또 한 가지 고려해야 할 점은 과연 부부간에 궁합이 잘 맞으면 백년해로를 할 수 있고, 궁합이 맞지 않으면 반드시 이별하거나 사별하느냐는 것이다. 필자는 궁합을 철저하게 신뢰하지는 않는다. 특히 단순하게 궁합이 좋으니 잘 산다, 궁합이 나쁘니 반드시 헤어진다 등의 극단적인 궁합 해석은 신뢰하지 않는다.

그러나 많은 사람들이 "우리 아이가 무슨 띠인데 무슨 띠와 궁합이 맞겠습니까?" 라고 질문해온다. 자신의 자녀가 어떤 사주를 타고났는지, 자신의 자녀의 성격 유형은 어떤지 종합적으로 검토해보고 그에 맞추어 상대방의 사주를 종합적으로 해석한 후에 서로의 궁합을 맞추어보는 것이 원칙이다. 그런데 무슨 띠와 무슨 띠의 궁합이 좋으면 모든 일이 잘 해결된다고 알고 있는 사람들이 많다. 또 어떤 사람들은 모 철학관에 갔더니 궁합이 나빠 부적을 써서 태우면 괜찮다고 했다는 둥 어느 점집에서는 액땜으로 굿을 하라고 했다는 둥 겁을 먹고 찾아오기도 한다. 매우 답답한 일이다.

극단적으로 좋거나 나쁜 궁합만 있는 듯 몰아가는 학설은 현대에서는 타당성이 없다. 그런데 일반적으로 철학관이나 점집, 절 등에서 궁합을 보면 어이없게도 결혼할 당사자들이 혼자 왔을 때보다 둘이 함께 왔을 때 일단 궁합이 좋다고 말해주는 경향이 많고, 부모나 친척이 궁합을 보러 오면 궁합이 나쁘다고 이야기하는 경우가 많다고 한다.

뿐만 아니라, 철학관이나 점집이나 절에 가서 사주를 보면서 배우자복이 어떠한지 물어보면 "당신 운명에는 남편궁이 용신에 해당하니 남편복이 있겠어!" 또는 "남편이 사궁(死宮)에 들어 남편이 일찍 죽겠어!"라는 등 배우자의 사주가 어떤지, 배우자와의 궁합이 어떤지, 배우자의 띠는 무슨 띠인지를 알아보지도 않고 단순히 사주만 보고서 배우자복을 본다.

궁합을 보러 가도 마찬가지다. 무슨 띠와 무슨 띠이니 절대 결혼할 수 없다는 식으로 궁합을 보아주기 때문에 사주와 궁합간의 모순이 적나라하게 드러나게 된다. 궁합이 중요하다고 외친다면, 본인의 사주만 가져왔다고 하더라도 반드시 상대방의 사주나 최소한 띠라도 물어보아야 한다. 일반 이론에서는 상대방이 무슨 띠인지에 따라 궁합의 좋고 나쁨이 결정되고 배우자복이 결정되기 때문이다. 최소한 원진살이라도 물어보는 것이 당연하다.

그러나 궁합의 중요성을 강조하는 역술인이나 무속인들 대다수가 한 사람의 사주만 보고서도 배우자복을 알아맞힌다고 한다. 이 어찌 웃기는 이야기이지 않은가? 앞으로는 "합이 들었으니 결혼해도 좋겠습니다" 또는 "원진살이 들었으니 결혼하면 결코 좋지 않습니다" 라는 식으로 이야기하는 궁합은 믿지도 말아야 하고, 이런 궁합으로 애꿎은 사람들에게 피해를 입히는 일은 없어야 할 것이다. 서로간의 장단점을 이야기해주고, 궁합으로 본 장점과 단점을 두 사람에게 이야기해주고, 마지막 선택은 당사자가 할 수 있도록 조언하는 것이 궁합을 보는 올바른 자세일 것이다.

좋다 또는 나쁘다, 이렇게 단순하게 결론짓는 궁합은 재미로 보고 참고하는 정도에 그쳐야지 그것을 절대적으로 믿는 것은 옳지 않다.

무엇보다 사주팔자를 상담해주는 상담자의 자세가 중요하다. 궁합을 보러 온 당사자들에게 서로간의 궁합의 장점은 무엇이고 단점은 무엇이니 장점은 잘 살려나가고 단점은 서로 참고 배려하도록 조언해주는 것이 상담자의 올바른 자세이다. 상담은 상담으로 끝나야 한다. 상담자가 궁합을 보러 온 사람들의 인생을 신(神)이나 무소불위의 권력자처럼 극단적으로 평가하며 결론지음으로써 7~8년 동안을 사귀어온 연인들을 갈라놓는 것은 정말 심각한 문제이다. 궁합을 보러 가는 사람들도 궁합을 인생의 참고사항 정도로 봐야지 궁합에 자신의 인생을 거는 것은 잘못된 생각임을 깨달아야 한다.

궁합이란 좋은 궁합과 나쁜 궁합 두 종류만 있는 것이 아니라 100점에 가까운 궁합부터 0점에 가까운 궁합까지 장점이 많은 궁합과 단점이 많은 궁합이 있다. 장점이 많은 궁합은 그 장점을 잘 살려나가면 될 것이고, 단점이 많은 궁합은 단점을 잘 보완하여 궁합을 슬기롭게 이용하는 것이 필요하다. 궁합이란 서로를 이해하는 도구로 사용되어야지, 두 사람으로 하여금 결혼 선택을 강요거나 헤어지게 하는 극단적인 방법으로 사용되어서는 안 된다는 것을 명심해야 한다.

8. 신강 신약론

▌1▐ 신강 · 신약의 정의

신강(身強)은 사주팔자에서 일간의 힘이 강한 것을 의미하고, 신약(身弱)은 반대로 일간의 힘이 약한 것을 의미한다.

사주명리학 일반 이론에서는 신강과 신약을 매우 중요하게 활용하고, 신강과 신약을 구분하기 위해 사용하는 용어들이 상당히 많다. 그런데 통근(通根), 착근(着根), 투출(透出), 투간(透干), 득령(得令), 득지(得支), 득지(得地), 득시(得時), 득세(得勢) 등 신강과 신약을 구분하는 데 사용하는 용어는 뜻이 너무 어려워서 처음 공부하는 사람은 제대로 시작하기도 전에 질리고 만다.

사실 사주명리학이나 역학 용어에는 불필요하게 어려운 말들이 많이 있다. 이것은 어려운 용어를 사용함으로써 자신의 실력을 자랑하려는 일부 사주명리학자들의 태도가 원인이기도 하다.

요즘 같은 디지털 시대에는 좀더 간단하고 쉬운 용어들이 필요하다고 보고, 사용하지 않아도 될 용어들은 과감히 버렸으면 하는 것이 평소 필자의 바람이다.

필자의 이론에서는 신강과 신약을 구분할 때, 일간을 기준으로 일간과 같은 오행과 일간을 생해주는 오행의 점수가 55점 이상이면 신강으로 보고, 55점 이하이면 신약으로 본다. 따라서 신강과 신약을 구분하는 데 통근, 착근, 투출, 투간, 득령, 득지, 득시, 득세와 같은 일반 이론에서 사용하는 용어는 활용하지 않는다.

다만, 아직까지는 일반 이론 위주인 책들이 대다수이기 때문에 이런 책들을 접하게 되면 독자의 혼란을 초래할 것 같아 불필요한 용어지만 간단하게 설명을 해두고자 한다.

② 일반 이론의 신강 · 신약 용어

다음은 일반 이론에서 신강과 신약을 설명할 때 중요하게 사용하는 용어들이다.

❶ 득령

득령(得令)은 월령(月令) 즉 월지를 얻는다는 뜻으로 일간과 월지를 보고 판단한다. 즉 일간의 오행과 월지의 오행이 같거나, 월지의 오행이 일간의 오행을 생하는 경우를 말한다. 당령(當令)이라고도 하며, 득시(得時)라고도 한다.

예를 들어, 갑을(甲乙) 일간이 월지에서 인묘(寅卯) 또는 해자(亥子)를 만나는 경우, 무기(戊己) 일간이 월지에서 진술축미(辰戌丑未)를 만나는 경우, 임계(壬癸) 일간이 월지에서 해자(亥子)나 신유(申酉)를 만나는 경우 등이다.

사주명리학자에 따라서 일간인 나를 생하는 것을 만나는 경우는 득령했다고 하지 않고, 자신의 오행과 같은 오행을 만나는 경우만을 득령했다고 하기도 한다.

▼ 득령 조견표

일간	월지	
	나와 같은 오행	나를 생하는 오행
木[甲乙]	寅卯	亥子
火[丙丁]	巳午	寅卯
土[戊己]	辰戌丑未	巳午
金[庚辛]	申酉	辰戌丑未
水[壬癸]	亥子	申酉

❷ 득지

득지(得支)는 득지(得地)라고도 부르는데, 일간이 일지에 뿌리를 내리고 있는 것을 말한다. 일반 이론에서는 사주명리학자에 따라 다음의 2가지 경우를 득지로 본다.

첫째, 단순히 일지에 인성(印星)이나 비겁(比劫), 즉 일간을 생하는 오행이나 일간과 같은 오행이 오는 경우이다.

둘째는 양 일간이 12운성 중에서 장생, 관대, 제왕 등을 만나는 경우와 음 일간이 장생, 관대, 제왕을 만나는 경우이다. 예를 들어, 갑을(甲乙) 일간에 일지가 인묘진미해(寅卯辰未亥)이고, 병정(丙丁) 일간에 일지가 인사오미술(寅巳午未戌)이고, 무기(戊己) 일간에 일지가 축인진사오미술(丑寅辰巳午未戌)이고, 경신(庚辛) 일간에 일지가 축사신유술(丑巳申酉戌)이고, 임계(壬癸) 일간에 일지가 자축진신해(子丑辰申亥)인 경우를 말한다.

득지의 경우를 사용하자면 12운성법으로 보는 두 번째 이론보다는 오행의 상생 상극으로 보는 첫 번째 이론을 많이 사용한다. 또한 득령과 같이 나를 생하는 것은 득지라고 하지 않고, 나와 같은 것을 만나는 경우만 득지로 사용하는 경우도 있다.

▼ 득지 조견표

일간	일지	
	나와 같은 오행	나를 생하는 오행
木[甲乙]	寅卯	亥子
火[丙丁]	巳午	寅卯
土[戊己]	辰戌丑未	巳午
金[庚辛]	申酉	辰戌丑未
水[壬癸]	亥子	申酉

▼ 득지와 일간의 강약

일간	일지(강)	일지(약)
木[甲乙]	寅卯亥子	申酉
火[丙丁]	寅卯巳午	亥子
土[戊己]	辰戌丑未巳午	寅卯
金[庚辛]	辰戌丑未申酉	巳午
水[壬癸]	申酉亥子	辰戌丑未

③ 득시

득시(得時)란 일간이 시지에서 자신을 도와주는 오행이나 자신과 같은 오행을 만났을 때를 말한다. 사주명리학자에 따라서 득령을 계절을 얻었다고 하여 득시라고 부르기도 한다.

④ 득세

득세(得勢)란 세력을 얻었다는 뜻으로, 사주팔자에 일간 즉 자신을 생해주는 오행이나 자신과 같은 오행이 많은 경우에 해당한다.

⑤ 통근

통근(通根)이란 통할 통(通)에 뿌리 근(根)으로 '뿌리가 통한다'는 뜻이다. 일반적으로 뿌리를 내렸다고도 하는데, 천간에 있는 글자가 지지에서 자신을 생해주는 인성이나 자신과 같은 비겁을 만나는 경우를 말한다.

지지 중에서 진술축미(辰戌丑未)를 창고에 저장하는 지지라고 하여 고장지(庫藏地)라고 한다. 일반 이론에 따르면 목(木)은 미토(未土), 화(火)는 술토(戌土), 금(金)은 축토(丑土), 수(水)는 진토(辰土)가 고장지다. 그러므로 목(木)은 미토(未土)에 뿌리를 내리고, 화(火)는 술토(戌土)에 뿌리를 내리고, 금(金)은 축토(丑土)에 뿌리를 내리고, 수(水)는 진토(辰土)에 뿌리를 내린다고 본다.

그러나 앞서 살펴본 것처럼, 목(木)은 진토(辰土)에 뿌리를 내리고, 화(火)는 미토(未土)에 뿌리를 내리고, 금(金)은 술토(戌土)에 뿌리를 내리고, 수(水)는 축토(丑土)에 뿌리를 내린다는 것이 필자의 견해이다.

▼ 통근 조견표

천간	통근			
	같은 오행	생해주는 오행	대덕 이론	일반 이론
木[甲乙]	寅卯	亥子	辰	未
火[丙丁]	巳午	寅卯	未	戌
土[戊己]	辰戌丑未	巳午		
金[庚辛]	申酉	辰戌丑未	戌	丑
水[壬癸]	亥子	申酉	丑	辰

⑥ 녹근

녹근(祿根)이란 천간이 자신의 바로 아래 지지에서 12운성 중의 건록(建祿)을 만나는 것을 말한다. 갑인(甲寅), 을묘(乙卯), 경신(庚申), 신유(辛酉) 등이다.

❼ 착근

착근(着根)이란 천간이 자신의 바로 아래 지지에서 자신과 음양오행이 같은 지지를 만나는 것을 말한다. 갑인(甲寅), 을묘(乙卯), 병오(丙午), 정사(丁巳), 무진(戊辰), 무술(戊戌), 기축(己丑), 기미(己未), 경신(庚申), 신유(辛酉), 임자(壬子), 계해(癸亥) 등이다.

❽ 실령

실령(失令)이란 득령의 반대 개념이다. 일간과 월지의 관계로 보는 것으로서, 일간이 월지를 생하거나, 일간이 월지를 극하거나, 월지가 일간을 극하는 경우에 해당된다.

▼ 득령·실령 대조

구분 / 일간	득령		실령		
	나와 같은 오행	나를 생하는 오행	내가 생하는 오행	내가 극하는 오행	나를 극하는 오행
木[甲乙]	寅卯월	亥子월	巳午월	辰戌丑未월	申酉월
火[丙丁]	巳午월	寅卯월	辰戌丑未월	申酉월	亥子월
土[戊己]	辰戌丑未월	巳午월	申酉월	亥子월	寅卯월
金[庚辛]	申酉월	辰戌丑未월	亥子월	寅卯월	巳午월
水[壬癸]	亥子월	申酉월	寅卯월	巳午월	辰戌丑未월

❾ 실지

실지(失支)는 득지의 반대 개념으로서 실지(失地)라고도 부른다. 일간이 일지를 생하거나, 일간이 일지를 극하거나, 일지가 일간을 극하는 경우를 말한다.

❿ 실세

실세(失勢)란 득세의 반대 개념으로서, 사주팔자에서 자신의 세력을 잃어버린 것을 의미한다. 사주팔자에 일간이 생해주는 오행이 많거나, 일간이 극하는 오행이 많거나 일간을 극하는 오행이 많은 경우를 말한다.

⑪ 투간

투간(透干)은 직역하면 '천간에 나타난다' 는 뜻이다. 지지에 있는 글자가 천간에도 있는 경우 또는 지장간에 있는 글자가 천간에 있는 경우를 말한다.

⑫ 투출

투출(透出)은 투간과 같은 의미로, 지지에 있는 글자가 천간에 있거나 지장간에 있는 글자가 천간에 있는 경우를 말한다.

⑬ 방조

방조(幫助)는 일간과 오행이 같은 것과 일간을 생하는 오행을 말한다.

⑭ 득기

득기(得氣)는 일간과 월지의 관계로 판단하며, 득령을 하는 경우를 말한다. 육친으로 는 인성과 비겁이고, 12운성으로 볼 때 장생(長生), 건록(建祿), 제왕(帝王)에 해당하 는 관계를 말한다.

⑮ 실기

실기(失氣)는 득기의 반대 개념이다. 일간과 월지의 관계로 판단하며, 육친으로는 식 성, 재성, 관성이고, 12운성으로는 병(病), 사(死), 절(絶)에 해당하는 관계이다.

⑯ 도기

도기(盜氣)는 자신의 기운이 약할 때 그 기운을 다음 오행으로 유출시키는 것으로서 설기(洩氣)와 비슷한 용어이다. 약한 기운이 빠져나가는 것을 말한다.

⑰ 설·설기

설(洩), 설기(洩氣)는 빼주는 것, 기운을 유출시키는 것을 뜻하며, 도기(盜氣)와 비슷한 용어이다. 단, 강한 기운이 빠져 나가는 것을 말한다.

③ 일반 이론의 신강·신약 판단법

일반 이론에서는 사주팔자에서 일간이 강한가 약한가를 구분하여 각각 신강(身强), 신약(身弱)이라고 하고, 일간이 균형을 이룬 경우에는 중화(中和)라고 한다. 신강은 신왕(身旺)이라고도 한다.

신강과 신약을 판단할 때는 일간을 기준으로 나머지 7개 간지를 비교하여 나를 돕는 오행(나와 같은 것, 나를 생하는 것)이 몇 개인가, 반대로 일간을 기준으로 나를 돕지 않는 오행(내가 생하는 것, 내가 극하는 것, 나를 극하는 것)이 몇 개인가를 보고 판단한다.

하지만 이러한 일반 이론으로 일간의 왕(旺), 강(强), 약(弱), 쇠(衰)를 판단하는 문제는 간단하지가 않다. 일단 용어 자체가 어렵다. 앞서 설명한 득령, 득시, 득지, 득세, 실령, 실지, 실세뿐만 아니라 12운성의 장생, 건록, 제왕, 쇠, 병, 사까지 활용하다보니 이 용어들을 제대로 이해하기에도 시간이 걸린다. 더불어 천간의 생극제화의 변화를 살피고 지지의 생극제화와 합, 충, 형, 파, 해, 원진살까지 분석하고 각각의 오행이 많은지 적은지를 살펴보아야 한다.

돌발퀴즈

Q 생극제화란 무엇인가?

A 음양오행이 변화하는 관계를 묶어서 생극제화(生剋制化)라고 한다. 생(生)은 생조해주거나 받는 것을 의미하고, 극(剋)은 극하거나 극을 받는 것을 말한다. 제(制)는 극과 비슷한 의미로 쓰이는데, 강한 것을 적절하게 통제하여 다스리는 것을 뜻한다. 화(化)는 합이나 충을 통하여 기존의 것이 새로운 것으로 변화하는 것을 의미한다. 사주팔자의 해석은 이 생극제화를 분석하는 것이 바탕을 이룬다.

1) 신강한 사주

일반 이론에서는 왕(旺)한 사주와 강(强)한 사주를 합쳐서 신강한 사주로 판단한다. 필자는 이와 달리 사주팔자에 자신을 생하는 오행인 인성과 자신과 같은 오행인 비겁이 자신과 다른 편인 식상, 재성, 관성보다 더 많아서 일간의 힘이 세고 강한 경우를 신강한 사주로 판단한다. 이 내용은 『사주명리학 완전정복』의 육친론에서 좀더 자세하게 다룬다.

❶ 왕한 사주

일반 이론에서 왕(旺)과 강(强)은 자주 혼동되고, 실제로 사주명리학자들 사이에서도 이 둘의 구분이 모호한 경우가 많다. 어떤 사람은 강보다 왕이 더 세다고 보는가 하면, 어떤 사람은 왕보다 강이 더 세다고 판단하는 것이다.

그러나 정확하게 말하면 왕이 강보다 좀더 힘이 세다고 보아야 한다. 왕은 일반적으로 사주팔자에 자신과 같은 오행이 많은 것을 말하거나, 12운성에서 제왕을 줄여서 말한다.

신강·신약 사주에서 왕한 사주는 첫째 일간이 득령과 득세를 함께 한 사주, 둘째 일간이 득령과 득지를 함께 한 사주, 셋째 일간이 득지와 득세를 함께 한 사주, 넷째 일간이 득령과 득지와 득세를 함께 한 사주이다.

❷ 강한 사주

일반 이론에서 왕한 사주와 혼동되는 경우가 많지만, 왕보다는 힘이 좀더 약하다고 보아야 한다. 강은 일반적으로 사주팔자에 자신을 생하는 오행이 많은 것을 말한다.

신강·신약 사주에서 강한 사주는 첫째 일간이 득령한 사주, 둘째 일간이 득세한 사주, 셋째 일간이 득지한 사주이다.

2) 신약한 사주

일반 이론에서는 쇠(衰)한 사주와 약(弱)한 사주를 합쳐서 신약한 사주로 판단한다.

이와 달리 필자는 사주팔자에 나의 편인 인성과 비겁보다 다른 편인 식상, 재성, 관성이 더 많아서 일간의 힘이 약한 사주를 신약한 사주로 본다. 신강한 사주와 마찬가지로 『사주명리학 완전정복』의 육친론에서 좀더 자세하게 다룬다.

일반 이론에서 신약한 사주는 다음과 같다.

❶ 약한 사주

첫째 일간이 실령한 사주, 둘째 일간이 실세한 사주, 셋째 일간이 실지한 사주이다.

❷ 쇠한 사주

첫째 일간이 실령하고 실세를 함께 한 사주, 둘째 일간이 실령하고 실지를 함께 한 사주, 셋째 일간이 실지하고 실세를 함께 한 사주, 넷째 일간이 실령하고 실세하고 실지를 함께 한 사주이다.

신강(신왕)

① 일간이 득령하고 득세하면 신강하다.

② 일간이 득령하고 득지하면 신강하다.

③ 일간이 득세하고 득지하면 신강하다.

④ 일간이 득령하고 득지하고 득세하면 매우 신강하다.

⑤ 일간이 득령하고 지장간에 통근했을 때 신강하다.

⑥ 일간을 기준으로 12운성 중에서 장생, 건록, 관대, 제왕이 많을 때 신강하다.

⑦ 월령이 왕상(旺相)한 경우에 신강하다.

⑧ 지지가 득기한 경우에 신강하다.

⑨ 일간을 방조하는 오행이 많은 경우에 신강하다.

⑩ 지지가 방(方)이나 국(局)을 이루어 일간을 돕는 경우에 신강하다.

① 일간이 실령하고 실세하면 신약하다.

② 일간이 실령하고 실지하면 신약하다.

③ 일간이 실세하고 실지하면 신약하다.

④ 일간이 실령하고 실지하고 실세하면 매우 신약하다.

⑤ 일간이 실령하고 지장간에 통근하지 못하면 신약하다.

⑥ 일간을 기준으로 12운성 중에서 절, 쇠, 병, 사, 묘 등이 많으면 신약하다.

⑦ 월령이 쇠약한 경우에 신약하다.

⑧ 일간이 생하는 오행이나 일간이 극하는 오행이나 일간을 극하는 오행이 많은 경우에 신약하다.

⑨ 지지에서 실기하는 경우에 신약하다.

⑩ 지지가 방(方)이나 국(局)을 이루어 일간을 극하거나 설하는 경우에 신약하다.

4 일반 이론의 문제점

앞서도 설명했지만, 사주명리학 일반 이론에서 신강과 신약은 매우 비중 있게 다루어진다. 그 내용을 보면, 사주팔자가 신강하면 자신감이 넘치고, 적극적이고, 활동적이고, 건강하고, 남성미가 있고, 하는 일들이 순조롭게 이루어지는 반면, 신약하면 소심하고, 안정적이고, 약하고, 여성적이고, 하는 일들이 꼬인다는 것이다.

그러나 사주팔자가 신강한 남성은 반드시 자신감이 넘치고, 적극적이고, 활동적이고, 건강하고, 남성미가 있는가? 신약한 남성은 반대로 소심하고, 안정적이고, 연약하고, 여성적인가? 필자는 수없이 많은 임상실험을 거쳐 통계를 내보았지만 전혀 의미 있는 결과를 얻을 수 없었다. 한마디로 엉터리 학설이라는 생각이 들었다. 오히려 나(일간)를 극하는 오행이 많은 신약 사주의 경우는 거칠 것 없는 배짱과 활동성 때문에 주변을 피곤하게 할 정도였다. 결론적으로 말해서 일반 이론의 신강과 신약 활용법은 과학적 타당성이 부족하기 때문에 과감하게 버려야 한다고 본다. 극단적으로 신강하거나 신약한 사주는 둘 다 매우 모험적이고, 저돌적이고, 활동성이 강하다. 그리고 신강과 신약에 치우치지 않은 중화된 사주는 모험적이기보다 안정적이다.

Q 태어난 시간을 모를 때는 어떻게 사주팔자를 보는가?

A 나이가 아주 많은 노인들 중에는 자신이 태어난 해를 정확히 기억하지 못하는 경우가 있다. 뿐만 아니라 태어난 월이나 태어난 날을 혼동하는 경우도 많다. 이렇게 태어난 연도나 월이나 일을 모르는 경우에는 절대로 사주팔자를 해석할 수 없다.

그렇다면 태어난 시간을 모를 때는 사주팔자를 볼 수 없는가? 태어난 시간을 모르는 경우라도 사주팔자 해석은 가능하다. 하지만 사주 해석의 정확도는 떨어지는 것이 사실이다.

요즘에는 대부분 병원에서 아이를 낳는데, 병원에서 출산 시간을 기록해놓고 알려주므로 아이가 태어난 시간을 정확하게 알 수 있고, 사주팔자를 정확하게 해석할 수 있다. 하지만 예전에는 시계가 있는 집이 드물었기 때문에 아이가 태어난 시간을 정확하게 알지 못하는 경우가 많았다. 그래서 아침 소 여물을 줄 때, 첫닭 울 때, 아침 새참을 먹을 때, 저녁에 땅거미가 질 때, 저녁에 마실을 다녀올 때 등을 기억하고 있는 경우에 대충 그 시간대로 사주팔자를 해석해보고 지나간 삶과 비슷한지 과거를 맞추어 보는 방법을 썼다.

예를 들어, 첫닭이 울 때면 축(丑)시, 인(寅)시, 묘(卯)시를 일일이 대입해서 사주를 분석하고, 이를 살아온 과거와 맞추어 보아 과거의 삶과 일치하는 사주팔자의 시간을 정확한 시간으로 보는 것이다.

하지만 태어난 때가 아침인지, 점심인지, 저녁인지도 모르는 경우에는 사주팔자를 분석하기가 거의 불가능하다. 일부 사주명리학자는 어차피 아무도 시간을 모르므로 이왕이면 다홍치마라는 속담처럼 태어난 날에 맞추어 좋은 시간을 만들어 쓰는 것도 좋은 방법이라고 하는데, 이것은 운명을 판단하는 역학자로서 매우 불성실한 태도이다.

5 대덕 이론의 신강·신약 판단법

일반 이론에서는 통근, 투간, 투출, 월령, 득령, 득지, 득시, 득세 등의 용어를 활용하여 신강과 신약을 판단하거나, 12운성을 통하여 신강과 신약을 판단한다. 그러나 필자의 대덕 이론에서는 간단하게 활용할 수 있는 점수 판단법으로 다음과 같이 신강과 신약을 구분한다.

❶ 신강한 사주

일간을 생하거나 일간과 같은 오행이 55점 이상인 경우, 일간을 생하거나 일간과 같은 오행이 55점이면서, 월지가 일간을 생하거나 일간과 같은 경우에 신강한 사주이다.

❷ 신약한 사주

일간이 생하거나 일간이 극하거나 일간을 극하는 오행이 55점 이상인 경우, 일간이 생하거나 일간이 극하거나 일간을 극하는 오행이 55점이면서, 월지를 일간이 생하거나 월지를 일간이 극하거나 월지가 일간을 극하는 경우에 신약한 사주이다.

  그런데 일간을 생하거나 일간과 같은 오행이 55점이고, 일간이 생하거나 일간이 극하거나 일간을 극하는 오행이 55점으로 같은 경우가 있다. 이럴 때는 월지에 따라 판단한다. 즉, 월지가 일간을 생하거나 일간과 같으면 신강한 사주로 보고, 월지를 일간이 생하거나 월지를 일간이 극하거나 월지가 일간을 극하는 경우에는 신약한 사주로 판단한다.

❸ 중화된 사주

일간을 생하거나 일간과 같은 오행이 45~65점이고, 일간이 생하거나 일간이 극하거나 일간을 극하는 오행이 45~65점으로 서로 비슷한 사주는 신강이면서 중화된 사주 또는 신약이면서 중화된 사주로 본다.

❹ 극왕(왕)한 사주

극왕한 사주는 일간을 생하는 오행(인성)과 일간과 같은 오행(비겁)이 사주 내에 90점 이상인 경우를 말한다. 극왕한 사주는 상황에 따라서 다르게 사용되기도 하지만 일반 이론의 왕한 사주와 같은 의미로 본다.

❺ 태강(강)한 사주

태강한 사주란 일간을 생하는 오행(인성)과 일간과 같은 오행(비겁)이 사주 내에 70점 이상인 경우를 말한다. 태강한 사주는 상황에 따라 다르게 사용되기도 하지만 일반 이론의 강한 사주와 같은 의미로 본다.

❻ 극약(쇠)한 사주

극약한 사주란 일간이 생하는 오행(식상)과 일간이 극하는 오행(재성)과 일간을 극하는 오행(관성)이 사주 내에 90점 이상인 경우를 말한다. 극약한 사주란 상황에 따라 다르게 사용되기도 하지만 일반 이론의 쇠한 사주와 같은 의미로 본다.

❼ 태약(약)한 사주

태약한 사주란 일간이 생하는 오행(식상)과 일간이 극하는 오행(재성)과 일간을 극하는 오행(관성)이 사주 내에 70점 이상인 경우를 말한다. 태약한 사주란 상황에 따라 다르게 사용되기도 하지만 일반 이론의 약한 사주와 같은 의미로 본다.

▼ 대덕 이론의 신약 신강 판단법

구분	기준
신강	일간을 생하거나 일간과 같은 오행이 55점 이상인 경우. 일간을 생하거나 일간과 같은 오행이 55점이면서, 월지가 일간을 생하거나 일간과 같은 경우
신약	일간이 생하거나 일간이 극하거나 일간을 극하는 오행이 55점 이상인 경우. 일간이 생하거나 일간이 극하거나 일간을 극하는 오행이 55점이면서, 월지를 일간이 생하거나 월지를 일간이 극하거나 월지가 일간을 극하는 경우
중화	일간을 생하거나 일간과 같은 오행이 45~65점이고, 일간이 생하거나 일간이 극하거나 일간을 극하는 오행이 45~65점으로 비슷하면 신강이면서 중화 또는 신약이면서 중화로 본다
극왕(왕)	일간을 생하는 오행(인성)과 일간과 같은 오행(비겁)이 사주 내에 90점 이상인 경우. 일반 이론의 왕과 같다
태강(강)	일간을 생하는 오행(인성)과 일간과 같은 오행(비겁)이 사주팔자 내에 70점 이상인 경우. 일반 이론의 강과 같다
극약(쇠)	일간이 생하는 오행(식상)과 일간이 극하는 오행(재성)과 일간을 극하는 오행(관성)이 사주 내에 90점 이상인 경우. 일반 이론의 쇠와 같다
태약(약)	일간이 생하는 오행(식상)과 일간이 극하는 오행(재성)과 일간을 극하는 오행(관성)이 사주 내에 70점 이상인 경우. 일반 이론의 약과 같다

6 대덕 이론의 성격 특성

신강과 신약 사주에 따라 다음과 같은 성격 특성을 보인다는 것이 필자의 견해이다.

❶ 극왕한 사주

매우 독립적이고 자유로우며 이상과 꿈이 크다. 타인의 지배를 받기 싫어하고, 자신에게 맡기고 인정해줄 때 2배의 능력을 발휘한다. 자신을 타인에게 보여주고 인정받고 싶어한다. 성공의 길도 활짝 열려 있지만, 한순간에 어려움을 겪을 수도 있다.

❷ 극약한 사주

극과 극은 통한다는 말이 있듯이, 극왕한 사주와 비슷한 성격 유형을 보인다. 매우 독립적이고 자유로우며 이상과 꿈이 크다. 타인의 지배를 받기 싫어하고 맡겨주고 인정해줄 때 2배의 능력을 발휘한다. 자신을 타인들에게 보여주고 싶어하고 인정받고 싶어한다. 성공의 길도 활짝 열려 있지만 한순간에 어려움을 겪을 수도 있다.

❸ 태왕한 사주

독립적이고 자유로우면서도, 극왕한 사주에 비해서 모험심이 적고 안정적인 타입이다. 그렇다고 해서 모험심이 부족하거나 자유롭고 독립적인 일을 선택하려는 마음이 없는 것은 아니다. 단지 극왕한 사주에 비해서 상대적으로 약하다는 것이다.

④ 태약한 사주

독립적이고 자유로우면서도, 극약한 사주에 비해서 모험심이 적고 안정적인 타입이
다. 그렇다고 해서 모험심이나 자유롭고 독립적인 일을 선택하려는 욕구가 없는 것
은 아니다. 단지 극약한 사주에 비해서 상대적으로 약하다는 것이다.

⑤ 중화된 사주

모험을 하기보다는 안정적이고 꾸준하게 실천해 나가는 타입이다. 결정적인 순간에
적극성을 보이기도 하지만, 자신의 삶에 위험을 느낄 정도의 상황에서는 배짱이 부
족한 면도 있다. 자신의 현재 상황을 지켜가면서 한 단계씩 실천해 나감으로써 인생
에서 큰 성공이나 큰 실패 없이 굴곡 없는 삶을 산다.

무당의 사주

흔히 무당이 되는 사람은 신내림을 받는다고 한다. 그렇다면 신내림을 받
는 사주가 따로 있을까? 한마디로 말해 신내림을 받는 사주는 따로 있지
않다. 다만, 신내림을 받을 수 있는 사주는 기(氣)가 허한 경우가 많기 때문
에 다음과 같은 일정한 특징이 있다.

처음에는 꿈을 자주 꾸고 몸에 기운이 떨어지기 시작한다. 그러다가 날
마다 꿈을 꾸고 잠시 졸다가도 꿈을 꾸는데, 꿈꾼 후 꿈에서의 일이 현실에서 그대로 일어난다. 이때는
병원에서도 치료가 잘 되지 않고 내림굿으로 치료가 되고, 무당의 길로 들어서는 것이다.

그런데 요사이는 사이비 무당들이 찾아온 사람들에게 "너는 신기(神氣)가 있어", "너는 신(神)을 받지
않으면 팔자가 꼬여"라고 말하며 겁을 주고 협박하여 굿을 하게끔 만드는 경우가 있어서 문제이다. 이런
사이비들에게 속아 넘어가지 말아야 한다.

기가 허한 사람은 어떤 사람인가? 첫째 사주가 편중된 사람, 둘째 사주에 귀문관살이 강한 사람, 셋째 사
주가 음으로만 이루어진 사람, 넷째 주위에서 억압을 받아서 스트레스가 심한 사람이다. 이러한 경우에
해당하는 사람들은 다른 사람에 비해 기가 허하다.

그러나 기가 허한 사주라고 해서 무조건 신내림을 받지는 않는다. 허한 사주를 타고난 사람일수록 자
신의 일을 열심히 하면서 운동을 꾸준하게 하고 열심히 산다면 자연스럽게 기가 강해져서 충분히 어려
움을 극복할 수 있다. 기를 강하게 하기 위해서는 꾸준하게 노력하는 것이 좋다. 신내림을 받아서 신기
(神氣)로 사는 것보다는 자신의 사주팔자대로 사는 것이 행복한 삶이기 때문이다. 다만, 세습무인 경우에
는 사주와 상관 없이 이루어지는 경우가 많으므로 별도의 연구가 필요하다고 본다.

9. 명궁

1 명궁의 정의

명궁(命宮)이란 목숨이 들어가는 집이란 뜻으로, 태양궁(太陽宮) 또는 월장(月將)이라고도 한다. 사주팔자에서 명궁에 해당하는 오행이나 육친이 존재하고, 이들이 좋은 역할을 하면 인생에 길한 작용을 한다고 본다.

명궁은 월지와 시지에 따라서 달라진다. 예를 들어, 진(辰)월 오(午)시에 태어난 사람은 명궁이 미(未)인데, 이 미(未)는 해당 명궁의 지지가 된다.

▼ 명궁 조견표

월지 시지	寅	卯	辰	巳	午	未	申	酉	戌	亥	子	丑
子	卯	寅	丑	子	亥	戌	酉	申	未	午	巳	辰
丑	寅	丑	子	亥	戌	酉	申	未	午	巳	辰	卯
寅	丑	子	亥	戌	酉	申	未	午	巳	辰	卯	寅
卯	子	亥	戌	酉	申	未	午	巳	辰	卯	寅	丑
辰	亥	戌	酉	申	未	午	巳	辰	卯	寅	丑	子
巳	戌	酉	申	未	午	巳	辰	卯	寅	丑	子	亥
午	酉	申	未	午	巳	辰	卯	寅	丑	子	亥	戌
未	申	未	午	巳	辰	卯	寅	丑	子	亥	戌	酉
申	未	午	巳	辰	卯	寅	丑	子	亥	戌	酉	申
酉	午	巳	辰	卯	寅	丑	子	亥	戌	酉	申	未
戌	巳	辰	卯	寅	丑	子	亥	戌	酉	申	未	午
亥	辰	卯	寅	丑	子	亥	戌	酉	申	未	午	巳

② 명궁의 월 판단

명궁을 따질 때 월지는 절기 구분을 주의해야 한다. 사주명리학에서는 24절기의 절(絶)에 해당하는 입춘을 한 해의 시작이자 인(寅)월의 시작으로 본다. 그러나, 명궁에서는 24절기의 기(氣)에 해당하는 대한에서부터 인(寅)월이 시작한다.

명궁은 태어날 당시 태양의 위치 즉 태양이 어느 궁에 위치하는가를 보는데, 이러한 사실에서 알 수 있듯이 명궁은 천문학 즉 태양력과 매우 밀접한 관련이 있다.

▼ 명궁의 절기 구분

생월	24절기의 기	생월	24절기의 기
寅월	대한~우수 전	申월	대서~처서 전
卯월	우수~춘분 전	酉월	처서~추분 전
辰월	춘분~곡우 전	戌월	추분~상강 전
巳월	곡우~소만 전	亥월	상강~소설 전
午월	소만~하지 전	子월	소설~동지 전
未월	하지~대서 전	丑월	동지~대한 전

③ 명궁 천간

명궁의 천간은 태어난 연도로 월주를 찾을 때와 같은 방법으로 찾는다. 즉 다음 조견표에서 태어난 해의 천간을 찾아서 명궁의 지지를 찾아가면 육십갑자 중 하나의 간지가 나오는데, 이것이 바로 명궁에 해당한다.

예를 들어, 임인(壬寅)년생의 명궁 지지가 해(亥)인 경우에 다음 조견표의 정임(丁壬)년에서 해(亥)를 찾아내면 신해(辛亥)가 나오는데, 이것이 바로 명궁이다.

▼ 명궁 천간 조견표

생년	육십갑자(명궁 천간)											
甲己년	丙寅	丁卯	戊辰	己巳	庚午	辛未	壬申	癸酉	甲戌	乙亥	丙子	丁丑
乙庚년	戊寅	己卯	庚辰	辛巳	壬午	癸未	甲申	乙酉	丙戌	丁亥	戊子	己丑
丙辛년	庚寅	辛卯	壬辰	癸巳	甲午	乙未	丙申	丁酉	戊戌	己亥	庚子	辛丑
丁壬년	壬寅	癸卯	甲辰	乙巳	丙午	丁未	戊申	己酉	庚戌	辛亥	壬子	癸丑
戊癸년	甲寅	乙卯	丙辰	丁巳	戊午	己未	庚申	辛酉	壬戌	癸亥	甲子	乙丑

명궁 천간 조견표를 보지 않고도 다음 방법으로 명궁 간지를 찾을 수 있다.

① 지지에 숫자를 붙여 나간다. 인(寅)부터 1씩 더해 나가는데 인(寅)은 1, 묘(卯)는 2, 진(辰)은 3, 사(巳)는 4, 오(午)는 5, 미(未)는 6, 신(申)은 7, 유(酉)는 8, 술(戌)은 9, 해(亥)는 10, 자(子)는 11, 축(丑)은 12이다.

② 중기를 기준으로 명궁월과 시를 더한 숫자가 14 이하인 경우에는 14에서 그 수를 뺀다.

③ 중기를 기준으로 명궁월과 시를 더한 숫자가 14 이상인 경우에는 26에서 그 수를 뺀다.

④ ②와 ③ 중에서 나온 수가 명궁의 지지가 된다.

⑤ 출생년도에서 월주를 찾는 방법과 같은 방법으로 명궁의 지지가 같은 천간을 찾는다.

예를 들어, 1962년 7월 5일(음) 해(亥)시에 태어난 사람의 명궁을 찾아보자. 7월 5일은 대서에서 처서 사이이므로 6월이다.

먼저 명궁의 지지를 찾는다. 명궁월인 6과 해(亥)시에 해당하는 10을 합하면 16이고, 16은 14 이상이므로 26에서 16을 뺀다. 그 결과 10이 나오는데 이 10은 해(亥)에 해당한다. 그러므로 해(亥)가 명궁의 지지가 된다. 다음으로 명궁의 천간을 찾는다. 1962년은 임인(壬寅)년인데, 정임년의 월주를 찾는 법에서 지지가 해(亥)인 경우는 신해(辛亥)월이다. 따라서 1962년 7월 5일(음) 해(亥)시생의 명궁은 신해(辛亥)가 된다.

④ 명궁의 해설

필자는 명궁을 사주 해석에 응용하지 않지만, 일반 이론에서는 다음과 같이 풀이한다.

① 명궁이 비견, 겁재, 정재, 정관, 정인, 편인이면 복록이 있다.

② 남성의 명궁이 자(子)나 오(午)에 해당하면 명예나 권력을 얻을 수 있다.

③ 여성의 명궁이 사(巳)나 해(亥)에 해당하면 인기나 명예를 얻을 수 있다.

④ 남녀간에 명궁이 같거나 합을 하면 궁합이 매우 좋다.

10. 근묘화실론

① 근묘화실의 정의

POINT

근묘화실

사주팔자의 연월일시 간지를 일컫는 말로 뿌리와 싹과 꽃과 열매를 뜻한다. 생년은 뿌리, 생월은 싹, 생일은 꽃, 생시는 열매를 의미한다.

사주팔자는 사주 주인공이 태어난 연월일시의 간지를 말한다. 그 중에서 생년 간지는 연주(年柱), 생월 간지는 월주(月柱), 생일 간지는 일주(日柱), 생시 간지는 시주(時柱)라고 한다.

근묘화실(根苗花實)이란 태어난 연월일시의 간지를 일컫는 말이다. 자신이 태어난 생년, 생월, 생일, 생시를 나무에 비교하여 뿌리, 싹, 꽃, 열매로 구분하는 것이다. 생년은 뿌리를, 생월은 싹을, 생일은 꽃을, 생시는 열매를 뜻하는데, 연주는 조상과 조부모, 월주는 부모와 형제자매, 일주는 본인과 배우자, 시주는 자손을 나타낸다. 또한 생년으로는 초년, 생월로는 청년, 생일로는 중년, 생시로는 말년을 본다.

▼ **근묘화실 간지 분석**

사주	시주	일주	월주	연주
천간	아들	본인	아버지, 남자형제	조부
지지	딸	배우자	어머니, 여자형제	조모

구분＼사주	시주	일주	월주	연주
근묘화실	실(實)	화(花)	묘(苗)	근(根)
일생	말년	중년	청년	초년
육친	자녀 · 자손	본인 · 배우자	부모 · 형제자매	조상 · 조부모
나이	61세~사망	41~60세	21~40세	1~20세
계절	가을	여름	봄	겨울
사상	소음인	태양인	소양인	태음인
특성	의리 · 계획	교우 · 사랑	용맹 · 공경	배움 · 총명
희로애락	락(樂)	애(愛)	로(怒)	희(喜)
마음	의(義)	예(禮)	인(仁)	지(智)
윤회	후세	현세	금세	전생

근묘화실 분석

시간　일간　월간　연간

시지　일지　월지　연지

② 근묘화실의 해석

사주명리학 일반 이론에서 가장 많이 사용하는 근묘화실의 내용은 다음과 같다. 먼저 연주에 길신이 들어오면 조상이나 조부모복이 있고, 흉신이 들어오면 조상이나 조부모복이 없다. 마찬가지로 월주에 길신이 들어오면 부모와 형제복이 있고, 흉신이 들어오면 부모와 형제복이 없다. 일주에 길신이 들어오면 배우자복이 있고, 흉신이 들어오면 배우자복이 없다. 시주에 길신이 들어오면 자식복이 있고, 흉신이 들어오면 자식복이 없다.

▼ 근묘화실 해석

구분＼사주	시주	일주	월주	연주
육친	자손 · 자식	배우자 · 본인	부모 · 형제	조상 · 조부모
길신	복이 있다	복이 있다	복이 있다	복이 있다
흉신	복이 없다	복이 없다	복이 없다	복이 없다

▼ 길신과 흉신 구분

구분＼길 · 흉	길신	흉신
합충	합	충
용신	용신 · 희신	기신 · 구신
12신살	반안살 · 장성살	겁살 · 재살 · 천살 · 지살 · 연살 · 월살 · 망신살 · 역마살 · 육해살 · 화개살
12운성	장생 · 관대 · 건록 · 제왕 · 양	절(포) · 태 · 목욕 · 쇠 · 병 · 사 · 묘
공망	공망이 없다	공망이 있다
각종 신살	천간합 · 지지합 · 지지삼합 · 지지방합 그 외의 좋은 신살(50여 가지)	형살 · 파 · 해 · 원진살 · 천간충 · 지지충 그 외의 나쁜 신살(150여 가지)

일반 이론에서는 신살을 중요시하므로 연월일시 간지에 각종 신살이 들어오는 것으로 길흉을 판단하는 근묘화실론이 중요할 수도 있다. 그러나 필자의 이론에서는 대부분의 신살론을 사용하지 않기 때문에 근묘화실로 조부모, 부모 형제, 배우자, 자녀복의 유무를 판단하는 방법 역시 사용하지 않는다.

필자는 이미 십수년 전부터 신살 무용론을 주장하면서 신살에 대한 비판적 입장을 고수해왔다. 뿐만 아니라 어느 유명 사주명리학자 역시 자신의 저서들을 통해서 공개적으로 신살 무용론을 밝혀왔다. 신살론에 근거하여 사주팔자를 해석하는 사주명리학자들과 그 문하에서 공부하는 사람들은 그 내용들을 실제 임상들에서 검증해보고 과감하게 신살론을 버려야 할 것이다.

필자는 연월일시에 따라 초년, 청년, 장년, 말년을 나누어 보는 방법 역시 지금까지의 임상 경험으로는 사용해선 안 된다는 입장이지만, 이것에 대한 설명은 다음 기회로 미루고자 한다. 신살을 적용하는 것은 임상 경험상 분명 옳지 않다고 보지만, 육친이나 그밖의 다른 해석 방법이 있을지도 모르므로 검증을 위해서 많은 임상자료들을 모아 분석을 거친 후에 초년, 청년, 중년, 말년에 대한 부분과 조부모, 부모 형제, 배우자, 자녀에 대한 부분을 설명하고자 한다. 많은 양해를 부탁드린다.

11. 소운 · 세운 · 월운 · 한운

1 소운

대운과 대운을 뽑는 방법에 대해서는 이미 4부에서 설명한 바 있다. 사주팔자 해석에 대운을 응용하는 것은 『사주명리학 완전정복』에서 자세하게 다룬다.

소운(小運)은 대운이 시작되기 전 어릴 때의 운을 말한다. 대운수가 1이면 1세 이전 생후 12개월 동안의 운을 말하고, 대운수가 9면 태어나서 8세까지의 운을 말한다. 그렇다면 소운 간지는 어떻게 세우는가? 여기에 대해서는 여러 가지 학설이 있다.

첫째, 대운이 시작되기 전까지 소운이 정해져 있다는 설이다. 이 학설에 따르면 남자 어린이는 1세 병인(丙寅), 2세 정묘(丁卯), 3세 무진(戊辰), 4세 기사(己巳), 5세 경오(庚午), 6세 신미(辛未), 7세 임신(壬申), 8세 계유(癸酉) 순으로 순행한다. 반면 여자 어린이는 1세 계유(癸酉), 2세 임신(壬申), 3세 신미(辛未), 4세 경오(庚午), 5세 기사(己巳), 6세 무진(戊辰), 7세 정묘(丁卯), 8세 병인(丙寅) 순으로 역행한다.

둘째, 대운이 시작되기 전까지 시주로부터 양남음녀는 순행하고, 음남양녀는 역행한다는 설이다.

셋째, 대운이 시작되기 전까지 월주로 소운을 대신한다는 설이다. 3가지 학설 중에서 이 설이 가장 많이 사용된다.

② 세운

세운(歲運)은 연운(年運) 또는 유운(流運)이라고 한다. 대운이 10년을 주기로 변화한다면, 연운은 1년을 주기로 변화한다. 일반적으로 1년 신수를 본다거나 토정비결을 본다고 할 때는 바로 연운을 본다는 뜻이다.

사주명리학에서 연운 간지는 태어난 해를 1살로 보고 다음 해부터 1살씩 더해가며 순행한다. 예를 들어, 1978년 무오(戊午)년에 태어난 사람은 78년 무오년이 1세, 79년 기미(己未)년이 2세, 80년 경신(庚申)년이 3세, 81년 신유(辛酉)년이 4세, 82년 임술(壬戌)년이 5세로 순행해서 연운이 흘러간다.

세운을 판단할 때는 해마다 사주 당사자의 세운과 대운이 서로 어떤 작용을 하며, 이것이 사주원국에 어떤 영향을 미치는지를 살핀다. 예를 들어, 사주원국과 세운 간지 및 대운 간지의 합충 여부, 용신 여부, 육친관계 등을 살핀다.

③ 월운과 일운

월운(月運)은 1년 12개월 각 달의 운을 의미한다. 월운을 보는 방법 역시 세운을 보는 방법과 비슷하다. 사주원국과 대운과 연운에 월운을 대입하여 합충이나 육친이나 용신 여부를 보고 그 달의 운을 판단한다.

일운(日運)은 하루의 운을 의미하는데, 하루 하루의 삶을 사주원국과 대운, 그리고 연운과 월운에 대입시켜 그 운을 본다.

그러나 삶은 특히 사주팔자는 좁게 볼수록 통계적 확률이 떨어진다는 것을 유의해야 한다. 사주원국에 비해 대운의 운은 실제 삶을 유추할 때 적중률이 떨어진다. 마찬가지로 연운에 비해 월운, 월운에 비해 일운의 적중률이 떨어진다. 사주원국, 대운, 연운까지는 어느 정도 적중률이 높지만, 월운은 그보다 적중률이 떨어지고, 일운은 월운보다도 떨어지므로 일운은 단순한 재미로 보는 것이 좋다는 게 필자의 견해이다.

많은 사람들이 자신의 사주원국의 특성과 적성을 읽고 삶을 긍정적이고 희망적으로 변화시키기 위해 노력하기보다는, 무슨 달 또는 어느 날에 좋은 운이 들어와서 주식이나 복권으로 큰돈을 벌 수 있을까 하고 요행수를 바란다. 심지어 꽤 큰돈을 제시하면서 자신의 일운을 뽑아달라고 부탁하는 사람도 있다. 하지만 이런 행동은 스스로를 사주팔자에 저당 잡혀 살게 만드는 매우 위험한 행동이다.

④ 한운

한운(限運)은 사주팔자의 연주, 월주, 일주, 시주를 가지고 보는 운이다. 연주로는 초년운, 월주로는 청년운, 일주로는 중년운, 시주로는 말년운으로 본다. 사주명리학자마다 각 시기의 나이는 조금씩 다르게 본다.

POINT

한운

한운을 볼 때 연주로는 초년운, 월주로는 청년운, 일주로는 중년운, 시주로는 말년운을 본다.

▼ **사주팔자의 연령 구분**

	현재의 연령 구분	과거의 연령 구분
연간	1~10세	1~7세 6개월
연지	11~20세	7세 6개월~15세
월간	21~30세	16~22세 6개월
월지	31~40세	22세 6개월~30세
일간	41~50세	31~37세 6개월
일지	51~60세	37세 6개월~45세
시간	61~70세	46~52세 6개월
시지	71~80세	52세 6개월~사망

위 표에 따르면, 예를 들어 연간은 1세부터 10세까지의 운을 주관한다는 것이다. 그 이후는 연지, 월간 순서로 나이를 계산한다. 물론 이것은 현재의 연령 구분에 따른 것이다.

그런데 한운은 실제 임상에 적용하기에는 타당성이 떨어지는 한계가 있다. 내 사주에 필요한 오행(육친)을 용신(用神)이라고 하는데, 이 용신과 사주원국의 연월일시주를 가지고 초년, 청년, 중년, 말년을 보는 경우가 많다. 그러나 이 방법을 오랜 시간 많은 사람들에게 적용한 결과 타당성 있는 결과를 얻지 못했다.

12. 개두와 절각

1 개두

POINT

개두

머리를 덮는다는 뜻으로, 운에서 오는 육십갑자에서 기신 천간이 용신 지지를 극하는 것을 말한다.

사람에게는 누구나 타고난 명(命)이 있는데 사주명리학에서 명이란 바로 사주원국을 가리킨다. 운(運)이라는 것은 바로 대운, 연운, 월운, 일운 등을 말한다.

개두와 절각은 바로 운에서 사용하는 용어이다. 먼저 개두(蓋頭)는 『명리정종』에 의하면, 사람의 신체에 비유해서 안면 즉 머리와 얼굴을 가리킨다. 개두는 말 그대로 머리를 덮는다는 뜻으로, 지지에서 천간을 두고 하는 말이다. 즉, 운에서 오는 육십갑자에서 천간이 지지를 극하는 것을 개두라고 한다. 갑술(甲戌), 갑진(甲辰), 을미(乙未), 을축(乙丑), 병신(丙申), 정유(丁酉), 무자(戊子), 기해(己亥), 경인(庚寅), 신묘(辛卯), 임오(壬午), 계사(癸巳) 등 12개 간지가 개두에 해당한다.

그러나 이 12개의 운이 들어온다고 해서 모두가 개두인 것은 아니고 지지가 반드시 용신에 해당해야 한다. 다시 말해서, 운에서 만나는 육십갑자의 지지가 용신인데, 천간이 이 지지를 극할 때가 개두이다.

사주에서 기뻐하는 용신(用神)이 무엇이냐에 따라 개두는 각각 다음과 같다. 용신이 목(木)일 때 운에서 경인(庚寅)과 신묘(辛卯)가 들어오는 경우, 용신이 화(火)일 때 운에서 임오(壬午)와 계사(癸巳)가 들어오는 경우, 용신이 토(土)일 때 운에서 갑술(甲戌)과 갑진(甲辰) 그리고 을축(乙丑)과 을미(乙未)가 들어오는 경우, 용신이 금(金)일 때 운에서 병신(丙申)과 정유(丁酉)가 들어오는 경우, 용신이 수(水)일 때 운에서 무자(戊子)와 기해(己亥)가 들어오는 경우이다.

일반 이론에서는 운 특히 대운은 지지가 중요하다고 보기 때문에 개두가 되면 복이 없어지고 흉이 다가온다고 설명한다. 그러나 필자의 견해는 이와 다르다. 대운은 천간보다 지지가 중요하므로 아무리 개두가 된다고 해도 운을 나쁘게 할 수 없다고 보는 것이다.

▼ 개두 도표

기신 천간	甲	甲	乙	乙	丙	丁	戊	己	庚	辛	壬	癸
용신 지지	戌	辰	未	丑	申	酉	子	亥	寅	卯	午	巳

예)

```
       시  일  월  연
       乙  乙  乙  庚 (乾)
       酉  丑  酉  寅
  64  54  44  34  24  14  4
   壬  辛  庚  己  戊  丁  丙
   辰  卯  寅  丑  子  亥  戌
```

위 사주의 주인공은 유(酉)월 유(酉)시에 태어나고, 천간 경금(庚金)을 일지 축토(丑土)가 토생금(土生金)으로 생하니 관성이 매우 강하다. 일간 을목(乙木)이 연지 인목(寅木)과 월간 을목(乙木)과 시간 을목(乙木)의 힘을 얻어 목(木)이 용신이 되었다. 44세, 54세 대운에 인묘(寅卯) 용신이 들어오는데, 각각 천간의 경(庚)과 신(辛)이 극하기 때문에 개두가 되었다.

2 절각

절각(截脚)은 개두의 반대이다. 다리가 잘린다는 의미로서, 대운 간지나 세운 간지의 천간이 용신인데 꺼리는 신 즉 기신(忌神)에 해당하는 지지가 천간 용신을 극하는 것을 말한다. 갑신(甲申), 을유(乙酉), 병자(丙子), 정해(丁亥), 무인(戊寅), 기묘(己卯),

절각
· · · · · · · · · · · · · ·
다리가 잘린다는 뜻으로, 운
에서 오는 육십갑자에서 기
신 지지가 천간 용신을 극하
는 것을 말한다.

경오(庚午), 신사(辛巳), 임진(壬辰), 임술(壬戌), 계축(癸丑), 계미(癸未)가 절각에 해당한다.

기신이 무엇이냐에 따라 절각은 각각 다음과 같다. 사주에서 희신이 목(木)일 때 운에서 갑신(甲申)과 을유(乙酉)가 오는 경우, 희신이 화(火)일 때 운에서 병자(丙子)와 정해(丁亥)가 오는 경우, 희신이 토(土)일 때 운에서 무인(戊寅)과 기묘(己卯)가 오는 경우, 희신이 금(金)일 때 운에서 경오(庚午)와 신사(辛巳)가 오는 경우, 희신이 수(水)일 때 운에서 임술(壬戌)과 임진(壬辰) 그리고 계미(癸未)와 계축(癸丑)이 들어오는 경우이다.

필자의 견해로 절각 자체가 문제가 되는 것은 아니다. 천간과 지지 모두 중요하지만 대운은 특히 천간보다 지지를 우선하는데, 절각은 지지가 기신이므로 대운의 흐름이 좋지 않은 것이 문제다.

▼ 절각 도표

용신 천간	甲	乙	丙	丁	戊	己	庚	辛	壬	壬	癸	癸
기신 지지	申	酉	子	亥	寅	卯	午	巳	辰	戌	丑	未

예)

시	일	월	연
甲	丙	庚	戊 (乾)
午	子	申	寅

69	59	49	39	29	19	9
丁	丙	乙	甲	癸	壬	辛
卯	寅	丑	子	亥	戌	酉

위 사주는 양력 8월 12일 한낮에 태어난 사람의 사주이다. 입추 후 얼마 되지 않아서 더위가 아직 많이 남아 있으므로 월지 신금(申金)을 화(火)로 보아야 한다. 수(水)가 용신인데 임술(壬戌) 대운에 술토(戌土)가 임수(壬水) 용신을 극하므로 절각이 되었다.

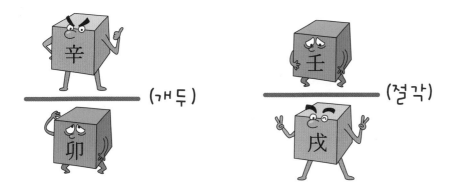

(개두)

(절각)

13. 암합

1 암합의 정의

암합(暗合)이란 은밀하게 몰래 하는 합이란 뜻으로, 밖으로 드러내서 공개적이고 떳떳하게 합을 하는 명합(明合)의 반대이다. 지장간의 글자가 천간과 합을 하거나 지지와 합을 하는 2가지 경우를 말한다.

　그러나 이제까지 필자의 임상결과로는 암합에서 의미 있는 통계가 나오지 않았다. 그런데도 여기서 암합을 설명하는 것은 사주명리학 일반 이론에서 사용하는 내용이기 때문이다. 필자의 견해로는 암합 자체도 검증이 필요하지만, 수많은 지장간 중에서 9가지만이 암합을 한다는 것 또한 문제가 있다고 본다. 명합과 달리 일반적으로 암합에서는 합은 사용하지만, 화는 사용하지 않는다.

2 암합의 종류

1) 천간과 지지의 암합

지장간의 정기가 천간과 합하는 것으로 다음 4가지가 있다. 여기에서는 일반 이론에 초점을 맞추어 설명한다.

POINT

암합
지장간의 글자가 천간과 합을 하거나 지지와 합하는 것을 말한다.

① 정해(丁亥) : 지지 해(亥)의 지장간 정기인 임(壬)이 천간의 정(丁)과 정임합(丁壬合)을 이룬다.

② 무자(戊子) : 지지 자(子)의 지장간 정기인 계(癸)가 천간의 무(戊)와 무계합(戊癸合)을 이룬다.

③ 신사(辛巳) : 지지 사(巳)의 지장간 정기인 병(丙)이 천간의 신(辛)과 병신합(丙辛合)을 이룬다.

④ 임오(壬午) : 지지 오(午)의 지장간 정기인 정(丁)이 천간의 임(壬)과 정임합(丁壬合)을 이룬다.

2) 지지와 지지의 암합

지장간끼리 합을 하는 것을 말한다. 이 역시 일반 이론에 초점을 맞추어 설명한다.

① 자술(子戌) : 지지 자(子)의 지장간인 임(壬)과 계(癸) 그리고 지지 술(戌)의 지장간인 신(辛), 정(丁), 무(戊)가 서로 몰래 만나 무계합(戊癸合)과 정임합(丁壬合)을 이룬다.

② 축인(丑寅) : 지지 축(丑)의 지장간인 계(癸), 신(辛), 기(己)와 지지 인(寅)의 지장간인 무(戊), 병(丙), 갑(甲)이 서로 몰래 만나 병신합(丙辛合)과 갑기합(甲己合)과 무계합(戊癸合)을 이룬다.

③ 묘신(卯申) : 지지 묘(卯)의 지장간인 갑(甲), 을(乙)과 지지 신(申)의 지장간인 무(戊), 임(壬), 경(庚)이 서로 몰래 만나 을경합(乙庚合)을 이룬다.

④ 오해(午亥) : 지지 오(午)의 지장간인 병(丙), 기(己), 정(丁)과 지지 해(亥)의 지장간인 무(戊), 갑(甲), 임(壬)이 서로 몰래 만나 갑기합(甲己合)과 정임합(丁壬合)을 이룬다.

⑤ 인미(寅未) : 지지 인(寅)의 지장간인 무(戊), 병(丙), 갑(甲)이 지지 미(未)의 지장간인 정(丁), 을(乙), 기(己)와 서로 몰래 만나 갑기합(甲己合)을 이룬다.

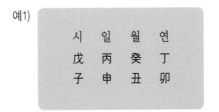

예1)

시	일	월	연
戊	丙	癸	丁
子	申	丑	卯

이 사주는 천간과 지지가 암합을 한다. 시지 자수(子水)에는 지장간 임(壬)과 계(癸)가 들어 있는데, 이 중에서 정기인 계(癸)와 천간 무(戊)가 만나 무계합(戊癸合)을 이룬다.

예2)

```
시   일   월   연
乙   戊   戊   壬
卯   申   申   午
```

이 사주는 지지와 지지가 암합을 한다. 일지 신금(申金)에는 지장간 임(壬), 무(戊), 경(庚)이 들어 있는데, 이 중에서 정기인 경(庚)이 시지 묘(卯)의 지장간 정기인 을(乙)을 만나 을경합(乙庚合)을 이룬다.

14. 사주팔자를 보는 순서

사주명리학에 입문하여 기초 이론을 어느 정도 익혀서 초급 수준을 탈출하기 시작하면 자연스럽게 다른 사람들의 사주팔자를 상담해주기 시작한다. 그런데 어느 날은 사주팔자가 한눈에 제대로 들어오는가 하면, 어느 날은 사주 상담을 마치고 다시 한 번 검토하는 과정에서 알고 있던 내용을 빠뜨리고 상담했다는 것을 알아차리는 경우가 자주 있다. 몰라서가 아니라 사주팔자를 제대로 읽지 못해서 알고 있던 내용을 놓친 것이라서 아쉬움이 더욱 크다. 이렇게 사주명리학 지식이 있으면서도 상담에 제대로 대처하지 못하는 경우가 초보 때뿐만 아니라 어느 정도 사주명리학 공부가 완성된 시점에서도 자주 벌어져서 당황하게 된다. 어떻게 해야 이러한 실수를 방지할 수 있을까?

누구든 자신감이 넘치면 단번에 획기적인 상담, 깜짝 놀랄 만한 상담을 해보고 싶어하는 것이 문제의 시작이다. 한마디로 소위 족집게가 되고 싶어서 상담자의 사주팔자에 나타난 가장 큰 특징을 찾아내려고 욕심을 부리는 것이다. 그러다 보니 별다른 특징이 없는 사주팔자를 보면 당황하게 되고 이것이 실수로 이어진다. 족집게처럼 알아맞히려는 욕심을 버려야 실수를 줄일 수 있고 올바른 상담을 할 수 있다는 것을 반드시 기억해야 한다.

사주팔자를 상담할 때는 순서를 정해서 하나씩 분석해 나가는 것이 중요하다. 이렇게 순서를 정해서 상담하다 보면 실수로 무엇인가를 빠뜨리고 상담하는 경우가 거의 없다. 그렇다면 그 순서는 어떻게 정해야 하는가? 사주팔자를 뽑고 이것을 적어두는 것이 가장 먼저 할 일이다.

1) 사주팔자 뽑기

사주팔자를 뽑고 적을 때는 다음 내용을 주의한다.

① 이름과 남녀를 구분하여 적는다.

② 생년월일시를 양력인지 음력인지 구분하여 적는다.

③ 사주팔자를 뽑고 연주, 월주, 일주, 시주 순서대로 적는다.

④ 대운수와 대운을 적는다.

⑤ 사주팔자를 보는 연도부터 과거 5년의 간지를 적는다.

⑥ 사주팔자를 보는 연도부터 미래 3년의 간지를 적는다.

2) 사주팔자 분석하기

사주팔자를 뽑은 다음에는 다음 순서대로 사주팔자를 분석한다.

① 천간의 합충을 찾아 적는다.

② 지지의 합충을 찾아 적는다.

③ 도화살, 역마살, 명예살, 백호대살, 괴강살, 양인살, 천문성, 귀문관살, 현침살 등 각종 신살을 찾아 적는다.

④ 천간이나 지지의 병존을 찾아 적는다.

⑤ 오행의 개수와 점수를 적는다.

⑥ 육친의 개수와 점수를 적는다.

⑦ 격국을 살펴보고 적는다.

⑧ 대운을 살펴본다.

⑨ 세운을 살펴본다.

이 책에서 다룬 내용으로는 일단 다섯 번째 단계인 오행의 개수와 점수까지 살펴서 상담에 임하면 된다. 여기까지만 해도 사주팔자에 나타난 신살을 통해 사주 주인공의 기본 성격과 특징을 파악하고, 덧붙여 오행으로 기본 성격과 특징, 직업, 적성, 건강 등을 파악하여 사주 상담을 할 수 있다.

3) 사주팔자 분석 예

설명한 순서대로 하나씩 사주팔자를 분석해 나가는데, 다음의 내용들을 주의한다.

첫째, 천간의 합충을 찾아 해석할 때 주의할 내용이다. 천간이 쟁합, 투합, 충합으로 인해 하나의 오행(또는 육친)에 2번 금이 갈 때는 해당 오행이나 육친이 상징하는 것들에 문제가 생긴다는 것이다.

예)

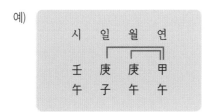

위 사주는 연간 갑목(甲木)이 월간 경금(庚金) 그리고 일간 경금(庚金)과 갑경충(甲庚沖)을 반복하느라 2번 금이 간 상태이다. 이 경우 금이 두 줄 난 갑목에 문제가 발생한다.

이 사주에서 갑목은 일간인 내가 극하는 것으로서 육친 중 재성(財星)에 해당한다. 재성은 남녀 모두에게 금전과 재물을 상징하고 가족관계에서는 아버지를 상징한다. 따라서 사주 주인공은 금전문제가 발생하거나 아버지와의 사이에 문제가 생기고,

남성의 경우에는 여자문제가 생길 수 있다. 육친에 대해서는 『사주명리학 완전정복』 육친론에서 구체적으로 다룬다.

둘째, 지지의 합충을 찾아서 해석한다. 지지에서 쟁합, 투합, 충합이 되어 하나의 오행(육친)에 2개의 금이 생길 때에는 천간의 경우와 마찬가지로 해당 오행이나 육친이 상징하는 것들에 문제가 생긴다.

예)

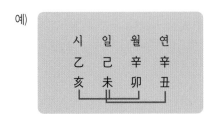

이 사주팔자는 지지에 해묘미(亥卯未) 삼합이 있고 연지와 일지가 축미충(丑未沖)을 하므로 일지 미토(未土)에 2번 금이 갔다.

여기서 미토(未土)는 일간 기토(己土)와 오행이 같은 비겁으로서 남녀 모두 친구, 선후배, 형제, 자매를 상징하는데, 바로 이러한 것들에 문제가 발생하게 된다.

셋째, 각종 신살을 살펴보아 강한 신살을 해석한다. 5부에서 다루었던 여러 가지 신살들이 사주팔자에 있으면 사주 주인공의 성격 특성과 직업, 적성 등을 유추해낼 수 있다.

예1)

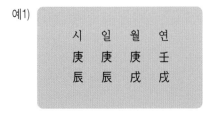

이 사주는 연월일시 간지 모두가 괴강살로 이루어졌으므로 독립적이고 활동적이고

고집이 센 사주이다. 따라서 간섭이 심하거나 구속이 심한 직장생활보다는 자유로운 직장이나 사업 등이 어울린다.

또한 지지가 모두 술(戌)과 진(辰)의 명예살로 이루어져 있으므로 금전보다는 명예를 소중히 생각하는 타입이다. 명예살이 있는 경우 역시 자유로운 직업이 어울린다.

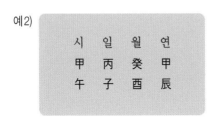

예2)

시	일	월	연
甲	丙	癸	甲
午	子	酉	辰

이 사주는 월일시 지지에 도화살이 3개 있으므로 도화살이 강하다. 예술, 연예, 방송 등의 분야에 끼가 있으므로 이 방면의 직업이 잘 어울리고, 사람들에게 인기가 많다. 또한 월지와 일지에 자유(子酉) 귀문관살이 있어서 감수성이 발달하고 감각이 발달되어 있지만, 적극성은 약하다.

넷째, 천간이나 지지의 병존을 찾아서 병존에 따른 특성을 파악한다.

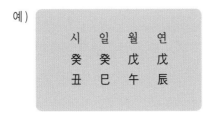

예)

시	일	월	연
癸	癸	戊	戊
丑	巳	午	辰

이 사주는 월간과 일간에 무무(戊戊) 병존이 있으므로 해외를 왕래하거나 해외로 유학이나 이민을 떠날 가능성이 많다. 그리고 일간과 시간이 계계(癸癸) 병존으로서 도화살이나 인기살이 있다. 이런 사람들은 예술, 연예, 방송 등의 끼가 있으므로 이러한 끼를 살릴 수 있는 직업을 선택하는 것이 좋다.

다섯째, 오행의 개수와 점수를 분석한다. 사주팔자에 나타난 오행이 많은지, 발달했
는지를 분석하여 그에 따른 성격 특성과 직업, 적성 등을 해석한다. 또한 사주팔자 내
에서 고립된 오행이나 과다한 오행을 통해 건강 문제를 유추한다. 이 부분은『사주명
리학 완전정복』에서 자세하게 다룬다.

예)

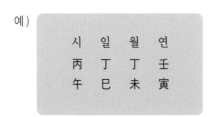

이 사주는 목(木) 1개, 화(火) 5개, 토(土) 1개, 금(金) 0개, 수(水) 1개로 이루어져 있고,
이를 점수로 환산하면 목(木) 10점, 화(火) 90점, 토(土) 0점, 금(金) 0점, 수(水) 10점인
사주이다.

화(火)의 기운이 강하기 때문에 가만히 앉아 있거나 오랫동안 반복되는 일을 하기
보다는 활동적이고 움직임이 많은 직업을 선택하는 것이 좋다. 성격은 안정감이 떨
어지고 급하여 가끔 욱하는 기질이 나타날 수 있으니 조심해야 한다. 화(火)는 직업
과 관련해서 활동적이고 움직임이 많은 직업이 좋고 예술, 연예, 방송의 직업도 어울
린다.

다만, 화(火)의 기운이 강하여 화(火)와 관련된 건강 즉 심장, 혈관질환, 정신질환
등을 조심해야 한다.

여섯째, 육친의 개수와 점수를 파악한다. 육친의 개수와 점수를 분석하여 육친의 발
달과 과다 정도를 파악하고, 이를 통해 사주 주인공의 성격 특성과 적성, 직업을 알아
낼 수 있다. 오행의 개수와 점수를 분석하여 오행의 발달과 과다를 판단하는 것과 비
슷하다.

육친의 발달과 과다를 분석해 성격 특성과 적성, 직업을 해석한 다음에는 육친의

고립과 과다를 분석하여 육친과의 관계를 해석한다. 이 부분 역시 『사주명리학 완전 정복』에서 자세하게 설명한다.

일곱째, 격국을 살펴보고 해석한다. 사람마다 사주팔자에 격(格)들이 존재하는데 어떤 사람은 1개의 격이 있는가 하면, 어떤 사람은 10개의 격이 있다. 또한 격에는 다양한 종류가 있다. 이렇게 사주팔자에 나타나는 격들을 종합적으로 분석하여 상담한다. 이 내용은 앞으로 사주명리학 시리즈 마지막 책에서 자세하게 다룰 예정이다.

여덟째, 대운을 살펴보고 해석한다. 사주원국과 대운을 비교해서 살펴보아 사주 주인공의 삶을 5년, 10년 단위로 구분하여 그 흐름을 해석해 나간다.

아홉째, 세운을 살펴보고 해석한다. 사주원국과 대운과 세운을 비교해서 살펴보아 사주 주인공에게 해마다 찾아오는 세운(연운)의 흐름을 해석해 나간다.

다음은 실제로 사주팔자 상담에 사용할 수 있는 조견표이다. 이미 설명한 사주팔자 상담 순서를 활용하여 조견표의 빈 칸을 꼼꼼하게 채워가면서 상담한다면, 알고 있는 내용을 빠뜨리는 실수를 막을 수 있고 또한 자연스럽게 사주팔자 상담에 익숙해질 것이다.

사주팔자 상담은 반드시 일정한 순서대로 진행할 때 빈틈없이 정확하게 이루어진다. 앞서도 말한 것처럼 한눈에 모든 것을 다 보려고 하다가는 큰 실수를 할 수 있고, 엉뚱한 상담으로 인하여 상담을 받으러 온 사람에게 큰 아픔을 주거나 자칫 엉뚱한 삶을 살게 할 수 있음을 명심하길 바란다.

사주 상담 조견표(예시)

성명 : (한글)　　　　생년월일시 : (음)　　　　　　남

　　　(한자)　　　　　　　　　　(양)　　　　　　여

```
  시   일   월   연
  癸   乙   丙   庚
  未   卯   戌   午
        대운
```

- **천간합**　　(甲己土) (乙庚金) (丙辛水) (丁壬木) (戊癸火)
- **지지합**　　(子丑土) (寅亥木) (卯戌火) (辰酉金) (巳申水) (午未火)
- **천간충**　　(甲庚冲) (甲戊冲) (乙辛冲) (乙己冲) (丙壬冲) (丙庚冲) (丁癸冲) (丁辛冲)

　　　　　　　(戊壬冲) (己癸冲)
- **지지충**　　(子午冲) (丑未冲) (寅申冲) (卯酉冲) (辰戌冲) (巳亥冲)
- **지지삼합**　(寅午戌火) (申子辰水) (巳酉丑金) (亥卯未木)
- **지지방합**　(寅卯辰木) (申酉戌金) (巳午未火) (亥子丑水)
- **명예살**　　辰戌丑未 개수(2개)
- **도화살**　　子午卯酉 개수(2개)
- **역마살**　　寅申巳亥 개수(　)
- **천문성**　　卯戌亥未 개수(3개)
- **백호대살**　(甲辰) (乙未) (丙戌) (丁丑) (戊辰) (壬戌) (癸丑) 개수 (1개)
- **양인살**　　(丙午) (戊午) (壬子) 개수 (　)
- **괴강살**　　(戊辰) (戊戌) (庚辰) (庚戌) (壬辰) (壬戌) 개수 (　)
- **귀문관살**　(辰亥) (子酉) (未寅) (巳戌) (午丑) (卯申) 개수 (　)

- **오행의 개수**   木(2개) 火(2개) 土(2개) 金(1개) 水(1개)
- **오행의 점수**   木(25점) 火(20점) 土(45점) 金(10점) 水(10점)
- **육친의 개수**   비겁(2개) 식상(2개) 재성(2개) 관성(1개) 인성(1개)
- **육친의 점수**   비겁(25점) 식상(20점) 재성(45점) 관성(10점) 인성(10점)
- **격국**   정재격
- **시상편재격**
- **천문격**
- **대덕격**
- **지장간**

지지	子	丑	寅	卯	辰	巳	午	未	申	酉	戌	亥
1순위	癸	己	甲	乙	戊	丙	丁	己	庚	辛	戊	壬
2순위		辛癸	丙戊		乙癸	戊庚	丙己	丁乙	壬戊		丁辛	甲戊

천간 병존

- **甲甲**   부모대 또는 본인대에 파가(破家) 또는 조실부모한다.
- **乙乙**   인덕이 없고 외로우며 고독하다.
- **丙丙**   광역 역마. 일찍 고향을 떠난다.
- **丁丁**   인덕이 없다. 외롭고 고독하다.
- **戊戊**   해외 역마로 유학, 무역, 외교, 이민 등이 좋다.
- **己己**   지역 역마. 작은 역마. 한곳에 정착한다.
- **庚庚**   국내 역마로 활동적인 직업이 좋다.
- **辛辛**   어려운 일이나 비참한 일을 겪는다.
- **壬壬**   도화살 또는 인기살이 있어서 인기를 얻는 직업이 좋다.
- **癸癸**   도화살 또는 인기살이 있어서 인기를 얻는 직업이 좋다.

지지 병존

- **子子**   도화살. 인기를 얻는 직업이 좋고, 건강에 주의해야 한다.
- **丑丑**   고집이 매우 세고 꼼꼼하고 차분하다.
- **寅寅**   활동적이고 적극적인 직업이 좋다. 작은 수술을 조심해야 한다.
- **卯卯**   객지에 나가거나 잔병치레 또는 일에 막힘이 있다.
- **辰辰**   사람의 생명을 다루는 직업이 좋다. 피부병을 조심해야 한다.
- **巳巳**   활동적인 직업이 좋고 건강에 주의해야 한다.
- **午午**   자기의 인기를 기반으로 하는 직업이 좋고 수술을 조심해야 한다.
- **未未**   어렵고 힘든 일을 겪는다. 사람의 생명과 관련된 직업이 좋다.
- **申申**   활동성이 큰 직업이 좋고 끼가 있다. 사고를 조심해야 한다. .
- **酉酉**   사람의 생명을 다루는 직업이나 끼를 발휘하는 직업이 좋다.
- **戌戌**   해외 역마로 유학, 이민, 무역, 외교관 등 활동성이 큰 직업이 좋다.
- **亥亥**   사람의 생명을 다루는 직업이나 활동 범위가 큰 직업이 좋다

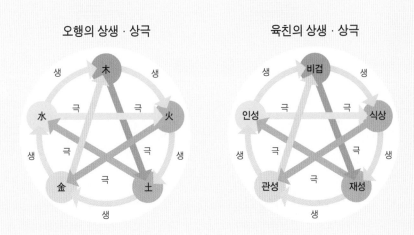

오행의 상생 · 상극   육친의 상생 · 상극

EXERCISE

쟁합이나 투합보다는 단순 합이 합
이 될 가능성, 즉 합의 힘이 강하다.

실전문제

1 다음 중 합에 대한 설명으로 옳지 않은 것은?

① 합에는 단순 합, 쟁합, 투합 등이 있다.
② 쟁합이나 투합이 단순 합보다 강하다.
③ 쟁합이나 투합은 특별히 구분하지 않아도 된다.
④ 쟁합은 여러 개의 양이 하나의 음과 합하려고 하는 것이다.
⑤ 투합은 여러 개의 음이 하나의 양과 합하려고 하는 것이다.

합 주변에 또 다른 합이나 충이 없
을 때 합이 가장 강하게 이루어진
다.

2 다음 예 중에서 합이 가장 강한 것은?

① 시 일 월 연
　乙 丁 壬 乙

② 시 일 월 연
　丁 丁 壬 乙

③ 시 일 월 연
　丁 丁 壬 丁

④ 시 일 월 연
　壬 壬 丁 甲

⑤ 시 일 월 연
　丁 丁 壬 壬

예2)의 사주는 갑기합(甲己合)을 하
려는데 을기충(乙己冲)이 있으니
합할 확률이 50%이다.

3 다음 예들의 합을 잘못 해석한 것은?

예1) 시 일 월 연
　　壬 辛 甲 己

예2) 시 일 월 연
　　乙 辛 己 甲

예3) 시 일 월 연
　　己 己 甲 己

① 예1)은 갑(甲)과 기(己)가 서로 만나 100% 합을 이루어 토(土)로 화한다.
② 예2)는 갑(甲)과 기(己)가 서로 만나 100% 합을 이루어 토(土)로 화한다.
③ 예3)은 월간 갑(甲)에 연간, 일간, 시간이 모두 기(己)이므로 완벽한 합
　이 되기 어렵다.
④ 예3)은 갑(甲) 하나에 기(己) 3개가 합하는 형상이므로 합이 될 확률은
　33% 정도이다.
⑤ 예1)은 갑(甲) 하나에 기(己) 하나가 합하는 형상이므로 합이 될 확률이
　100%에 가깝다.

4 다음 중 합이 될 확률이 비슷한 것끼리 짝지어지지 않은 것은?

①
시 일 월 연		시 일 월 연
丁 壬 甲 甲	↔	丁 甲 壬 甲

②
시 일 월 연		시 일 월 연
丁 甲 壬 丁	↔	辛 甲 丁 壬

③
시 일 월 연		시 일 월 연
壬 壬 壬 丁	↔	辛 辛 壬 丁

④
시 일 월 연		시 일 월 연
辛 丁 壬 辛	↔	甲 丁 壬 辛

⑤
시 일 월 연		시 일 월 연
丁 甲 甲 壬	↔	甲 甲 壬 丁

5 다음 중 병신합(丙辛合)이 될 확률이 가장 높은 것은?

①
시 일 월 연
辛 辛 辛 丙

②
시 일 월 연
丙 辛 辛 丙

③
시 일 월 연
丙 辛 丙 辛

④
시 일 월 연
丙 壬 乙 辛

⑤
시 일 월 연
丙 己 甲 辛

④는 정임합(丁壬合)을 하려고 하는데, 하나는 신(辛) 2개가 방해하고 하나는 임(壬) 하나가 방해하고 있다. 신(辛)이 방해하는 것은 정임합 확률이 33%이고, 임(壬)이 방해하는 것은 합할 확률이 50%이다.

⑤는 다른 간지의 방해가 전혀 없으므로 100% 합이 된다.

일반 이론에서는 정기, 초기, 중기로 나누어진다.

6 다음 중 지장간에 설명으로 옳지 않은 것은?

① 지지에 천간의 기가 간직되어 있는 것을 말한다.
② 지지장이라고도 한다.
③ 일반 이론에서는 지장간을 정기, 초기, 말기로 나누어 본다.
④ 대덕 이론에서는 1순위와 2순위로 나누어 본다.
⑤ 사주원국에 없지만 지장간이 있으면 있는 것으로 본다.

지난 달의 기운이 남아 있는 것은 초기 또는 여기라 부른다.

7 다음 중 지장간에 대한 설명으로 옳은 것은?

① 전달의 기운이 이번 달까지 아직 남아 있는 것을 여기라고 한다.
② 대덕 이론에서는 지장간의 활동기간을 매우 중요하게 본다.
③ 일반 이론에서는 지장간의 활동기간을 배제하고 사용하지 않는다.
④ 일반 이론에서는 지지의 본래 오행보다는 지장간의 오행을 더욱 중요하게 본다.
⑤ 대덕 이론에서는 유(酉)의 지장간을 경(庚)과 신(辛)으로 본다.

지장간은 육신론이나 격국론에서 많이 사용한다.

8 다음 중 대덕 이론에서 사용하지 않는 사주명리학 이론이 아닌 것은?

① 지장간   ② 12운성   ③ 12신살   ④ 공망   ⑤ 납음오행

실령이란 월지가 일간을 도와주지 않는 것으로 신약론에서 사용한다.

9 다음 중 일반 이론의 신왕과 관련된 용어가 아닌 것은?

① 득령   ② 득지   ③ 실령   ④ 득세   ⑤ 득시

통근이란 지지에 인성이나 비겁 즉, 천간을 생하거나 천간과 같은 오행이 있는 것을 말한다.

10 다음 중 일반 이론의 통근을 올바르게 설명한 것은?

① 월지에 득령했을 때만 통근했다고 본다.
② 일지에 득지했을 때만 통근했다고 본다.
③ 통근이란 뿌리가 통한다는 의미로, 천간이 지지를 생하는 것을 말한다.
④ 통근이란 지지에 인성이나 비겁이 있는 것을 말한다.
⑤ 통근이란 천간에 인성이나 비겁이 있는 것을 말한다.

11 대덕 이론의 신강 신약론을 올바르게 설명한 것은?

① 신약하면 소심하고 안정지향적이다.
② 신강하면 적극적이고 활동지향적이다.
③ 신강한가 신약한가에 따라 삶이 크게 달라진다.
④ 매우 신강한 사람과 매우 신약한 사람은 성격 유형이 비슷하다.
⑤ 매우 신약한 사람은 인생이 매우 복잡하고 꼬인다.

사주가 극단적으로 편중된 사람은 독립적이고 자유롭고 싶은 욕망이 강하다.

12 대덕 이론의 신강 신약론을 잘못 설명한 것은?

① 대덕 이론에서 득령, 득지, 득시, 득세하면 신강한 사주이다.
② 대덕 이론에서는 점수 계산법을 사용한다.
③ 대덕 이론에서는 월지를 가장 강하게 보아 30점을 준다.
④ 대덕 이론에서는 나의 편이 55점 이상이면 신강으로 본다.
⑤ 대덕 이론에서는 나의 편과 다른 편이 55점으로 같으면 월지에 있는 것을 기준으로 신강 신약을 판단한다.

대덕 이론에서는 신강과 신약을 득령, 득지, 득시, 득세로 판단하지 않고 점수 계산법으로 판단한다.

13 대덕 이론에서 신강 신약의 점수 계산법으로 옳지 않은 것은?

① 월간은 10점을 배정한다.
② 월지는 30점을 배정한다.
③ 일간은 점수를 계산하지 않는다.
④ 일지는 15점을 배정한다.
⑤ 시지는 15점을 배정한다.

일간에는 10점을 배정한다. 『사주명리학 완전정복』에서 자세히 다룬다.

14 대덕 이론에서 나의 편과 다른 편이 같을 때 신강 신약을 구분하는 기준을 올바르게 설명한 것은?

① 연간이 나의 편이면 신강하고 다른 편이면 신약하다.
② 월간이 나의 편이면 신강하고 다른 편이면 신약하다.
③ 월지가 나의 편이면 신강하고 다른 편이면 신약하다.
④ 일간이 나의 편이면 신강하고 다른 편이면 신약하다.
⑤ 일지가 나의 편이면 신강하고 다른 편이면 신약하다.

신강 신약의 기준은 월지로, 월지가 나의 편이면 신강으로 보고 다른 편이면 신약으로 본다.

득령은 월지가 나의 편일 때를 말한다.

15 일반 이론에서 일지가 나의 편일 때 부르는 용어가 아닌 것은?

① 통근 ② 득지 ③ 녹근 ④ 득령

득지와 통근은 같은 용어로, 득지 하나로 신강한 사주라고 할 수는 없다.

16 일반 이론에서 신강한 사주가 아닌 것은?

① 일간이 득령과 득세를 함께 한 사주
② 일간이 득령과 득지와 득세를 함께 한 사주
③ 일간이 득령과 득지를 함께 한 사주
④ 일간이 득지와 통근을 함께 한 사주

천간합과 천간충, 지지합과 지지 충은 매우 중요한 부분이므로 반드시 기억하고 활용해야 한다.

17 다음 중 사주를 보는 순서를 바르게 설명한 것은?

① 사주명리학에 존재하는 200여 개의 신살은 매우 중요하다.
② 천간 합충과 지지 합충은 반드시 활용해야 한다.
③ 원진살과 공망은 반드시 활용해야 한다.
④ 납음오행은 반드시 활용해야 한다.
⑤ 근묘화실론은 반드시 활용해야 한다.

지장간은 육신론과 격국론에서 중요하게 작용하므로 반드시 활용해야 한다.

18 다음 중 버려야 할 사주명리학 용어가 아닌 것은?

① 지장간 ② 12신살 ③ 12운성법 ④ 당사주 ⑤ 원진살

궁합은 겉궁합과 속궁합이 있다. 궁합은 좋고 나쁜 것이 아니라 장점과 단점이 있다. 또한 궁합에서 원진살과 공망은 사용하지 않는 것이 좋다.

19 다음 중 대덕 이론에서 궁합에 대한 설명으로 옳은 것은?

① 궁합은 원진살로 보는 것이 가장 정확하다.
② 궁합은 겉궁합과 속궁합이 있다.
③ 궁합이 좋지 않으면 절대로 결혼하면 안 된다.
④ 속궁합과 겉궁합 중에서 속궁합은 동업할 때 필요하다.
⑤ 공망이 있으면 과부나 홀아비가 된다.

20 다음 중 대덕 이론에서 궁합에 대한 올바른 판단은?

① 원진살로 연주와 일주를 분석하는 것이다.
② 공망으로 판단하는 것이다.
③ 오행과 육친을 통해 성격을 비교 분석하는 것이다.
④ 납음오행의 상생 상극으로 비교 분석하는 것이다.
⑤ 천간의 합충으로 연주와 일주를 비교 분석하는 것이다.

21 다음 중 소운에 대한 설명이 틀린 것은?

① 소운은 대운이 시작되기 전까지의 운을 말한다.
② 소운은 누구나 정해져 있다.
③ 소운은 시주로부터 양남음녀는 순행하고 음남양녀는 역행한다.
④ 소운은 월주로 대신한다.
⑤ 소운은 인생의 흐름을 살피는 데 매우 중요하다.

22 다음 중 연운에 대한 설명이 틀린 것은?

① 연운은 세운(歲運)이라고도 한다.
② 연운은 10년 주기로 변화한다.
③ 연운은 유운(流運)이라고도 한다.
④ 연운은 사주원국과 대운과의 관계를 살펴본다.
⑤ 연운이란 당해년도의 운을 말한다.

23 다음 중 한운에 대한 설명이 틀린 것은?

① 한운을 볼 때 연주로는 초년운, 월주로는 청년운, 일주로는 중년운, 시주로는 말년운을 본다.
② 한운을 볼 때 연주는 조상이나 조부모, 월주는 부모형제, 일주는 본인과 배우자, 시주는 자녀로 본다.
③ 한운은 대운과 더불어 육친의 복을 판단할 때 매우 중요하다.
④ 한운은 각 연월일시의 천간과 지지를 10년 단위로 주관한다.
⑤ 일반 이론에서 한운은 12신살이나 12운성을 볼 때 많이 사용한다.

오행과 육친을 통해서 상대의 성격과 적성과 특성을 비교하고 해석해서 서로의 장단점을 이해하고 배려할 수 있도록 하는 것이 궁합의 목적이다.

어릴 적 운은 본인의 운보다는 부모의 영향력이 매우 중요하다. 따라서 소운을 참고해도 무방하지만, 전적으로 의존하는 것은 옳지 않다.

연운은 1년 주기로 변화한다. 10년 주기로 변화하는 것은 대운이다.

한운은 12신살이나 12운성을 통한 운을 볼 때 많이 사용하지만, 임상 결과로는 전혀 유의미한 결과가 나타나지 않는다.

○여기 정답!

1) 2   2) 1   3) 2   4) 4   5) 5
6) 3   7) 1   8) 1   9) 3   10) 4
11) 4   12) 1   13) 3   14) 3   15) 4
16) 4   17) 2   18) 1   19) 2   20) 3
21) 5   22) 2   23) 3

실력을 과시하고 싶은 유혹에
빠지지 말라!

사주명리학에 입문하여 막 초보 수준을 벗어난 사람들은 이제까지 배운 지식으로 사주 당사자의 성격과 심리, 건강, 적성 등을 분석하면서 사주 상담에 재미를 붙여가기 시작한다. 가까운 사람들에게 생년월일시를 물어보고 나름대로 사주팔자 간명을 해주기도 한다. 여기까지는 전혀 문제가 없다. 필자 입장에서 사주명리학은 상담학이므로 아는 만큼의 사주 상담은 적극 권장하기 때문이다.

그러나 자신감이 지나쳐서 자신의 사주 실력에 도취하고, 타인에게 실력을 과시하고 싶은 욕망이 문제다. 여기에는 다음 2가지 문제가 있다. 첫째, 배우지도 않은 내용이나 잘 알지도 못하는 내용을 아는 것처럼 과대포장하여 상담하는 것이다. 둘째, 실력만큼 상담해주고 상대를 배려하는 따뜻한 마음으로 상담해주면 될 것을 굳이 어려운 사주명리학 용어들을 들먹여서 상담자를 압도하고 싶은 욕망이 앞서는 것이다.

상담자의 사주팔자를 제대로 분석하지 못하면서 실력이 있는 것처럼 부풀려서 상대방을 속이는 태도는 비난을 받아 마땅하다. 자신이 아는 만큼만 상담한다면 전혀 문제가 없다. 미처 알지 못하는 내용을 물어 올 경우 아직 그 내용은 알지 못하니 공부를 더 한 다음에 상담해주겠다고 솔직하게 말해야 한다. 아는 만큼 최선을 다해 상담해 나간다면 오히려 상담자가 감동을 받을지도 모른다. 나의 한마디가 상대방의 삶을 어려움에 빠뜨릴 수 있음을 명심해야 한다.

8년 전쯤, 개나리꽃이 활짝 핀 아름다운 봄날에 40대 중반의 한 신사가 상담실로 들어왔다. 그의 사주는 음이 기운이 강하고, 금(金)과 수(水)가 많았으며, 괴강살, 백호대살, 양인살에 귀문관살이 있었다. 사주원국에 양의 기운보다 음의 기운이 강하면 배짱이나 추진력이 약하다. 다른 사람에게 전혀 부탁을 하지 못하고 남이 부탁하는 것은 거절하지 못하는 타입으로서, 사업을 하면 안 되고 현재 가지고 있는 것들을 지키고 꾸준히 발전시켜 나가는 것이 좋은 사람이었다. 게다가 과거 5년 동안은 오화(午火) 대운으로 가장 운이 나쁜 시기였다. 모험을 하기보다는 안정적인 일을 하고, 대운도 확대해석하지 말고 돌다리를 두드려 가듯이 조심해야 타고난 사주팔자를 제대로 펼칠 수 있다고 상담해주었다.

그런데 다 듣고 난 후 신사는 굵은 눈물을 흘렸다. 5년 전, 이 신사가 어느 유명한 역술가에게 사업 상담을 했다고 한다. 부모에게 물려받은 100억원 정도의 유산이 있었는데, 그 역술가가 이 사람의 타고난 적성이나 성격 등을 파악하여 상담하기보다는 상호만 잘 지으면 무조건 사업에 성공할 수 있다면서 수천만원을 받고 상호를 지어주었다는 것이다. 역술가의 조언대로 사업을 시작한지 5년 만에 사업이 부도 나서 모든 재산을 날려버리고 10억 정도의 빚만 남고 부인과 이혼하는 등 가정까지 깨어져버렸다고 했다. 물려받은 부동산만 잘 관리했어도 가정도 지키고 재산도 지킬 수 있었을 것이다. 그 역술가는 상호를 지어준 값으로 수천만원을 벌고, 상담을 받은 신사는 재산 손실은 물론 가정까지 깨지는 아픔을 겪어야 했다. 자신의 사주명리학 실력을 자랑하려고 제대로 알지도 못하는 내용을 그럴듯하게 포장해 상담하다가는 이처럼 상대방에게 엄청난 고통과 아픔을 초래할 수 있음을 명심해야 한다.

어려운 용어를 사용하거나 사주명리학 고전을 많이 읽어야 상담을 잘하는 것처럼 인식되는 사주명리학계도 문제가 있다. 상담을 하려면 당연히 『적천수』, 『연해자평』, 『궁통보감』 등의 고전을 읽고 사주명리학 용어들을 잘 소화해야 한다. 그러나 고전을 많이 읽고 용어를 잘 안다고 사주 상담을 잘하는 것은 아니다. 옛 책에서 답을 찾을 게 아니라 현재를 사는 많은 사람들의 삶과 사주팔자의 관계를 살펴보고 타당성 있는 상담을 해야 한다.

쓸데없는 실력 자랑과 고전을 읽었다는 자랑과 어려운 용어 자랑에 심취하지 말아야 한다. 겸손한 사람만이 진정한 상담가, 가슴 따뜻한 상담가, 타인에게 희망을 줄 수 있는 상담가, 그 사람의 삶을 다 살아가게 해주는 애지욕기생(愛之欲基生)을 해주는 상담가가 될 수 있을 것이다.

현재 활용되고 있는 사주명리학 일반 이론들 중에는 타당성이 전혀 없는 이론들이 다수 있다.

그 중에서도 신살은 사주명리학 이론들 중에서 중요하게 활용되어왔고,

비록 그 중요성이 조금씩 줄어들고 있다고 하지만 현재까지도 여전히 대다수의 사주명리학 책들에서

비중 있게 다루어지고 있다. 또한 많은 사주명리학자들도 신살을 가지고 사주팔자를 상담하고 있는

형편이다. 일반적으로 사이비라고 불리는 역술가 중에서 많은 사람들이 신살을 가지고

상담자들을 겁주고 협박하고 부적을 강요하거나 굿을 강요한다.

이러한 행태는 단지 사주팔자를 보러 온 사람들만의 문제가 아니라 사회적으로도 물의를 일으킬 수 있다.

따라서 사주명리학이 사람들 사이에서 사이비 또는 비과학적이란 오명을 벗어나기 위해서는

과학적으로 타당성이 없는 학설은 과감하게 비판하고 더 이상 사주명리학계에서 활용될 수 없도록 하여

사주명리학 이론들을 재정립해야 한다.

#07

버려야 할
사주 명리학 이론

버려야 할 사주명리학 이론

일반 이론에서 사용하는 신살들의 길흉 분포를 분석하여 일반 이론의 한계를 지적한다. 일반 이론에서 어떤 살은 좋고 어떤 살은 나쁘다고 평가하는 것은 이론적인 타당성이 부족하다. 현대에서는 장단점을 함께 내포하고 있는 살만을 사주팔자 간명에 적용해야 한다.

현재 활용하고 있는 사주명리학 일반 이론들 중에는 타당성이 전혀 없는 이론들이 다수 있다. 그 중에서도 신살에 관한 이론은 대부분 버려야 한다는 것이 필자의 입장이다. 이것은 필자가 사주명리학 공부를 해오면서 나름대로의 경험과 임상 결과를 분석하여 얻은 결론이다.

일반적으로 사이비라고 불리는 역술가 중에서 많은 사람들이 신살을 가지고 상담자들을 겁주고 협박하고 부적을 강요하거나 굿을 강요한다. 이러한 행태는 사주팔자를 상담하러 온 사람들을 실의에 빠지게 할 뿐만 아니라 사회적으로도 물의를 일으킬 수 있다. "당신 사주팔자에 살이 끼었어!" "살을 풀지 않으면 큰일 날 줄 알아!" 이렇게 겁주고 협박하는 데 이용되는 신살들이 사주명리학 일반 이론 속에 200여 개가 넘게 있고, 한 사람의 사주에 30여 개의 살이 있다고 한다. 누구의 사주팔자에는 신살이 없고 누구의 사주팔자에는 신살이 있는 게 아니라, 어느 누구라도 사주에 신살이 30여 개까지 존재한다는 것이다.

　신살은 사주명리학 이론들 중에서 중요하게 활용되어왔고, 비록 그 중요성이 조금씩 줄어들고 있다고 하지만 현재까지도 여전히 대다수의 사주명리학 책들에서 비중 있게 다루어지고 있다. 또한 많은 사주명리학자들도 신살을 가지고 사주팔자를 상담하고 있는 형편이다. 필자의 스승인 자강 이석영 선생 또한 신살을 매우 중요하게 사용하였다. 그러나 아무리 제자의 입장이라도, 사주명리학 이론들을 재정립하기 위해서는 과학적으로 타당성이 없는 학설은 과감하게 비판하고 더 이상 사주명리학계에서 활용될 수 없도록 해야 할 것이기에 이렇게 신살에 대한 문제 제기에 나서게 되었다. 필자는 신살들을 좋은 작용을 하는 긍정적인 신살과 나쁜 작용을 하는 부정적인 신살로 분류하고, 그 길흉 분포를 분석하여 신살의 허구성을 밝히려고 한다.

지금까지 인류의 역사는 꾸준히 발전해왔다. 그에 따라 인간의 삶도 향상되어왔다. 원시사회에서 첨단 과학사회로 변화 발전해오면서 수명이 점점 연장되고 생활이 풍족해졌다. 이렇게 인간의 삶이 점점 나아졌다면, 신살 역시 긍정적인 내용이 부정적인 내용보다 많아야 한다. 생각해보자. 개개인의 사주팔자에 부정적인 신살들이 많다면 이미 인류의 역사는 종말을 맞았어야 옳다. 한 사람 한 사람의 삶에 좋은 일보다 나쁜 일이 더 많이 생긴다면, 그 개인들의 집합체인 국가나 민족이나 세계 역시 부정적인 상황으로 흘러가게 된다는 것이 설득력 있게 들리기 때문이다.

사주명리학의 신살들을 좋은 작용을 하는 긍정적인 신살과 나쁜 작용을 하는 부정적인 신살로 구분할 때, 가능하면 우리 나라뿐만 아니라 중국과 일본에서 사용하는 신살까지도 빠짐없이 다루고자 하였다. 잘 쓰이지 않거나 미처 알지 못해서 빠뜨린 것이 있을 수 있지만, 꼼꼼하게 살펴서 정리했기 때문에 빠진 신살은 그리 많지 않으리라고 본다. 한편 요즘에는 상황에 따라 긍정적으로도 부정적으로도 해석되는 신살이 있는데, 이것은 원래의 의미에 초점을 맞추어서 정리하였다.

먼저 신살 중에서 가장 많이 사용하는 12신살, 12운성, 공망을 다룬다. 그 다음으로는 다른 신살들을 포함해 모든 신살을 긍정적인 신살과 부정적인 신살로 구분한다. 이 길흉 분포만 보아도 신살의 허구성이 드러날 것으로 본다.

결론적으로 말해, 신살들을 분류하고 보니 긍정적인 신살은 50개 이내이고, 부정적인 신살은 150개가 넘었다. 긍정적인 신살보다 부정적인 신살이 3배나 많았다. 한 사람의 인생에 긍정적인 일보다 부정적인 일 즉 좋은 일보다 나쁜 일이 3배 이상 많다면 그만큼 살아나갈 희망이 없을 것이다. 이렇게 사람들의 삶의 희망을 빼앗는 것이 기존의 신살 이론이 초래한 부작용이라고 본다.

살풀이의 허와 실

철학관이나 점집에 인생 상담을 하러 가본 사람이라면 사주에 살이 끼어 좋지 않으니 살을 풀어야 한다는 이야기를 들어보았을 것이다. 정말 살이란 무조건 나쁜 것이고, 그것을 꼭 풀어야만 자신의 삶이 나아지는가?

살은 누구나 가지고 있다. 특별히 사주팔자가 나쁜 사람에게만 나타나는 것이 아니라는 말이다. 사주명리학 일반 이론에는, 사주명리학에서 사라져야 할 것임에도 불구하고 무려 200여 개가 넘는 살들이 존재하고 있다. 이 중에서 어느 누구의 사주팔자라도 최소한 30여 개 최대한 50여 개의 살이 존재한다고 한다. 하나의 사주팔자에 이렇듯 수십여 개의 살들이 있는데 과연 부적을 하거나 굿을 하거나 비방을 한다고 이러한 살들이 모두 없어질까?

결론적으로 말해 살풀이를 한다고 해도 살을 없앨 수는 없다. 자신의 사주팔자를 없애지 않는 한 살은 사라지지 않기 때문이다. 살을 풀기 위해서는 자신이 태어난 생년 생월 생일 생시가 없어져야 하고 사주팔자가 없어져야 한다. 따라서 한 사람이 죽어서 삶을 마감하지 않는 한 수십 가지의 살은 평생 그 사람을 따라다닐 수밖에 없다. 그러므로 살을 가지고 한 사람의 인생을 상담하는 것은 전혀 타당성이 없다고 볼 수 있다.

특히 어떤 살은 좋고 어떤 살은 나쁘다고 평가하는 것은 한낱 허무맹랑한 이론에 불과하다. 5부 충ㆍ합ㆍ신살에서 살펴본 것처럼, 장단점을 함께 내포하고 있는 살만을 사주팔자 간명에 적용하고 나머지는 기억 속에서 버려야 할 것이다.

1. 12신살

1 12신살의 정의

12신살은 12가지의 신살 즉 겁살, 재살, 천살, 지살, 연살, 월살, 망신살, 장성살, 반안살, 역마살, 육해살, 화개살을 통칭하는 말이다. 12신살은 그것만 가지고도 책 한 권을 쓸 수 있을 만큼 내용이 방대하다.

POINT

12신살

겁살, 재살, 천살, 지살, 연살, 월살, 망신살, 장성살, 반안살, 역마살, 육해살, 화개살을 가리킨다.

그러나 12신살은 12운성과 공망과 더불어 이제는 사주명리학의 과거로 사라져야 할 이론이라는 게 필자의 견해이다. 필자의 스승인 이석영 선생까지도 12신살을 선생의 저서에서 중요한 부분으로 다룬 바 있다. 하지만 아무리 제자의 입장일지라도, 옳지 않은 학설을 스승의 말씀이라는 이유로 무조건 옳다고 할 수는 없는 것이다.

그런데도 불구하고 필자가 이렇게 12신살을 비중 있게 다루는 이유는 아직까지 사주팔자 상담에 12신살을 활용하는 사람들이 많기 때문이다. 대덕 이론, 즉 필자의 사주명리학 이론을 공부하는 독자분들이나 제자분들 역시 신살 이론들을 정확하게 이해하고 있어야 한다. 그래야 상담하러 온 사람들을 현혹하는 사이비 역술가들의 잘못을 단호하게 지적할 수 있을 것이다. 사주명리학에서 사라져야 할 이론인데다 신살 종류가 다양하고 내용이 방대하여 조금은 힘들겠지만, 사이비 학설을 뿌리 뽑는다는 일념으로 공부해 나가길 바란다.

돌발퀴즈

Q 해외를 왕래하는 사주팔자가 따로 있는가?

A 해외를 왕래하거나 이민을 가는 사주팔자가 분명 따로 있다. 그러한 사주팔자를 타고나지 않아도 해외를 왕래하거나 이민을 가는 경우도 물론 있다. 그러나 사주팔자를 타고난 사람은 해외를 왕래하거나 해외로 이민을 가서 자신의 삶을 꽃 피울 수 있다는 점이 다르다.

그렇다면 이런 삶을 사는 사람은 어떤 사주팔자를 타고났을까? 바로 역마살이 있는 사주팔자이다. 역마살은 꾸준히 움직이고 활동하면서 자신의 삶을 다 살게 한다. 역마살이란 사주팔자에 인신사해(寅申巳亥)가 많거나 술술(戌戌) 병존 또는 무무(戊戊) 병존이 있는 경우를 말한다. 이런 사주팔자를 가진 사람은 해외로 이민 또는 유학을 가거나 해외왕래를 하는 직업을 선택하면 좋다.

② 12신살 뽑는 방법

12신살은 연지를 기준으로 뽑는 방법과 일지를 기준으로 뽑는 방법이 있다. 처음에는 연지를 기준으로 신살을 뽑았는데, 12신살 이론이 타당성이 없다 보니 사주팔자 상담이 제대로 이루어지지 않았다. 그래서 일지 위주의 판단법을 다시 만들었는데 이것이 오히려 혼란을 더하고 있다. 결과적으로 어떤 사람은 연지로 본다고 하고, 어떤 사람은 일지로 본다고 하고, 또 일부는 둘을 모두 본다고 하여 이론이 분분하다. 정리하면 다음과 같다.

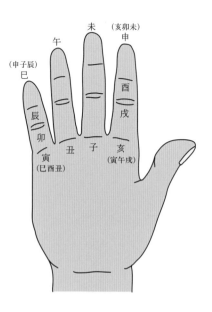

① 연지를 기준으로 연월일시 지지를 본다.

② 일지를 기준으로 연월일시 지지를 본다.

③ 연지를 기준으로 월일시 지지를 보고, 일지로 연지를 본다.

④ 일지를 기준으로 연월시 지지를 보고, 연지로 일지를 본다.

③ 12신살의 종류

지지의 수장법을 활용하면 연지나 일지를 기준으로 12신살을 뽑을 때 편리하다.

① 연지나 일지가 인오술(寅午戌)일 때는 해(亥)에서 겁살이 시작되어 재살, 천살, 지살, 연살, 월살, 망신살, 장성살, 반안살, 역마살, 육해살, 화개살의 순서로 시계 방향으로 손가락을 세어 나간다.

② 연지나 일지가 신자진(申子辰)일 때는 사(巳)에서 겁살이 시작되어 재살, 천살, 지살, 연살, 월살, 망신살, 장성살, 반안살, 역마살, 육해살, 화개살의 순서로 시계 방향으로 손가락을 세어 나간다.

③ 연지나 일지가 사유축(巳酉丑)일 때는 인(寅)에서 겁살이 시작되어 재살, 천살, 지살, 연살, 월살, 망신살, 장성살, 반안살, 역마살, 육해살, 화개살의 순서로 시계 방향으로 손가락을 세어 나간다.

④ 연지나 일지가 해묘미(亥卯未)일 때는 신(申)에서 겁살이 시작되어 재살, 천살, 지살, 연살, 월살, 망신살, 장성살, 반안살, 역마살, 육해살, 화개살의 순서로 시계 방향으로 손가락을 세어 나간다.

▼ 12신살의 구성

살 연지·일지	겁살	재살	천살	지살	연살	월살	망신살	장성살	반안살	역마살	육해살	화개살
寅午戌	亥	子	丑	寅	卯	辰	巳	午	未	申	酉	戌
申子辰	巳	午	未	申	酉	戌	亥	子	丑	寅	卯	辰
巳酉丑	寅	卯	辰	巳	午	未	申	酉	戌	亥	子	丑
亥卯未	申	酉	戌	亥	子	丑	寅	卯	辰	巳	午	未
12운성	절(포)	태	양	장생	목욕	관대	건록	제왕	쇠	병	사	묘

▼ 연지에 12신살이 있을 때의 특징

신살	특징	길흉분석
겁살	조업 계승 불가, 객지생활, 선대조 비명횡사	흉
재살	관재구설이 있음, 부모형제가 급질 사망하거나 피흘리고 죽음	흉
천살	객지에서 고생함, 매사 막힘, 조부모 비명횡사	흉
지살	객지에서 고생함, 선대조 객사, 재산 탕진	흉
연살	부부간에 외도에 빠짐, 선대조가 바람을 피다 사망	흉
월살	노력해도 모든 일이 허사가 됨, 선대조가 굶어 죽음	흉
망신살	객지에서 고생함, 선대조 유업 계승 불가, 객사	흉
장성살	모든 사람을 통솔함, 권력을 잡음, 선대조 전사	길
반안살	조상과 부모의 덕이 있음, 일평생 영화를 누림	길
역마살	객지로 떠돌며 고생함, 선대조 객사	흉
육해살	양자로 입양됨, 믿음이 부족함, 선대조 건강 악화로 사망	흉
화개살	객지에서 고생함, 유산을 탕진함, 가난하게 살아감	흉

▼ 월지에 12신살이 있을 때의 특징

신살	특징	길흉분석
겁살	조실부모, 부모형제가 불구 또는 단명함, 형제끼리 무정함	흉
재살	실물수가 많음, 관재수가 있음, 부모형제가 비명횡사나 객사함	흉
천살	부모형제 덕이 없음, 부모형제의 급질 괴질, 부모형제 비명횡사	흉
지살	유산을 탕진함, 객지에서 고생함, 부모형제 객사	흉
연살	부모형제가 주색을 탐닉함, 부모형제가 주색잡기로 사망, 패가망신	흉
월살	분주하고 일이 많음, 부모형제가 굶어 죽음, 매사 막힘	흉
망신살	부모형제 객사, 부모형제 변동수가 많음	흉
장성살	무관에 뛰어남, 병권을 잡음, 부모형제가 전사함	길
반안살	명예를 드날림, 관운이 있음, 부모형제가 화목함	길
역마살	부모형제 객사, 객지 생활, 분주하고 일이 많음	흉
육해살	부모형제끼리 무정함, 주변사람으로 어려움을 겪음, 현실회피 신앙 생활	흉
화개살	부모형제 덕이 없음, 차남이어도 장남 노릇함, 가문을 책임짐	흉

▼ 일지에 12신살이 있을 때의 특징

신살	특징	길흉분석
겁살	부부가 생사이별함, 남자는 첩을 둠, 본인이나 배우자가 질병으로 고생함	흉
재살	생활이 불안정함, 부부 비명횡사, 인생이 파란만장함	흉
천살	부부가 생사이별함, 부부가 비명횡사함, 가정생활 파탄	흉
지살	매사 분주하고 일이 많음, 부부 이별, 부부가 객지에서 비명횡사함	흉
연살	부부관계가 소원함, 부부가 음란방탕함, 매사 불길함	흉
월살	매사 분주하고 일이 많음, 부부 이별, 노력의 성과가 없음	흉
망신살	부부 이별, 하는 일마다 망신당함, 배우자가 자주 바뀜	흉
장성살	명예가 따름, 항상 근심걱정함, 부부가 생사이별함	길

반안살	가정이 안정되고 행복함, 부부 화목, 재산 풍족	길
역마살	배우자와 생사이별, 주색으로 방탕함, 타향살이	흉
육해살	종교에 귀의, 부부지간 애정 없음, 재산과 재물이 없음	흉
화개살	본처와 생사이별함, 종교에 귀의함, 배우자와 인연이 없음	흉

▼ 시지에 12신살이 있을 때의 특징

신살	특징	길흉분석
겁살	자식을 두기 힘듦, 자식이 방탕하거나 불구, 자녀 단명	흉
재살	자식 덕이 없음, 자식이 비명횡사함, 자식이 피흘리고 죽음	흉
천살	자식이 비명횡사함, 자식이 감옥에 감, 자식과 생사이별함	흉
지살	자식과 생사이별함, 자식이 타향살이함, 자식과 관계가 소원해짐	흉
연살	부부관계 악화, 자녀가 음란함, 자녀가 화류계에 종사함	흉
월살	자식이 불효함, 자녀로 인한 근심걱정이 있음, 자녀가 단명함	흉
망신살	말년이 불우함, 자녀복이 없음, 자녀로 인한 근심걱정이 있음	흉
장성살	말년에 크게 성공함, 자녀가 관직에서 성공함, 가정이 편하고 행복함	길
반안살	말년이 행복함, 자식복이 있음, 부부가 해로함	길
역마살	자녀가 타향살이함, 자녀와 생사이별함, 말년에 객지에서 사망함	흉
육해살	자녀가 종교에 귀의함, 말년에 건강이 악화됨, 말년에 독수공방함	흉
화개살	자녀가 종교에 귀의함, 가문에 영광이 따름, 재물이 없고 명예가 있음	흉

④ 12신살의 해석

일반 이론에서는 12신살이 연주에 있으면 조부모복, 월주에 있으면 부모형제복, 일주에 있으면 배우자복, 시주에 있으면 자식복과 관련이 있다고 본다. 즉 연월일시의 간지에 긍정적인 신살이 있으면 복이 있다는 것이요, 부정적인 신살이 있으면 복이 없다는 것이다.

그런데 앞의 표들에서 보듯이 12개의 신살 중에서 부정적인 신살이 10개이므로 12 명 중에서 10명은 조부모복, 부모형제복, 배우자복, 자식복이 없고 단 2명만이 그러한 복이 있다는 결론이 나온다.

간혹 사주명리학자에 따라 단편적으로 보지 않고 복합적으로 보는 경우가 있다. 예를 들어, 나쁜 신살이라도 12운성이 긍정적인 것이거나 좋은 신살이 함께 있으면 나쁜 작용이 줄어든다는 것이다. 그러나 이 역시 좋은 신살도 12운성이 나쁜 작용을 하거나 나쁜 작용을 하는 신살과 함께 있다면 부정적인 신살로 보기 때문에 12신살의 내용이 크게 달라지지는 않는다. 12운성이나 기타 신살들 또한 부정적인 것이 긍정적인 것보다 많으므로 12신살의 의미는 변하지 않을 것이다.

연주에 부정적인 신살에 해당하는 겁살, 재살, 천살, 지살, 연살, 월살, 망신살, 역마살, 육해살, 화개살 등 10개의 신살이 있으면 조부모가 단명하거나 조부모복이 없다는 일반 이론의 설명은 현재 50대 이상의 성인들에게는 어느 정도 들어맞는 말이다. 다시 말해서, 연주에 위 10개 중 하나의 신살만 있어도 "조부모복이 없겠네", "조상 중 객사한 사람 있지" 하고 대부분의 사람들에게 적용할 수 있다는 것이다.

이것은 그 당시의 시대적인 배경과 큰 관련이 있다. 지금 50대 이상의 성인 중에는 조부모를 포함하여 가족 중에 일제 치하 당시 일본에 강제징용을 당하고 사망하거나 생사가 확인되지 않은 사람, 광복이 되자마자 6.25를 겪으며 희생된 사람, 베트남 전쟁에 참전하여 희생된 사람, 5.18 광주민주화운동 때 희생된 사람, 그리고 이승만, 박정희, 전두환, 노태우로 이어지는 독재정권에 항거하다 희생된 사람 등을 어렵지 않게 볼 수 있다.

또한 그 당시에는 보릿고개란 말이 있을 만큼 먹을 것이 풍족하지 않았다. 일제강점기에서 6.25로 이어지며 경제적 궁핍이 극에 달했기 때문이다. 자연히 굶어 죽거나 병으로 단명하는 사람이 많았고, 먹고 살기 위해 고향을 떠나 객지로 떠도는 사람이 많다 보니 객사하는 사람이 많았다.

〈일제치하 때문에〉　　　　　〈6.25 때문에〉

이 같은 사실에서 알 수 있듯이, 50대 이상의 성인들은 긍정적인 삶보다는 부정적인 삶을 살아왔다. 그래서 이들 세대의 어떤 누구에게라도 "당신 운명은 많이 힘들어", "당신 운명은 꼬였군" 하고 말하면 듣는 입장에서 고개를 끄덕일 수밖에 없는 것이다. 따라서 신살을 보고 그 사람의 운명을 알아맞힌 것이 결코 아니다. 시대적인 상황 때문에 불행을 겪을 수밖에 없었는데도, 사이비 역학자들은 이것을 굳이 신살과 관련지어 설명하고 스스로 족집게 행세를 하는 것이다.

이제는 사람의 복잡다단한 삶을 대충 눈치로 알아맞히거나, 무조건 사주팔자가 나쁘기 때문이라고 말해주어서는 안 되는 시대가 되었다. 부정적인 신살들을 들먹이며 얼렁뚱땅 운명 판단을 해서는 웃음거리가 되기 십상이다. 이제는 과학적, 통계적인 임상을 거친 내용들을 구체적인 삶의 흔적들과 맞추어 나가면서 사주팔자를 상담하지 않으면 안 되는 시대임을 사주명리학을 공부하는 사람 모두 명심해야 한다.

Q 이성에게 인기 있는 사주팔자가 정해져 있는가?

A 이성에게 인기 있는 사주팔자는 분명히 존재한다. 먼저 남성의 사주팔자를 알아보자. 첫째, 사주팔자에 도화살이 많을 때이다. 자오묘유(子午卯酉) 또는 임임(壬壬) 병존이나 계계(癸癸) 병존을 도화살이라고 한다. 둘째, 사주팔자에 일간 오행이 극하는 오행(육신으로 재성)이 많을 때이다.

다음은 여성의 사주팔자이다. 첫째, 사주팔자에 도화살이 많을 때이다. 둘째, 사주팔자에 일간 오행을 극하는 오행(육신으로 관성)이 많을 때이다.

이 2가지 중에서 어느 하나에 해당하는 사주팔자는 이성에게 인기가 있다.

2. 12운성

사주명리학 일반 이론에서 12신살만큼 매우 중요하게 다루는 것이 12운성(十二運星)이다. 12운성은 절태법(絶胎法) 또는 포태법(胞胎法)이라고도 한다. 웬만한 사주명리학 책에서는 12운성과 12신살을 매우 자세하고 구체적으로 다루고 있고, 사주팔자를 상담할 때도 많이 응용하는 학설이다.

대덕 이론에서는 12운성을 사주명리학 이론으로 취급하지 않지만, 아직까지도 사주명리학에서 비중 있게 다루어지는 이론이므로 독자들의 이해를 돕기 위해 설명한다. 다만, 12운성이란 이런 것이다 정도로만 알아두어야지 사주팔자 상담에 실제로 응용해서는 안 된다.

필자는 사주명리학을 공부하던 초기부터 이 12운성에 대해서 부정적인 입장이었고, 15년 전부터 여러 대학과 문화센터에서 강의해오면서는 매우 강도 높게 이 이론을 비판해왔다. 사주명리학의 일반 이론을 소개한 여러 저서나 강의에서는 이 이론을 매우 비중 있게 다루면서 오랜 기간 배워야 하는 중요한 이론으로 취급하고 있지만, 필자는 오랜 임상 경험을 거치면서 이 이론이 허무맹랑함을 느끼게 되었다. 많은 사주명리학자들이 이 허무맹랑한 이론을 아직까지 신주 모시듯 중시하고 사주팔자

간명에 응용하여 세인들 사이에 높은 평가를 받는 것이 의아하면서도 한편으론 안타까울 따름이다. 전혀 이론적인 근거와 타당성이 없는 학설들은 과감하게 정리해야 사주명리학이 사이비가 아닌 이론적 근거가 탄탄한 정통 학문으로 자리매김할 수 있다는 것이 필자의 생각이다.

1 12운성의 정의

12운성이란 10개의 천간이 12개의 지지와 만났을 때 기를 얻거나 잃는 과정을 인생의 흐름 즉 태어나고 성장해서 소멸하는 12단계로 파악한 것이다. 장생(長生), 목욕(沐浴), 관대(冠帶), 건록(建祿), 제왕(帝旺), 쇠(衰), 병(病), 사(死), 묘(墓), 절(絶) 또는 포(胞), 태(胎), 양(養)으로 이루어진다.

POINT

12운성

10개의 천간이 12개의 지지와 만났을 때 기를 얻거나 잃는 과정을 태어나고 성장해서 소멸하는 12단계로 나타낸 것이다.

▼ 12운성의 구성

분류	의미
장생	태어남. 세상과 처음 인연을 맺는 것을 뜻한다.
목욕	목욕을 함. 점차 성장해가는 것을 뜻한다.
관대	관을 쓰고 허리띠를 맴. 성인이 되는 것을 뜻한다.
건록	문패를 세우고 녹봉을 받음. 직업을 갖고 사회에 진출하는 것을 뜻한다.
제왕	왕처럼 왕성함. 활동이 가장 왕성한 시기를 뜻한다.
쇠	시듦. 왕성하던 기운이 점차 줄어드는 것을 뜻한다.
병	병듦. 원기를 잃고 병이 드는 것을 뜻한다.
사	죽음. 병이 깊어져 죽음을 맞는 것을 뜻한다.
묘	무덤에 들어감. 죽어서 무덤에 묻히는 것을 뜻한다.
절(포)	끊어짐. 시신이 부패하고 영혼이 육체를 떠나가는 것을 뜻한다.
태	잉태함. 윤회의 결과로 새롭게 모체와 인연을 맺는 것을 뜻한다.
양	자라남. 모태에서 자라나는 것을 뜻한다.

▼ 12운성의 구성

12운성 \ 일간	甲	乙	丙	丁	戊	己	庚	辛	壬	癸
장생	亥	午	寅	酉	寅	酉	巳	子	申	卯
목욕	子	巳	卯	申	卯	申	午	亥	酉	寅
관대	丑	辰	辰	未	辰	未	未	戌	戌	丑
건록	寅	卯	巳	午	巳	午	申	酉	亥	子
제왕	卯	寅	午	巳	午	巳	酉	申	子	亥
쇠	辰	丑	未	辰	未	辰	戌	未	丑	戌
병	巳	子	申	卯	辛	卯	亥	午	寅	酉
사	午	亥	酉	寅	酉	寅	子	巳	卯	申
묘	未	戌	戌	丑	戌	丑	丑	辰	辰	未
절(포)	申	酉	亥	子	亥	子	寅	卯	巳	午
태	酉	申	子	亥	子	亥	卯	寅	午	巳
양	戌	未	丑	戌	丑	戌	辰	丑	未	辰

② 12운성 뽑는 방법

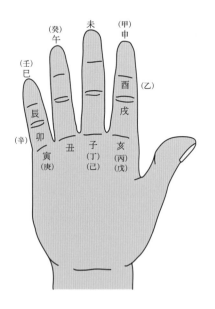

① 양 일간인 사람은 자신의 일간에서부터 시계 방향으로 절(포), 태, 양, 장생, 목욕, 관대, 건록, 제왕, 쇠, 병, 사, 묘의 순서로 세어 나간다.

② 음 일간인 사람은 자신의 일간에서부터 시계 반대 방향으로 절(포), 태, 양, 장생, 목욕, 관대, 건록, 제왕, 쇠, 병, 사, 묘의 순서로 세어 나간다.

양 일간인 경우는 양포태, 음 일간인 경우는

음포태라고 한다. 앞의 12운성 뽑는 방법은 양포태와 음포태를 함께 사용한 것이다. 그러나 현대에는 음포태는 사용하지 않고 양포태만 사용하는 경우도 많다. 즉 을(乙)은 갑(甲)의 자리에서부터, 정(丁)과 기(己)는 병(丙)과 무(戊)의 자리에서부터, 신(辛)은 경(庚)의 자리에서부터, 계(癸)는 임(壬)의 자리에서부터 시계 방향으로 절(포), 태, 양, 장생, 목욕, 관대, 건록, 제왕, 쇠, 병, 사, 묘의 순서로 세어 나간다.

연월일시의 각 지지에 해당하는 12운성이 무엇인가에 따라 운명을 판단하기도 하고, 육신의 어느 자리에 어느 12운성이 오느냐에 따라 운명을 판단하기도 한다.

③ 12운성 이론의 문제점

일반 이론에서 12운성 이론은 2가지 치명적인 문제점을 가지고 있다. 그 중 하나는 사주명리학의 관점과 모순되는 점이 많다는 것이다.

먼저 장생의 경우를 보자. 12운성 이론에 따르면 갑(甲)은 해(亥), 을(乙)은 오(午), 병(丙)은 인(寅), 정(丁)은 유(酉), 무(戊)는 인(寅), 기(己)는 유(酉), 경(庚)은 사(巳), 신(辛)은 자(子), 임(壬)은 신(申), 계(癸)는 묘(卯)가 장생이고, 해당 장생으로부터 생을 받는다고 한다. 그러나 갑(甲), 병(丙), 임(壬)을 제외한 7개 천간은 전혀 생과 무관하다. 을(乙)의 장생인 오(午)는 오히려 을목(乙木)이 오화(午火)를 생해주어야 하고, 정(丁)은 장생인 유금(酉金)을 화극금(火剋金)으로 극하여 기운을 빼앗는다.

이러한 모순은 사에서도 나타난다. 12운성에서 갑(甲)은 오(午), 을(乙)은 해(亥), 병(丙)은 유(酉), 정(丁)은 인(寅), 무(戊)는 유(酉), 기(己)는 인(寅), 경(庚)은 자(子), 신(辛)은 사(巳), 임(壬)은 묘(卯), 계(癸)는 신(申)이 사에 해당한다. 그러나 을(乙)이 해(亥)에, 정(丁)이 인(寅)에 죽는다는 논리는 생극작용을 완전히 무시한 전혀 타당성이 없는 이론이다.

이렇듯 허무맹랑한 이론을 가지고 오랜 기간 사주팔자 상담을 해왔다고 생각하니 등골이 오싹해질 뿐이다. 몇몇 사주명리학자들은 이러한 모순들을 알고 나서 수정된 12운성 이론을 제시하였다. 즉 음포태는 사용하지 않고 음양은 함께 살고 함께 죽는다고 하여 양포태만을 사용하는 것이다. 음포태와 양포태를 모두 사용할 때보다는 이론적으로 좀더 타당성이 있어 보이지만, 해석으로 들어가면 마찬가지로 어이가 없는 경우가 많다.

12운성의 두 번째 문제점은 사람들에게 희망을 주는 긍정적인 내용보다 좌절하게 만드는 부정적인 내용이 많다는 점이다. 12신살에 비하면 정도가 덜한 편이지만, 12운성 이론을 적용한 사주팔자 상담 내용을 듣다 보면 매사에 나쁜 일만 생길 것 같은 느낌이 든다. 뿐만 아니라 12운성 이론으로 상담하면서 부정적인 면을 강조하며 부적이나 굿을 강요하는 사람들이 있다는 것이 문제다.

다음은 유명한 사주명리학자들의 12운성 이론에서 일주 해설을 간략하게 정리한 것이다. 연월일시주 모두 해석해야 하지만, 일주 해석만 보아도 길흉 설명이 충분할 것 같아서 일주 해설만 정리하였다.

▼ 12운성 이론의 일주 해설

12운성	해설	길흉
장생	배우자복 있음, 가정 화목, 부부금슬 좋음, 부모에게 효도, 부모 은덕 있음	길
목욕	부모를 일찍 여의거나 부모복 없음, 주색잡기, 부부 인연 없음	흉
관대	의지 강함, 용모 수려, 두뇌 총명, 가정 평안, 직업 변동 많다	길
건록	의지 굳음, 계획적임, 주관이 뚜렷함, 양자 가능성, 여성은 배우자복 없음	남성 길 여성 흉
제왕	자존심 강함, 양부모를 모심, 고향을 떠나 자수성가, 여성은 배우자복 없음	남성 길 여성 흉
쇠	결혼운 약함, 부부 인연 없음, 가족과 생사이별	흉
병	체질 약함, 중병, 부부 인연 약함, 부부 생사이별	흉
사	부부지간 냉담 다툼, 신경질적인 성격, 중년 이후 생사이별	흉
묘	초년에 병치레 등 허약, 여성은 부부운이 약함	흉
절(포)	이성관계 복잡, 가정에 소홀, 부부 다툼, 부부 별거, 이혼	흉
태	의지 부족, 신체 허약, 죽을 고비 있음, 부모를 모셔야 함, 시부모와 갈등	흉
양	연애결혼, 의지력과 결단력 있음, 고향을 떠나 객지생활을 함, 재주 많음	흉

12운성 이론을 통해서 연주로는 조상과 조부모운과 초년운을, 월주로는 부모형제운과 청년운을, 일주로는 배우자와 중년운을, 시주로는 자식운과 말년운을 본다.

그런데 앞의 일주 분석 결과를 보면 남성은 길한 것이 4개 흉한 것이 8개이고, 여성은 길한 것이 2개 흉한 것이 10개로 여성에게 흉으로 작용하는 경우가 더 많아 사주명리학계에 남아 있는 남녀불평등 문제를 드러내고 있다. 남성 또한 길한 것보다 흉한 것이 많은데 이것은 12운성 이론에 문제가 있음을 보여준다.

지금까지 인류는 후퇴보다는 발전해왔고 수명도 과거에 비해 엄청나게 연장되었다. 그렇다면 평균적으로 보아 모든 사람들에게 부정적인 운명보다는 긍정적이고 희망적인 운명이 있었다고 보아야 할 것이고, 사주명리학 이론 또한 이러한 현상을 설명할 수 있어야 한다. 12운성 이론처럼 부정적인 내용이 많다면 우리 인류의 역사는 벌써 종말을 맞이했어야 할 것이다.

연주, 월주, 시주 또한 일주와 비슷한 길흉 분포를 보이는데, 이것을 통해서 다시한번 12운성 이론의 한계를 알 수 있다.

한편 사주팔자의 연월일시로 보지 않고 육신으로 보는 방법도 있다(육신에 대해서는 『사주명리학 완전정복』에서 자세히 다룬다). 예를 들어, 일간과 오행이 같은 비겁에 목욕이 있으면 형제자매가 풍류와 주색에 빠지게 되고, 일간이 극하는 재성에 목욕이 있으면 배우자가 미남미녀이지만 바람기가 있고 주색잡기에 빠진다는 것이다. 특히 여성 사주에서 일간을 극하는 관성에 묘가 있으면 남편과 인연이 약하고, 남성 사주에 일간이 극하는 재성에 묘가 있으면 부인과 인연이 약하다고 해석한다.

그러나 이러한 설명은 필자의 임상 경험으로는 전혀 타당성이 부족한 내용이었다. 앞서 공부한 신살들, 즉 장점과 단점을 모두 가지고 있는 신살들을 제외한 12운성과 같은 신살은 이제 사주명리학 이론에서 폐기해야 할 것이다.

12신살과 함께 보는 방법도 있지만, 기본적인 길흉의 분포는 달라지지 않으므로 앞서 설명한 일주 해석시의 길흉 분포와 거의 유사하다고 보면 된다.

3. 공망

① 공망의 정의

천간 10자와 지지 12자가 간지 결합을 할 때, 천간은 10자이고 지지는 12자이므로 천간이 지지에 비해 2자가 부족하여 짝을 이루지 못하는 2개의 지지를 공망(空亡)이라고 한다. 공망이란 공허, 즉 텅 비어 있다는 뜻으로 이를테면 마음먹은 대로 되는 일은 없고 자리는 있는데 월급이나 봉급은 전혀 없는 것이다. 공망살(空亡殺), 공방살(空房殺), 천중살(天中殺)이라고도 한다.

공망은 충이나 합이 없을 때 제대로 이루어진다. 그러나 충이나 합이 있으면 공망이 없어진다고 해서 해공(解空)된다고 한다. 사주원국에 있는 공망은 대운이나 연운에서 또 다시 공망인 지지가 들어오면 해공된다. 공망은 다른 살과 마찬가지로 이론적으로나 임상적으로 가치가 전혀 없다는 것이 필자의 견해이다.

② 공망 뽑는 방법

일반 이론에서 공망을 보는 법은 일주로 보는 법, 연주로 보는 법, 일주로 연월시를 보고 연주로 일주를 보는 법, 연주로 월일시를 보고 일주로 연주를 보는 법 등 4가지가 있다. 대체로 일주를 중심으로 보고, 간혹 연주로 보는 경우가 있다.

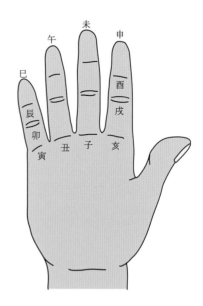

① 연주나 일주의 지지를 손가락에서 찾아 그 위에 연주나 일주의 천간을 놓고 시계 방향으로 천간의 순서대로 계(癸)까지 세어 나간다.

② 천간을 계(癸)까지 센 후 다음 두 자, 즉 손가락 위의 계(癸) 다음 지지 두 자가 공망이 된다.

③ 예를 들어, 병자(丙子) 일주라면 손가락의 자(子) 위에 병(丙)을 놓고 시계 방향으로 축(丑) 위에 정(丁), 인(寅) 위에 무(戊), 묘(卯) 위에 기(己), 진(辰) 위에 경(庚), 사(巳) 위에 신(辛), 오(午) 위에 임(壬), 미(未) 위에 계(癸)로, 천간의 순서대로 계(癸)까지 센다. 그러면 계(癸) 다음 지지 두 자가 바로 신(申)과 유(酉)인데, 이 신유(申酉)가 공망이 된다.

▼ 육십갑자와 공망

1순(旬)	2순(旬)	3순(旬)	4순(旬)	5순(旬)	6순(旬)
甲子	甲戌	甲申	甲午	甲辰	甲寅
乙丑	乙亥	乙酉	乙未	乙巳	乙卯
丙寅	丙子	丙戌	丙申	丙午	丙辰
丁卯	丁丑	丁亥	丁酉	丁未	丁巳
戊辰	戊寅	戊子	戊戌	戊申	戊午
己巳	己卯	己丑	己亥	己酉	己未
庚午	庚辰	庚寅	庚子	庚戌	庚申
辛未	辛巳	辛卯	辛丑	辛亥	辛酉
壬申	壬午	壬辰	壬寅	壬寅	壬戌
癸酉	癸未	癸巳	癸卯	癸丑	癸亥
戌亥	申酉	午未	辰巳	寅卯	子丑

③ 공망의 종류

1) 순공

공망은 주로 순공(旬空) 즉 순수한 공망을 말한다. 갑자순(甲子旬)은 술해(戌亥), 갑술순(甲戌旬)은 신유(申酉), 갑신순(甲申旬)은 오미(午未), 갑오순(甲午旬)은 진사(辰巳), 갑진순(甲辰旬)은 인묘(寅卯), 갑인순(甲寅旬)은 자축(子丑)이 공망이다.

2) 진공

일주가 양일 때는 공망의 지지 두 자 중 양의 지지만을 공망으로 보고, 일주가 음일 때는 공망의 지지 두 자 중 음의 지지만을 공망으로 보는 것을 진공(眞空)이라고 한다.

3) 반공

일주가 양일 때는 공망의 지지 두 자 중 음의 지지를 반공(半空)으로 보고, 일주가 음일 때는 공망의 지지 두 자 중 양의 지지를 반공으로 본다.

4) 좌공

공망은 지지 두 자가 되지만, 지지가 공망이면 지지 위에 있는 천간도 공망으로 보는데 이렇게 공망이 된 천간을 좌공(坐空)이라고 한다.

5) 사대공망

사대공망(四大空亡)이 있으면 요절하거나 단명하고 발전할 수 없다고 한다. 사대공망이란 첫째 갑자순(甲子旬)과 갑오순(甲午旬)에서 납음으로 수(水)가 없는 것, 둘째 갑인순(甲寅旬)과 갑신순(甲申旬)에서 납음으로 금(金)이 없는 것을 말한다.

① 갑자순(甲子旬) : 사대공망(壬申 · 癸酉).
　갑오순(甲午旬) : 사대공망(壬寅 · 癸卯).
② 갑인순(甲寅旬) : 사대공망(壬戌 · 癸亥).
　갑신순(甲申旬) : 사대공망(壬辰 · 癸巳).

임술(壬戌), 계해(癸亥), 임진(壬辰), 계사(癸巳) 대신 경신(庚申), 신유(申酉), 경인(庚寅), 신묘(申卯)로 보는 견해도 있다.

4 공망의 해석

공망은 사주팔자의 연월일시로 보는 법과 육신으로 보는 법, 대운과 세운으로 보는 법 등이 있다. 앞서 언급한 것처럼, 공망은 다른 살과 마찬가지로 이론적으로나 임상적으로 가치가 전혀 없다. 따라서 연월일시로 보는 법만 간단히 설명한다.

① 연주 공망 : 조상의 음덕이 부족하고 초년에 고생한다.

② 월주 공망 : 부모형제복이 없고 주거 및 주택운이 없다.

③ 일주 공망 : 배우자와 인연이 없고 부부관계가 원만하지 못하다.

④ 시주 공망 : 자식과 인연이 없고 말년에 고독하고 불우하다.

예1)

예2)

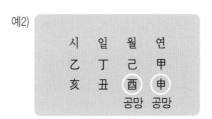

4. 파·해·원진살

1 파

파(破)는 글자 뜻 그대로 파괴한다는 뜻으로 육파(六破)라고도 한다. 파에는 자유(子酉), 축진(丑辰), 인해(寅亥), 묘오(卯午), 사신(巳申), 술미(戌未) 등이 있다.

POINT

파
• • • • • • • • • • • • • • • • • •
파괴하는 여섯 가지를 뜻하
며 육파라고도 한다. 자유
(子酉), 축진(丑辰), 인해(寅
亥), 묘오(卯午), 사신(巳申),
술미(戌未) 등이다.

일반 이론에서는 사주팔자에 파가 있으면 개인의 행복이나 발전, 집단의 행복이나 발전을 파괴하거나 분리하거나 절단하거나 이동하게 하는 작용을 한다고 본다. 상충(相沖)이나 형(刑)이나 해(害)보다 작용력이 약하다.

▼ 파(육파)

지지	子	丑	寅	卯	辰	巳	午	未	申	酉	戌	亥
파(육파)	酉	辰	亥	午	丑	申	卯	戌	巳	子	未	寅

파의 원형도 ･････➤

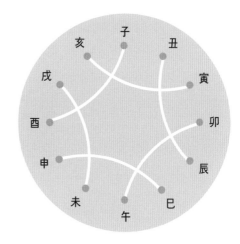

2 해

합으로 들어오는 것을 충한다고 해서 생겨난 것으로, 육해(六害)라고도 부른다. 일반 이론에서 해(害)는 서로 대치하여 원수처럼 싸우고 투쟁한다는 의미가 있다. 즉 살아가면서 사람들과 싸우고 투쟁하여 원수가 되거나, 일이 막히고 거추장스럽고 힘든 일들이 계속 일어나게 된다고 본다.

POINT

해
• • • • • • • • • • • • • • • • • •
합으로 들어오는 것을 충한
다고 해서 생겨난 것으로,
육해라고도 부른다.

▼ 해(육해)

지지	子	丑	寅	卯	辰	巳	午	未	申	酉	戌	亥
해(육해)	未	午	巳	辰	卯	寅	丑	子	亥	戌	酉	申

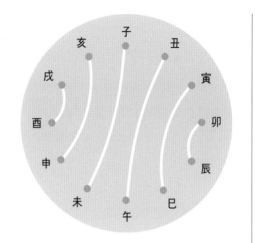

해의 원형도

돌발퀴즈

Q **사주를 볼 때마다 해석이 다른 이유는 무엇인가?**

A 이 철학관 저 철학관, 이 점집 저 점집마다 사주팔자 해석이 달라서 궁금하고 답답한 사람들이 많을 것이다. 이렇게 전혀 다른 경우가 많기 때문에 사주명리학을 불신하게 되는 문제가 생긴다. 그렇다면 왜 그런 일들이 생길까?

첫째, 실력이 부족한 사이비 역술가나 가짜 무속인이 많기 때문이다. 사주팔자 공부를 제대로 하지 않고 눈치로 아니면 단순한 지식 몇 가지를 외워서 상담에 임하는 역술가들과, 신기도 없고 내림굿도 받지 않은 가짜 무속인들로 인하여 가는 곳마다 들려주는 내용이 모두 다를 수밖에 없다는 것이다. 그래서 많은 사람들이 이 집 저 집에서 알려준 내용 중에 공통적인 부분만 믿으면 된다고 생각하지만, 이 또한 정확한 답은 아니다. 제대로 자신의 삶을 해석하고 판단하려면 올바른 역학자를 찾아가야 하는데, 이것은 판단하기 어려우니 자신이 직접 배우는 것이 가장 좋은 방법이다. 덧붙여 국가에서도 실력 있는 역학자만이 사주팔자를 상담할 수 있도록 일종의 자격증 제도를 만들었으면 좋겠다.

둘째, 역학자의 인품에 따라 상담 내용이 다를 수 있다. 듣는 사람의 입장에서는 직설적으로 들려주는 역술가와 간접적으로 돌려서 이야기하는 역술가의 상담 내용이 다르게 느껴질 수밖에 없다.

POINT

원진살

증오, 불화, 이별, 사별하게 만들거나 고독하게 만드는 살이다. 연지로 판단하며 자미(子未), 축오(丑午), 인유(寅酉), 묘신(卯申), 진해(辰亥), 사술(巳戌) 등이 있다.

원진살(怨嗔殺)은 원진살(怨辰殺)이라고도 부르는데, 연지로 판단하며 자미(子未), 축오(丑午), 인유(寅酉), 묘신(卯申), 진해(辰亥), 사술(巳戌) 등이 있다.

일반 이론에서는 매우 강한 살로 보고 사주팔자 상담에 매우 중요하게 활용한다. 즉 증오하거나 불화하거나 이별하거나 사별하거나 고독하게 하는 일들이 발생한다는 것이다.

▼ 원진살

지지	子	丑	寅	卯	辰	巳	午	未	申	酉	戌	亥
원진살	未	午	酉	申	亥	戌	丑	子	卯	寅	巳	辰

원진살의 원형도 ⸱⸱⸱⸱⸱▶

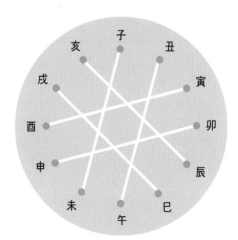

5. 신살의 길흉 분류

필자는 15년 전부터 사주명리학 강의를 해오는 동안 12운성과 12신살, 공망과 같은 신살들을 철저하게 비판하고 무용론을 주장하고 있다. 강의하면서 각종 신살들을 다루지만, 어디까지나 반드시 버려야 할 사주명리학 이론으로 취급하고 있다. 각종 신살들을 임상 실험한 결과 대부분 이론적으로 타당성이 결여되어 있다는 결론을 얻었기 때문이다.

대부분의 신살 이론들은 귀에 걸면 귀걸이 코에 걸면 코걸이처럼, 억지로 꿰맞추는 거짓 학설이 된 지 이미 오래 되었다. 또한 이 신살론을 가지고 사람들을 겁먹게 하고 협박을 일삼는 사이비 역학자들이 이중 삼중의 문제를 일으키고 있다. 이러던 차에 사주명리학자로 이름 높은 스님 한 분이 신살론의 무용론을 제기하고 있음은 매우 다행스러운 일이라고 할 수 있다. 그러나 아직도 대다수의 사주명리학 서적에서는 일반 이론의 신살론을 매우 큰 비중으로 다루고 있고, 문하생들을 상대로 한 강의에서도 신살론을 비중 있게 다루고 있다. 결국 상담을 받으러 오는 사람들에게까지 영향을 미치고, 학문적으로도 사주명리학의 발전에 걸림돌이 되고 있다. 심도 있는 연구가 계속 되면 얼마 지나지 않아 신살론의 허구성이 드러나게 될 것이므로 큰 걱정은 하지 않는다. 그러나 새롭게 사주명리학에 입문하는 초심자들은 공부하는 도중에 현장에서 임상으로 확인하면서 사주명리학 이론의 타당성 여부를 따져보고 하나 하나 습득해 나가길 바란다.

사주명리학 일반 이론에서 신살은 200여 개가 있다. 이들 신살 모두를 자세하게 설명하기란 책 한 권으로는 불가능하므로 여기서는 일반 이론의 신살론은 설명하지 않고 과감하게 생략한다. 일반 이론에서 어떤 신살은 장점과 단점을 함께 정리해놓은 경우가 있는데, 여기서는 일반 이론에서 많이 적용하는 내용으로 길흉을 판단하였다. 사주명리학자에 따라서 의견을 달리하는 내용이 있을 수 있지만, 크게 다르지 않다고 보기에 각종 신살을 길(吉)과 흉(凶)으로 분류하였다.

대다수의 신살들을 길한 신살과 흉한 신살로 분류해 보았더니 길한 신살은 50여 개가 채 안 되고, 흉한 신살은 150여 개 정도였다. 흉한 신살이 길한 신살에 비해 3배가 많았다. 앞서 설명한 바와 같이 인류의 역사는 끊임없이 발전해왔다. 이렇게 인류가 발전해왔다고 본다면, 사람들의 사주팔자 역시 흉한 것보다는 길한 것이 3배가 많아야 확률적으로 옳다. 만약 일반 이론의 신살론처럼 개개인의 삶에 길한 일보다 흉한 일이 많다면 인류 역사는 이미 종말을 고해야 했을 것이다.

그렇다면 왜 이렇게 나쁜 의미의 흉한 신살들이 대부분을 차지하는가? 그 이유는 사이비 역학자들이 사주명리학이란 고귀한 학문을 굿과 부적을 끌어들여 돈벌이 수단으로 이용하려고 했기 때문이다. 그들은 사주팔자 상담을 하러 온 사람에게 정말 필요한 내용들을 들려주기보다는 그들을 돈벌이 대상으로 보고 신살을 이용하여 겁주고 협박하여 굿이나 부적을 강요하였고, 시간이 지나면서 이렇게 이용되는 신살이 하나씩 하나씩 늘어나기 시작하여 지금은 150여 개나 된 것이다.

이제는 좋은 신살이든 나쁜 신살이든 사주명리학의 논리와 맞지 않는 신살들은 모두 사라져야 한다. 다만, 앞서 다룬 도화살, 역마살, 명예살, 현침살, 천문성, 귀문관살, 양인살, 괴강살, 백호대살 등은 장점과 단점을 모두 가지고 있는 살로서 사주팔자 상담에 유용하게 활용할 수 있기 때문에 기억해두길 바란다.

▼ 12신살의 길흉 분류(일반 이론)

길한 신살	장성살, 반안살
흉한 신살	겁살, 재살, 천살, 지살, 연살, 월살, 망신살, 역마살, 육해살, 화개살

▼ 12운성의 길흉 분류(일반 이론)

길한 12운성	장생, 관대, 건록, 제왕
흉한 12운성	절(포), 태, 양, 목욕, 쇠, 병, 사, 묘

▼ 지지의 신살(일반 이론)

지지	子	丑	寅	卯	辰	巳	午	未	申	酉	戌	亥
子		지합		형	삼합		충	원진살 해	삼합	파		
丑	지합			파	삼합	원진살 해	형 충			삼합	형	
寅						형 해	삼합		형 충	원진살	삼합	지합 파
卯	형				해		파	삼합	원진살	충	지합	삼합
辰	삼합	파		해	형				삼합	지합	충	원진살
巳		삼합	형 해						합 파	삼합	원진살	충
午	충	원진살 해	삼합	파			형	지합		삼합		
未	원진살 해	형 충		삼합			지합			형 파		삼합
申	삼합		형 충	원진살 해		지합 파						해
酉	파	삼합	원진살	충					형 파		해	
戌		형	삼합	지합	충	원진살	삼합	파	해			
亥			형 파	삼합	원진살	형		삼합	해			형

▼ 신살의 길흉 분류(일반 이론)

좋은 작용을 하는 긍정적인 신살	나쁜 작용을 하는 부정적인 신살
천간합(天干合), 지지합(地支合), 지지삼합(地支三合), 지지방합(地支方合), 천을귀인(天乙貴人), 천덕귀인(天德貴人), 월덕귀인(月德貴人), 복덕수기(福德秀氣), 삼기(三奇), 건록(建祿), 정록(正祿), 천록(天祿), 암록(暗祿), 금여성(金與星), 문창귀인(文昌貴人), 문창성(文昌星), 학당귀인(學堂貴人), 학당성(學堂星), 장성살(將星殺), 육수(六秀), 천혁(天赫), 복성귀인(福星貴人), 일록(日祿), 일덕(日德), 태극귀인(太極貴人), 천의성(天醫星), 황은대사일(皇恩大赦日), 천문성(天門星), 녹마동향(祿馬同鄉), 천주귀인(天廚貴人), 천관귀인(天官貴人), 천복귀인(天福貴人), 협록(夾祿), 복신(福神), 관귀(官貴), 팔전(八專), 진신(進神), 정인(正印), 녹고(祿庫), 희신(喜神), 덕합(德合), 복성(福星), 문곡귀인(文曲貴人), 홍란성(紅鸞星), 반안살(攀鞍殺)	천간충(天干沖), 지지충(地支沖), 형(刑), 파(破), 해(害), 원진살(元嗔殺), 공망(空亡) 또는 공망살(空亡殺), 양인살(羊刃殺), 비인살(飛刃殺), 장성살(將星殺·여성), 화개살(華蓋殺), 역마살(驛馬殺), 지살(地殺), 육해살(六害殺), 망신살(亡身殺·亡神殺), 겁살(劫殺), 재살(災殺), 천살(天殺), 도화살(桃花殺), 함지살(咸池殺), 목욕살(沐浴殺), 패신(敗神), 고신살(孤辰殺), 과숙살(寡宿殺), 괴강살(魁罡殺), 백호살(白虎殺) 또는 백호대살(白虎大殺), 평두살(平頭殺), 음차살(音差殺), 양착살(陽錯殺), 홍염살(紅艶殺), 음욕살(淫浴殺), 고란살(孤鸞殺), 단교살(斷橋殺) 또는 단교관살(斷橋關殺), 혈인살(血刃殺), 삼구살(三丘殺), 오묘살(五墓殺), 상문살(喪門殺), 조객살(弔客殺), 귀문관살(鬼門關殺), 배곡살(背曲殺), 환과살(鰥寡殺), 유하살(流霞殺), 익수살(溺水殺), 뇌공살(雷公殺), 침수살(沈水殺), 오귀살(五鬼殺), 관재살(官災殺), 절방살(絕房殺), 재혼살(再婚殺), 중혼살(重婚殺), 구문살(句紋殺), 권설살(券舌殺), 복음살(伏吟殺), 반음살(反吟殺), 낭자살(狼藉殺), 천소성(天掃星), 철소추(鐵掃湬), 골파쇄(骨破碎), 결항살(結項殺), 대패살(大敗殺), 팔패살(八敗殺), 탄함살(呑陷殺), 지소성(地掃星), 다액살(多厄

좋은 작용을 하는 긍정적인 신살	나쁜 작용을 하는 부정적인 신살
	殺), 신음살(呻吟殺), 뇌공살(雷公殺), 탕화살(湯火殺), 태백성(太白星), 천라지망살(天羅地網殺), 급각살(急刻殺), 삼재살(三災殺), 삼재팔난살(三災八難殺), 고장살(庫葬殺, 庫藏殺), 현침살(顯針殺), 음양살(陰陽殺), 곡각살(曲脚殺), 효신살(梟神殺), 혈지살(血支殺), 금쇄살(金鎖殺), 관자살(關字殺), 마고살(馬庫殺), 교신(交神), 퇴신(退神), 복신(伏神), 파록(破祿), 구추(九醜), 대패살(大敗殺), 녹형살(祿刑殺), 상형살(相形殺), 복마살(伏馬殺), 파자살(破字殺), 봉장살(棒杖殺), 장형살(杖刑殺), 농아살(聾啞殺), 단요살(短夭殺), 단명관살(短命關殺), 천구관살(天狗關殺), 천조관살(天弔關殺), 당명관살(撞命關殺), 매아관살(埋兒關殺), 사주관살(四柱關殺), 사계관살(四季關殺), 야체관살(夜蟬關殺), 수혈관살(水穴關殺), 백처관살(白處關殺), 장군관살(將軍關殺), 급각관살(急脚關殺), 단교관살(斷橋關殺), 무살관살(無殺關殺), 욕분관살(浴盆關殺), 수화관살(水火關殺), 심목관살(沈木關殺), 금쇄관살(金鎖關殺), 뇌공관살(腦公關殺), 계비관살(鷄飛關殺), 낙정관살(落井關殺), 천일관살(千日關殺), 뇌공관살(腦公關殺), 취명관살(取命關殺), 백호철사관살(白虎鐵蛇關殺), 수옥살(囚獄殺), 천전살(天轉殺), 지전살(地轉殺), 부벽살(斧劈殺), 생이별살(生

좋은 작용을 하는 긍정적인 신살	나쁜 작용을 하는 부정적인 신살
	離別殺(이별살), 화상관살(和尙關殺), 관색살(貫索殺), 병부살(病符殺), 관부살(官府殺), 사부살(死符殺), 비부살(飛符殺), 자애살(自隘殺), 절방살(絕房殺), 재가살(再嫁殺), 천도살(天屠殺), 택묘살(宅墓殺), 폭패살(暴敗殺), 피두살(披頭殺), 혈인살(血刃殺), 다액살(多厄殺), 시약살(時仿殺), 격신살(隔神殺), 경살(景殺), 곡살(哭殺), 곡성(哭聲), 뇌정관살(雷霆關殺), 뇌화살(雷火殺), 부결살(負結殺), 벽력살(霹靂殺), 상상살(上喪殺), 소살(小殺), 안맹살(眼盲殺), 외해살(外解殺), 월간살(月奸殺), 월귀살(月鬼殺), 음간살(陰奸殺), 천귀살(天鬼殺), 천기살(天忌殺), 천서살(天鼠殺), 천상살(天喪殺), 천월살(天月殺), 천저살(天猪殺), 천화살(天禍殺), 자암성(紫暗星), 극해공망(克害空亡), 파조공망(破祖空亡), 뇌공타뢰(雷公打腦)

성삼문의 출생 비밀

조선 세조 때 사육신의 한 사람인 성삼문(成三問, 1418~1456)의 출생과 관련하여 흥미로운 이야기가 전해 내려온다.

성삼문의 어머니가 성삼문을 임신해서 산달이 가까워지자 아이를 낳기 위해 친정으로 갔다. 성삼문의 할아버지는, 딸이 진통을 시작하자 해산을 돕기 위해 산실에 들어가려는 성삼문의 외할머니에게 다음과 같이 당부하였다.

"산실에 들어갈 때 다듬잇돌을 가져가서 아이가 나오려거든 그것으로 산모의 자궁을 막아 아이가 나오는 것을 늦추시오. 그러다가 내가 밖에서 됐다고 소리치면 그 때 다듬잇돌을 치워서 아이가 나올 수 있게 하시오."

성삼문의 외할아버지는 평소 사주명리학에 조예가 깊은 인물이었다. 그래서 딸의 진통이 시작되자 미리 외손자가 태어날 시간에 맞추어 사주팔자를 헤아려 보고, 아이가 제 시간에 태어나는 사주팔자보다 2시간 정도 늦게 태어나는 것이 좋다는 것을 알게 되었다. 부인에게 다듬잇돌로 산모의 자궁을 막으라고 한 까닭이 바로 그 때문이었다.

그러나 막상 아이의 머리가 나오기 시작하자, 다듬잇돌로 아이가 못 나오게 막는 것도 한계가 있었다. 성삼문의 외할머니는 딸과 외손자의 생명이 위험해질까봐 두려워 밖에 있는 남편에게 "이제는 됐습니까?"라고 물었고, 성삼문의 외할아버지는 "조금 더 늦추시오"라고 대답하였다. 잠시 후 성삼문의 외할머니가 다시 "지금이면 됐습니까?"라고 물었고, 외할아버지는 이번에도 "조금만 더 참도록 하세요"라고 대답하였다.

마침내 다듬잇돌로 막고 있던 것이 한계에 다다르자 성삼문의 외할머니는 마지막으로 물었다. "이제는 됐습니까?" 밖에 있던 성삼문의 외할아버지는 이번에도 "조금만 더 참도록 해보세요"라고 대답하였다. 결국 산모는 더 이상 참지 못하고 성삼문을 낳고야 말았다.

이에 성삼문의 외할아버지는 한탄하며 다음과 같이 말하였다. "두 시간을 참아야 하는데 한 시간밖에 참지 못하고 아이를 낳는 바람에 환갑까지 살 수 있는 아이가 39세에 죽게 되었구나."

성삼문의 외할아버지는 산실에서 세 번 질문했다고 해서 새로 태어난 아이의 이름을 삼문(三問)이라고 지었다고 한다.

대덕 한마디

사주명리학은 행복을 나누는 학문이다

사주명리학은 사주상담학이요, 행복을 나누는 학문이다. 이 말에 사주명리학을 공부하지 않은 대다수의 사람들은 의아하게 생각할 것이 분명하다. 보통 '사주명리학' 하면 운명을 알아맞히는 수단 이상으로는 받아들이지 않기 때문이다. 그러나 사이비 역술가들이 더 이상 발붙이지 못하도록 사주명리학계 스스로 자정능력을 높이고 학문적 위상을 세우는 일도 중요하지만, 지금 사주명리학이 나아가야 할 길을 사람들에게 제대로 알리는 일도 매우 중요하다고 필자는 생각한다.

필자가 꽤 오랫동안 친분을 쌓아온 수녀님이 있다. 1980년대 초반부터 인연을 맺었으니 벌써 25년이란 세월이 흘렀다. 수녀님은 한국이 아니라 서양에서 태어났고, 1970년 전후에 1년 예정으로 한국의 교회를 연구하고 선교하기 위해 처음 한국 땅을 밟았다. 다음은 이 수녀님에 관한 이야기다.

처음 한국 땅을 밟던 해, 수녀님은 공항을 빠져 나와서 놀랄 만한 광경을 목격하였다. 예닐곱 명의 꼬마 아이들이 한 아이를 중심으로 빙 둘러서 있었던 것이다. 수녀님은 혹시 아이들이 싸우는 것은 아닌지 걱정되어서 그 장소를 쉽게 벗어나지 못하고 아이들이 모여 있는 옆에서 기웃거리며 상황을 주시하였다.

그런데 이게 웬일인가? 아이들에게 빙 둘러싸여 있던 아이가 아이스케키(아이스 케이크)를 한번 핥아먹은 후 한 명씩 돌아가며 핥아먹게 해주고 있는 것이 아닌가? 아이들이 한 번씩 핥아먹으면, 아이스케키의 주인이 한번 핥아먹고 아까와 똑같은 방법으로 자기만 바라보는 친구들에게 다시 빙 돌아가며 핥아먹게 해주는 것이었다.

수녀님은 그 자리에서 충격을 받고 잠시 동안 한발짝도 움직이지 못하였다. 이 얼마나 아름다운 모습인가? 진정 이 모습이 하나님의 나라가 아닌가? 진정 이 모습이 천국의 나라가 아닌가? 그 순간 수녀님은 1년 기간으로 다니러 온 한국 땅에 머물러 살기로 결심하였다. 그래서 곧바로 한국 국적을 얻고 한국에서 수녀로 활동하게 되었다.

그 후 세월이 흘러 2000년을 넘어서면서 한국은 경제 규모가 세계 10위권에 들 만큼 부자나라가 되었다. 2004년에 1인당 국민소득이 만사천 달러를 넘어설 만큼 생활이 풍요로워졌다. 그러나 필자를 만날 때마다 수녀님은 한숨을 쉬면서 가슴 아파하였다. 30년 전의 한국은 이웃과 나누고 베풀고 사랑하며 살아가는 따뜻한 마음이 살아 있는 나라였고, 그래서 천국의 나라였다고 하였다. 그런데 30년 전보다 몇 십배 아니 몇 백배 잘 살게 된 지금은 상대를 눌러야만 살아남을 수 있고 성공하는 자만이 인정받는 세상, 따뜻한 마음을 가진 사람이 아니라 머리 좋은 사람만이 살아남는 세상으로 변해버렸다고 한탄하는 것이었다.

수녀님은 그렇게 몇 년을 한숨과 한탄으로 일관하더니, 어느 날 한국 땅은 이제 더 이상 천국의 나라가 아니라면서 한국을 떠났다. 사랑을 나누는 교회와 성당은 늘어나고 교인은 증가하는데, 자비를 가르치는 절은 점점 넓어지고 불자는 늘어만 가는데, 정작 사람과 사람 사이에 사랑과 자비와 정은 모두 사라져버리고 말았다면서 한국을 떠난 것이다.

여기서 필자가 하고 싶은 말은, 사주 상담이란 작은 꼬마아이가 주위 사람들에게 자신이 먹고 있는 달콤한 아이스케키를 맛보게 하고 더불어 행복을 나누는 일과 같다는 것이다. 다시 말해 사주 상담이란 자신이 가지고 있는 사주명리학 지식으로 다른 사람의 사주팔자를 제대로 모두 펼칠 수 있게 상담해주고 행복을 주는 것이라는 말이다.

자신의 아이스케키를 혼자만 먹지 않고 여러 친구들과 함께 나누어 먹으면서 자신도 행복을 느끼고 주변의 친구들에게도 행복을 주었던 이야기 속의 꼬마아이처럼, 사주 상담가는 사주명리학 지식을 통해 타인의 삶을 분석하고 상담해주면서 오히려 자신을 알아가고 자신을 성장시키는 행복을 만끽할 수 있을 것이다. 또한 아름다운 카운슬러, 가슴 따뜻한 상담가로서 타인들이 그들의 삶을 다 살 수 있도록, 그들이 삶의 위기를 슬기롭게 극복할 수 있도록, 그들이 삶의 행복을 만끽할 수 있도록 돕는 것이 바로 사주 상담의 기본 정신으로서 앞으로 사주명리학이 나아가야 할 길이라고 믿는다.

개정판

사주명리학
초보 탈출

글쓴이 | 김동완
펴낸이 | 유재영
펴낸곳 | (주)동학사
기 획 | 이화진
편 집 | 나진이
디자인 | 송지화
본문 일러스트 | 김문수

1판 1쇄 | 2005년 6월 15일
2판 32쇄 | 2024년 10월 1일
출판등록 | 1987년 11월 27일 제10-149

주소 | 04083 서울 마포구 토정로 53 (합정동)
전화 | 324-6130, 324-6131 · 팩스 | 324-6135
E-메일 | dhsbook@hanmail.net
홈페이지 | www.donghaksa.co.kr
　　　　　www.green-home.co.kr

ⓒ 김동완, 2005

ISBN 89-7190-194-2 03150